Études musicales

Ernest Newman

Writat

Cette édition parue en 2024

ISBN : **9789359948324**

Publié par
Writat
email : info@writat.com

Contenu

PRÉFACE À LA PREMIÈRE ÉDITION (1905) ....- 1 -

PRÉFACE À LA DEUXIÈME ÉDITION ....- 2 -

PRÉFACE DE LA TROISIÈME ÉDITION ....- 3 -

À Mme. ROSA NEWMARCH "FAUST" EN MUSIQUE .....- 43 -

Vers GRANVILLE BANTOCK PROGRAMME MUSIQUE I - 60 -

À ALFRED WILLIAMS HERBERT SPENCER ET
L'ORIGINE DE LA MUSIQUE I ....- 111 -

À BERTRAM DOBELL
MAETERLINCK ET LA MUSIQUE ....- 129 -

À SIR EDWARD ELGAR RICHARD STRAUSS ET
LA MUSIQUE DU FUTUR I ....- 146 -

ANNEXE WAGNER, BERLIOZ, LISZT ET
M. ASHTON ELLIS ....- 178 -

PRÉFACE
À LA PREMIÈRE ÉDITION (1905)

La plus grande partie des articles suivants a déjà paru dans divers périodiques : le *Fortnightly Review* , le *Contemporary Review* , le *Speaker* , le *Chord* , le New York *Musical Courier* , l' *Atlantic Monthly* , le *Weekly Critical Review* , le *Monthly Musical Record* et le *Courrier quotidien* . Tous ont cependant été considérablement modifiés, certains pratiquement réécrits. Les articles les plus importants – ceux sur la musique à programme , Strauss et Berlioz – ont été rédigés à partir d'articles divers parus à différentes époques et dans différentes revues ; Quiconque a essayé de fusionner des matériaux hétérogènes de ce genre en une seule masse appréciera la difficulté du travail et, j'en espère, tiendra compte de la maladresse de forme que les essais peuvent montrer ici et là.

Je dois m'excuser du fait qu'il arrive parfois qu'un essai touche légèrement à un sujet qui a déjà été traité plus en détail dans un autre. Il arrive parfois que deux courants de pensée bien différents, partant de points très éloignés, convergent et se rencontrent ; ou, d'un autre côté, qu'un seul principe esthétique se révélera applicable à différents phénomènes. Je suis conscient de ce chevauchement occasionnel dans les essais, mais il ne semblait pas possible de l'éviter ; pour qu'un argument ait toute sa force, il doit être exposé dans son intégralité, même si, sur une page environ, il fait double emploi avec ce qui a déjà été dit ailleurs.

Mes remerciements vont aux éditeurs des revues que j'ai citées pour leur autorisation de réimpression.

FR

PRÉFACE
À LA DEUXIÈME ÉDITION

Cette deuxième édition étant imprimée à partir de moules , aucune modification ou ajout au texte de la première édition n'a été possible. J'aurais aimé développer un ou deux des essais à différents endroits et les réviser à d'autres. Il y a toujours quelque chose de nouveau à dire, par exemple sur la musique à programme , tandis que tout article sur un sujet vivant, comme celui sur Strauss, contient forcément beaucoup de choses qui ne sont plus aussi pertinentes aujourd'hui qu'au début de leur rédaction. Mais même celles-ci peuvent avoir une valeur en tant qu'images d'un état de choses révolu ; et de cette manière, des questions telles que celles relatives à l'attitude antérieure des critiques et du public à l'égard de Strauss peuvent présenter un certain intérêt historique. L'article de Strauss mérite évidemment d'être mis à jour. Mais même si cela était fait, le nouvel article serait à son tour en retard d'un an ou deux ; tandis que le lecteur trouvera une discussion plus approfondie sur Strauss et une considération de l'évolution de son art depuis la *Symphonia Domestica* dans mon petit livre sur lui dans la série des « Maîtres vivants de la musique ». L'Annexe au présent volume est entièrement nouvelle.

FR

PRÉFACE
À LA TROISIÈME ÉDITION

Une préface à la troisième édition ne peut, par nature, être guère plus qu'une répétition de celle de la seconde. Même si, d'une certaine manière, il est regrettable que l'article sur Strauss ne nous mène pas plus loin que la *Symphonia Domestica* , cet ouvrage constitue après tout le point final le plus pratique et le plus logique pour une étude de lui dans toutes ses activités, sauf dans ses toutes dernières activités. . Cela fait maintenant environ sept ans qu'il s'est lancé sur une mer nouvelle avec *Salomé* . Avec cela et les opéras qui ont suivi, il a ouvert une nouvelle « période » dans son histoire artistique. Le meilleur moment, cependant, pour évaluer de manière critique ce qu'il a fait au théâtre sera quand il en sortira, et nous permettra de voir quelle influence ses méthodes et ses idéaux lyriques ont eu sur sa pensée musicale dans son ensemble. On dit qu'il travaillait depuis un certain temps sur une Symphonie "Nature". L'apparition de cette œuvre ou de quelque autre œuvre purement instrumentale donnera l'occasion d'une étude approfondie du dernier Strauss, qui a fait paraître même ses propres œuvres antérieures comme des choses plutôt lointaines.

L'annexe au volume reste telle que dans la deuxième édition. Aucune occasion ne m'a été donnée d'approfondir le sujet.

FR

Octobre 1913.

je

On peut affirmer sans se tromper qu'à l'exception peut-être de Liszt, il n'y a aucun musicien sur lequel les gens diffèrent autant que sur Berlioz. Son cas est en effet unique. Nous sommes assez d'accord sur les positions relatives des autres hommes ; en gros, tous les musiciens cultivés placeraient Wagner, Brahms et Beethoven au premier rang des compositeurs, et Mendelssohn, Grieg et Dvořàk au deuxième ou au troisième. Même dans le cas d'un problème controversé comme celui de Strauss, le débat parmi ceux qui connaissent son œuvre ne porte pas, à mon avis, sur le fait qu'il soit un musicien de premier ordre, mais sur la position précise qu'il occupe parmi les autres musiciens de ce groupe. régiment limité. Mais sur Berlioz, le monde semble incapable de se décider. Le débat ici n'est pas de savoir où il se situe parmi les grands, mais s'il appartient réellement aux grands. Bien qu'il n'y ait pas d'unanimité absolue sur l'ensemble de l'œuvre de Wagner ou de Beethoven, par exemple, ni d'un accord complet sur le degré de faiblesse qui est lié à leur force, il existe en tout cas une parfaite unanimité d'opinion sur le fait que Wagner et Beethoven sont de la lignée royale. Mais nous avons Berlioz porté aux nues par une partie des musiciens compétents, tandis qu'une autre partie peut à peine parler de lui poliment ; il semble vraiment créer chez eux une sorte de nausée physique ; et certains d'entre eux nient même que son tempérament ait été réellement musical. Il n'y a sûrement rien dans l'histoire de la musique qui puisse être comparable à une telle situation. La divergence d'opinions à son sujet, remarque-t-on, est tout autre chose que la perplexité fréquente et tout à fait excusable que les hommes éprouvent à l'égard d'un compositeur *contemporain* . Les hommes s'éloignent largement à propos de Wagner de son vivant ; mais la génération suivante, en tout cas, le voit pratiquement avec les mêmes yeux. La querelle à propos de Berlioz n'est pas une querelle contemporaine ; la majeure partie de ses œuvres les plus significatives sont parues avant 1850, et pourtant nous voici, un demi-siècle après cette date, en train de nous demander s'il est vraiment l'un des immortels. Pour beaucoup, la vieille question de Schumann : « Devons-nous le considérer comme un génie ou seulement comme un aventurier musical ? reste toujours sans réponse.

Dans l'ensemble, si l'on s'intéresse un instant seulement à l'aspect extérieur de l'affaire, le courant ne vient plus de lui mais se dirige vers lui. Même en mettant de côté le spasme exceptionnel de 1903, centenaire de sa naissance, il obtient probablement plus de représentations que jamais. MM. Breitkopf et Härtel publient une magnifique édition complète de ses œuvres en partition, superbement éditée par Weingartner, le grand chef d'orchestre, et Charles Malherbe, archiviste de l'Opéra de Paris ; tandis que dans les admirables petites éditions Donajowski, les partitions complètes de la

Symphonie fantastique , *Harold en Italie* , *Roméo et Juliette* , et une demi-douzaine d'ouvertures, peuvent désormais être obtenues pour une dépense totale de quelques shillings. Les éditeurs n'ont généralement pas l'habitude de publier des partitions complètes, en particulier à des prix très bas, à moins qu'il n'y ait une certaine demande pour les œuvres ; et je pense que nous pouvons considérer qu'il y a actuellement un intérêt croissant pour Berlioz. Pourtant, pendant ce temps, la guerre critique se poursuit, sans aucun signe de compromis de part et d'autre. L'attitude d'un grand nombre de personnes s'explique bien sûr en partie par une connaissance imparfaite de l'œuvre de Berlioz, en partie par le fait qu'ils se sont révoltés contre lui dès le début et n'ont jamais pris le temps de se demander si leurs premières impressions n'auraient pas besoin d'être révisées. Ce n'est pas tout le monde qui possède la franchise ou la capacité de travail acharné et patient de Weingartner, qui a enregistré ses propres progrès par rapport à la vision traditionnelle de Berlioz comme "un grand coloriste , le fondateur de l'orchestration moderne, un écrivain brillant". , et, en fait, presque tout le reste sauf un compositeur d'inspiration et de mélodie", à considérer que Berlioz est l'un des grands maîtres, riche en sensibilité, en beauté, en inventivité. De nombreuses personnes dignes de ce nom se sont sans doute inspirées de Wagner qui, en plus de donner une pseudo-analyse absurde de Berlioz dans *Opéra et Drame* , l'a également évoqué de manière désobligeante dans une lettre bien connue à Liszt. Il est cependant assez clair que Wagner connaissait relativement peu Berlioz à cette époque, et qu'en dénigrant *Benvenuto Cellini* et *La Damnation de Faust,* il ne faisait que se livrer à sa malheureuse habitude de s'exprimer de manière très positive sur des sujets dont il ne connaissait rien. . [1] Mais laissons de côté toutes les critiques qui proviennent d'une connaissance imparfaite — et il faut se rappeler que, jusqu'à tout récemment encore, il n'était pas facile de le connaître parfaitement, car ses partitions étaient assez rares et si mal imprimées. que d'en faire une épreuve, celui de Wagner et nous nous retrouvons encore face à une certaine part de bonne intelligence critique qui ne peut, quoi qu'elle veuille, s'attaquer à la musique de Berlioz. Et puisque la critique s'intéresse, ou devrait s'intéresser non seulement aux processus psychologiques qui entrent dans la composition d'une œuvre d'art, mais aussi aux processus psychologiques qui nous font la juger de telle ou telle manière, il vaut la peine d'essayer de découvrir Qu'est-ce qui rend chez Berlioz tant de gens dignes d'être antipathiques à son égard ?

II

Regardons-le d'abord biographiquement et historiquement, tel qu'il était en lui-même et dans ses relations avec ses contemporains. C'est peut-être l'histoire la plus étrange de tous les enregistrements musicaux. Contrairement à des musiciens comme Bach, Beethoven, Mozart, Wagner et bien d'autres, qui ont grandi dès leur enfance dans une atmosphère saturée de musique, Berlioz est né dans une ville de campagne pratiquement dépourvue de vie musicale. Même le piano n'y est pas cultivé, la harpe et la guitare étant presque les seuls instruments connus ; en 1808, cinq ans après la naissance de Berlioz, il n'existe encore qu'un seul piano au Département. Il n'y a pas de professeur de musique sur place ; Le père de Berlioz finit par s'associer avec d'autres pensionnaires pour faire venir à cet effet un deuxième violoniste du théâtre de Lyon. Bien que la musique du garçon ne puisse pas être tout à fait maîtrisée, pendant presque les vingt premières années de sa vie, il ignore pratiquement les éléments de la technique et n'entend jamais une mesure de musique de premier ordre. « Quand j'arrivai à Paris en 1820 », dit-il, « je n'avais encore jamais mis les pieds dans un théâtre ; de la musique instrumentale je ne connaissais que les quatuors de Pleyel avec lesquels les quatre amateurs composant la Société Philharmonique de ma ville natale la ville me régalait chaque dimanche après la messe ; et je n'avais d'autre idée de musique dramatique que celle que j'avais pu me procurer en parcourant un recueil de vieux airs d'opéra arrangés avec un accompagnement de guitare. Pourtant, aussi peu instruit qu'il soit et pratiquement ignorant même des éléments de l'harmonie, il écrivait de la musique depuis son enfance. La mélodie d'ouverture de la *Symphonie fantastique a en réalité été écrite par Berlioz dans sa douzième année, sur quelques vers d' Estelle* de Florian ; [3] et nous connaissons d'autres compositions enfantines, dont des fragments ont été conservés dans certaines de ses œuvres ultérieures. Il n'est peut-être pas absolument vrai, comme le dit M. Edmond Hippeau , que jusqu'à l'âge de vingt-trois ans il ait été « ignorant des principes les plus élémentaires de la musique » ; mais en tout cas il commençait à peine à apprendre ces principes à un âge où neuf autres compositeurs sur dix ont laissé loin derrière eux toutes les corvées de l'apprenti. A Paris, il étudie en effet tant bien que mal ; mais ce qui est caractéristique de lui, c'est qu'il tire l'essentiel de son expérience musicale des représentations à l'Opéra et d'une lecture assidue des partitions de Gluck dans la bibliothèque du Conservatoire.

Même à Paris, à cette époque, il y avait peu de choses qui pouvaient faire ressortir le meilleur d'un homme comme Berlioz, peu de choses qui pouvaient lui apprendre à utiliser correctement ses étranges facultés, ou à l'aune desquelles il pourrait tester la valeur de ses capacités. propre inspiration. Il entendait effectivement un peu de Gluck de temps en temps et une parodie de Weber ; mais ce n'est qu'en 1828 que Beethoven fit une quelconque impression à Paris. Les orchestres étaient généralement incompétents et le public ignorant. Le calibre de l'orchestre français moyen de l'époque peut être mesuré par le fait que même les groupes les plus réputés ne trouvaient pas les symphonies de Mozart loin d'être faciles. On frémit en pensant à quoi devaient ressembler les orchestres ordinaires et quelle était la qualité de la musique à laquelle ils s'étaient habitués. Quant au public, s'il n'était pas extrêmement inculte, il était extrêmement préjugé, s'accrochant aveuglément aux restes des principes pseudo-classiques qui lui avaient été légués par leurs pères. Un public qui pourrait être plongé dans une parfaite frénésie de rage parce qu'un acteur, outravant toutes les convenances de l'époque, faisant effectivement référence dans *Othello* à quelque chose d'aussi vulgaire qu'un mouchoir, ne considérerait guère avec faveur quelque chose de révolutionnaire ni dans l'idée ni dans la technique. A l'Opéra, les Italiens étaient les plus en vogue. Le public français connaissait peu la musique instrumentale pure et simple et ignorait presque totalement les énormes développements de la musique allemande. Cherubini, bien sûr, était un personnage majestueux et impressionnant, un penseur sérieux de la même race que les grands Allemands ; mais à part lui, il n'y avait aucun compositeur parisien qui puisse, par un effort d'imagination, être qualifié de moderne, ou qui puisse faire quoi que ce soit pour enseigner à un homme comme Berlioz. Lesueur, le maître préféré de Berlioz, semble avoir été progressiste, voire révolutionnaire, dans certaines de ses théories sur la musique et la poésie ; mais sa théorie était meilleure que sa pratique. D'un type comme l'aimable et inefficace Boïeldieu, rien de nouveau ne pouvait venir. Il avoue franchement son incapacité à comprendre Beethoven et déclare à Berlioz sa préférence pour « la musique qui me berce ». Pourtant, ce jeune musicien de campagne, avec des années de temps perdu à regretter, avec peu d'éducation musicale, avec le moindre stimuli de la grande musique du passé et avec peu d'encouragement dans son entourage, produit coup sur coup un certain nombre de d'œuvres d'une originalité des plus saisissantes, originales en tous points, dans la tournure de leurs mélodies, dans leur *facture harmonique* , dans leur orchestration, dans leur rythme, dans leur vision des hommes et des choses. Maintenant que l'intégralité de Berlioz est en cours d'impression, nous en savons beaucoup plus sur lui qu'il n'était possible il y a encore quelques années. Nous ne commençons pas maintenant notre étude de lui par la *Symphonie fantastique* ; on peut observer le fonctionnement de son cerveau dans les deux premières cantates — *Herminie* et *Cléopâtre* — qui, aux yeux des deux jurys avisés de l'époque, étaient insuffisantes pour lui valoir le *Prix de Rome* . Nous voyons ici une fraîcheur de regard et de style — notamment en matière de rythme — qui est l'un des phénomènes les plus remarquables de l'histoire de la musique. Dans ses premières années comme dans ses dernières années, Berlioz était lui-même, un personnage solitaire ne devant pratiquement rien à la musique des autres, un artiste, pourrait-on presque dire, sans ascendance et sans postérité. Mozart s'appuie sur Haydn et influence Beethoven ; Beethoven imite Mozart et influence à son tour la pratique de tous les symphonistes ultérieurs ; Wagner s'inspire de Weber et donne naissance à une multitude d'imitateurs. Mais chez Berlioz — et c'est un point sur lequel il faut insister — il n'y a personne dont il ait essayé de copier le discours dans ses premières années, et il n'y a personne depuis qui parle avec *sa* voix. Combien de choses du début de Beethoven étaient fabriquées dans l'usine de Mozart ; combien de fois le premier Wagner parle-t-il avec la voix de Weber ! Mais qui peut parcourir les partitions des premières œuvres de Berlioz et trouver une seule phrase qui puisse être inspirée par n'importe quel écrivain antérieur ou contemporain ? Il n'y a jamais eu personne, avant ou depuis, qui ait pensé et écrit comme lui ; son style musical en particulier est absolument le sien. Parfois, dans *L'Enfance du Christ*, il évoque Gluck, non dans la tournure de ses phrases mais dans l'atmosphère générale d'un air ; mais à part cela, c'est la chose la plus rare qu'il nous rappelle un autre compositeur. Sa mélodie, son harmonie, son rythme lui sont absolument propres.

III

Nous sommes donc face à face avec une personnalité qui, qu'on le veuille ou non, est d'une force et d'une originalité extraordinaires. Si nous voulons comprendre quel genre de force il était et comment il en est venu à accomplir le travail qu'il a accompli, nous devons l'étudier à la fois du point de vue de l'histoire et de celui de la science physiologique et psychologique. La critique musicale a tendance à devenir trop une simple question de dégustation de vins, une simple déclaration d'une préférence pour tel ou tel millésime ou une aversion prononcée pour celui-là. Il nous faut étudier les musiciens dans leur ensemble, comme des organismes complets reliés entre eux en vertu de certaines particularités de structure. Si quelqu'un n'aime pas la musique de Liszt, il la compare de manière désobligeante à celle de Wagner – comme si le fait de placer les gens sur les échelons supérieurs ou inférieurs d'une échelle était le but ultime de la critique. Shakespeare est la plus grande figure du monde littéraire élisabéthain ; mais quel critique songerait à se débarrasser de Ford, Massinger, Jonson, Webster, Marlowe et Tourneur en faisant la remarque désinvolte qu'aucun d'eux n'était un Shakespeare ? De la même manière, il ne suffit pas de décrire Berlioz comme un pourvoyeur d'idées extravagantes revêtant parfois des formes laides et désagréables ; il est bien plus profitable de se demander pourquoi il en est venu à avoir un tel penchant pour l'art et quels étaient ses rapports avec les mouvements intellectuels généraux de son temps. Ce n'est que lorsque nous l'étudions du point de vue historique que nous pouvons comprendre nombre de ses idéaux ; et il est plus important de les comprendre que de les insulter. La critique qui rejette les moins beaux spécimens d'un art parce qu'ils ne sont pas parfaits est comme l'histoire naturelle qui ne tiendrait compte que des organismes typiques, passant sous silence les nombreuses variations instructives du type. À long terme, la folie humaine et l'échec humain sont tout aussi intéressants pour celui qui étudie l'humanité que sa sagesse et ses triomphes ; et le critique doit toujours s'efforcer d'être un étudiant impartial de l'humanité, et non un simple dégustateur de vins ou un magistrat.

Comme nous l'avons vu, quelles que soient les autres qualités que l'on puisse refuser à Berlioz, on ne peut en aucun cas refuser sa prétention à l'originalité. Les lecteurs de *l'Histoire du Romantisme* de Théophile Gautier , dans lequel le poète et critique froid et objectif passe en revue toutes les figures marquantes du mouvement romantique – Victor Hugo, Gérard de Nerval, Alfred de Vigny, Delacroix et une vingtaine de personnalités de moindre importance – apprécieront rappelons que Berlioz est le seul musicien admis dans cette brillante compagnie. Ce n'était pas dû à une préférence personnelle de la part de Gautier, ni à son ignorance des autres musiciens romantiques ; il n'y en avait tout simplement pas d'autres. En ce qui concerne la musique, tout le mouvement romantique a commencé et s'est terminé avec Berlioz. Lorsque nous sommes tentés de nous sentir agacés par certaines de ses extravagances ou banalités, nous devrions nous rappeler qu'il a dû conquérir un nouveau monde sans aide. Il était non seulement sans collègues mais aussi sans ancêtres. Lorsqu'il arriva à Paris en 1821, à l'âge de dix-huit ans, que quelle était la place de la musique en France ? L'œuvre historique de Gluck s'était terminée en 1779 avec *Iphigénie en Tauride* ; l'école dramatique dont il était le chef fit à peu près son dernier effort dans le film de Sacchini. *Œdipe à Colone* en 1789. L'œuvre souvent charmante mais fragile de Dauvergne , Duni, Monsigny , Dalayrac et Grétry était sans importance pour l'opéra du futur. Deux musiciens seuls commandaient un sérieux respect : le grand Chérubini, qui n'était pourtant ni typiquement français ni très révolutionnaire, et Méhul, dont *Joseph* apparut en 1807. Lesueur et Berton ne comptent pas ; tandis qu'Hérold , homme fort à certains égards, n'était pas d'une originalité frappante ni dans la forme ni dans l'expression. La musique française produite au cours des années de jeunesse de Berlioz était du type de celle de Boïeldieu. *La Dame Blanche (1828), Masaniello* (1828) et *Fra Diavolo (1830)* d'Auber , ou encore *le Postillon de Longjumeau* d'Adam (1836). Ni Spontini dans la première décennie du siècle, ni Rossini dans les années suivantes, ne constituèrent un maillon nécessaire dans la chaîne du développement de la musique française. En fait, de presque toute la musique entendue à Paris entre 1790 et 1830, on peut dire que chaque fois qu'elle était grande, elle n'était pas française, et que chaque fois qu'elle était française, elle n'était pas grande. Surtout, il ne s'agissait presque jamais de musique *contemporaine* ; il montrait rarement la moindre trace d'assimilation de la vie et de l'art de son époque. Elle n'était surtout pas affectée par le sang brûlant de la jeunesse romantique qui, dans les deuxième et troisième décennies du siècle, transformait à la fois la poésie et la peinture françaises. Pensez aux artistes et aux poètes, puis pensez aux musiciens, et vous semblez entrer dans un monde de pensée autre et inférieur.

C'est Berlioz, et Berlioz seul, qui a aligné la musique française sur les activités des hommes intelligents d'autres départements. Il y mit une férocité et une turbulence d'imagination et une audace de style auxquelles elle était jusqu'alors étrangère. Souvent, quand je l'écoute maintenant, j'ai l'impression qu'on n'apprécie pas encore vraiment son originalité. Même après tant d'années, la musique nous semble parfois, malgré tout l'énorme développement de l'art entre son époque et la nôtre, comme étonnamment nouvelle et non conventionnelle. Comment cela a-t-il donc dû sonner aux oreilles de ceux qui l'ont entendu pour la première fois ? Imaginez le public bourgeois d'alors soudain assailli par la Marche vers l'Échafaud, ou le Sabbat des Sorcières, dans la *Symphonie fantastique* ! Il y a là une rupture aussi violente avec les formules posées du classique et du pseudo-classique que tout ce qui a été réalisé par Victor Hugo ou Delacroix ou Gros ou Géricault.

Les ressorts qui ont ému Berlioz, en fait, n'étaient que ceux qui ont ému ses grands contemporains. L'essence de leur révolte était d'insister sur la vérité selon laquelle la beauté est presque coextensive à la vie elle-même. Les nerfs des jeunes hommes étaient plus aiguisés que ceux de leurs pères ; leurs oreilles étaient plus fines, leurs yeux plus observateurs. Ils voyaient et ressentaient davantage la vie et essayaient d'exprimer dans l'art ce qu'ils avaient vu et ressenti ; ce qui ne pouvait se faire sans non seulement briser le moule de la technique pseudo-classique, mais aussi sans faire entendre beaucoup de sensations et d'idées auxquelles les hommes de la génération précédente étaient imperméables. De récents critiques français ont remarqué, comme preuve de la nervosité plus sensible des premiers romantiques, la finesse et la variété de leurs perceptions des couleurs . Pour l'homme de lettres du XVIIIe siècle, un objet n'est que bleu ou rouge ; les nouveaux écrivains perçoivent une douzaine de nuances de bleu et de rouge et fouillent tout le vocabulaire pour trouver le bon mot discriminant. [4] Il y a eu un effort général pour échapper aux conventions qui enfermaient la poésie, la peinture, le théâtre et l'opéra. Le costume des acteurs et des chanteurs visait désormais une certaine correspondance avec celui de l'époque de la pièce, au lieu de tenter en vain de produire une illusion historique avec le costume de leur temps. Les sujets des drames, des romans, des poèmes et des opéras, au lieu d'être exclusivement classiques, étaient désormais recherchés de manière contemporaine ou dans l'histoire européenne antérieure ; et avec le changement de matière, il y avait nécessairement un changement de style. En même temps naît entre toutes les classes d'artistes une intimité intellectuelle jusqu'alors inconnue . Le poète et le musicien traînaient dans l'atelier du peintre ; le peintre et le poète chantaient les chansons du musicien, ou assistaient aux représentations de son opéra, pour le critiquer du point de vue d'hommes eux-mêmes habitués à penser en art. L'imagination de chacun était stimulée et enrichie par les idées et les sensations des autres. Les nouvelles réalisations en matière de lignes, de couleurs , de langage ou de sons ont incité les passionnés de chaque art à de nouvelles expériences avec leur propre médium. Cela a conduit à un autre phénomène nouveau, particulièrement important dans l'histoire de la musique. Apparaît un type original : le musicien littéraire, qui a pour habitude, et parfois pour métier, d'écrire sur son art, d'éduquer le public en même temps qu'il clarifie ses propres idées et teste ses propres pouvoirs. Ce type était accompagné d'un autre produit nouveau : l'homme de lettres ou le poète qui écrivait sur la musique, non pas en professeur ou en pédant, et non à la manière des Rousseau et des Suard du XVIIIe siècle, mais avec une force dynamique et directe, corrélant la musique avec la vie et la pensée, l'estimant par sa signification réelle pour les hommes vivants. Rien au XVIIIe siècle ne correspondait aux écrits en prose de musiciens comme Berlioz et Schumann, rien de comparable au traitement des sujets musicaux par des hommes de lettres comme Hoffmann et

Baudelaire. Et pourtant, bien qu'il y ait ainsi une plus grande dépense réelle de puissance cérébrale pour la musique et l'art en général, les hommes eux-mêmes n'étaient pas des types aussi solides que les hommes du XVIIIe siècle. Ni Hugo, ni Gautier, ni Delacroix, ni Berlioz n'avaient le poids intellectuel et la fixité de Diderot, ou de Condorcet, ou de David, ou de Gluck. La raison du XVIIIe siècle s'est transformée en sentiment, son activité en réflexion, son repos en enthousiasme, sa sobriété en passion.

Contre cet esprit, l'idéalisme désormais anémique de l'art pseudo-classique ne pouvait pas tenir longtemps. Si les artistes avaient appris au public à croire que tout ce qui avait un goût de la vie réelle était vulgaire ou barbare, il faut maintenant le détromper de cette notion. Toute vie était revendiquée comme étant le domaine de l'artiste ; il revendiquait aussi le droit de le dessiner tel qu'il l'avait vu. « Il n'y a pas de bons ni de mauvais sujets », disait Victor Hugo ; "Il n'y a que de bons et de mauvais poètes." L'expression – l'expression vitale, qui touche au cœur même du thème – était désormais l'idéal ; la beauté, au sens limité que lui donnaient les faux classiques, n'était qu'une formule plus ou moins platitudinale. "La réalisation de la beauté par l'expression du caractère" était le but avoué des romantiques. M. Brunetière oppose avec justesse à cela le théorème classique de Winckelmann, selon lequel la beauté idéale était « comme l'eau pure, n'ayant aucune saveur particulière ». « Il faut le dire et le répéter », s'écrie Hugo dans la préface de 1824 des *Odes et Ballades* ; « ce n'est pas le besoin de nouveauté qui tourmente nos esprits ; c'est le besoin de vérité – et ce besoin est immense ». Delacroix résumait la fausseté générale de l'attitude conventionnelle à l'égard de l'art lorsqu'il écrivait : « Pour faire d'un nègre une tête idéale, nos professeurs lui font ressembler autant que possible au profil d'Antinoüs, puis disent : « Nous avons fait tout ce qu'il faut; s'il n'est pas beau néanmoins, il faut s'abstenir complètement de cette bizarrerie de la nature, de ce nez trapu et de ces lèvres épaisses, si insupportables aux yeux. » Un journaliste de 1826 (cité par M. Gustave Lanson dans son admirable *Histoire de la Littérature française*) s'écria : « Vive la nature *brute et sauvage* qui revit ». si bien dans les vers de M. de Vigny, Jules Lefèvre, Victor Hugo ! » Ce n'est pas qu'ils adoraient la laideur et la violence en eux-mêmes, mais qu'ils sentaient qu'il y a certaines occasions où la vérité ne peut être atteinte que par le repoussant et l'extravagant. , qui peut cependant être orienté par un sage éclectisme vers les objectifs de l'idéal. Il n'y a presque rien dans l'imagination de Berlioz qui n'ait son équivalent dans l'imagination des poètes et des peintres contemporains ; un vers ou une couleur plus expressive qui n'était pas également prise par le musicien seulement alors qu'ils avaient au moins quelques racines dans le passé, non seulement dans leur propre pays mais en Angleterre et en Allemagne, et alors qu'ils étaient nombreux et pouvaient se soutenir et se purifier. par critiques mutuelles, Berlioz se tient debout, sans qu'aucun musicien, mort ou vivant, ne lui soit d'aucune utilité pratique dans la voie qu'il suit.

IV

Peu de mouvements littéraires et artistiques ont leurs racines sociales et physiques aussi clairement ouvertes que le Romantisme. Le plus étonnant dans cet enchaînement de causes et de résultats, c'est qu'il n'y ait que la figure solitaire de Berlioz pour en représenter le côté musical. On aurait pu penser que la vaste libération d'énergie nerveuse opérée par la Révolution et la période napoléonienne aurait été trop grande pour être confinée à la littérature et aux arts plastiques, qu'une école de musique véritablement française aurait surgi, mêlée au passé et aux arts plastiques. le présent de l'histoire et de la vie sociale de France, et aussi typique de la culture française contemporaine à sa manière que la poésie, le théâtre et la peinture de l'époque l'étaient dans la leur. Si cela ne s'est pas produit, c'est probablement dû à l'emprise confirmée du théâtre sur les mélomanes en France. Pour neuf hommes sur dix, la musique y était synonyme d'opéra ; et l'opéra signifiait un spectacle dans lequel seul le plus grand plaisir du plus grand nombre devait être consulté. C'était une forme d'art dans laquelle le compromis était porté à son paroxysme ; le public était cosmopolite et pas trop critique, et les compositeurs, qu'ils soient autochtones ou étrangers, ne devaient penser qu'en second lieu à l'art et en premier lieu à parler un langage musical qui serait intelligible et acceptable pour tous. Aucune expression indépendante et contemporaine de la culture ne pouvait être attendue dans l'opéra, car personne, compositeur ou spectateur, ne l'a pris assez au sérieux pour cela.

D'un autre côté, il n'existait aucune forme purement instrumentale susceptible de servir de véhicule à des modes de sentiment révolutionnaires tels que ceux trouvés dans la littérature et la peinture de l'époque. Enfin, il n'y avait pas de public suffisamment formé musicalement pour exiger une nouvelle révélation musicale, ou pour la comprendre si elle venait. Les orchestres français de l'époque, comme nous l'avons vu, étaient presque tous inefficaces, incapables de jouer de la grande musique avec la moindre intelligence. Il était alors impossible pour le public d'être aussi vivant, aussi actuel, en musique qu'en d'autres domaines ; et la musique, plus que tout autre art, dépend du mécénat collectif, par opposition au mécénat individuel. Peut-être aussi le langage de la musique française n'était-il pas encore suffisamment développé pour répondre aux besoins de la jeune génération des romantiques. Ce n'était pas assez réel, pas assez proche de la vie réelle pour inciter les énergies des hommes à l'approbation ou au dégoût. Il n'y avait aucun doute sur l'éclat de colère du nouvel esprit dans d'autres domaines. Le réalisme de Gros ou de Delacroix était évident à tous les yeux ; le simple changement dans le choix des sujets était un défi et une provocation. Ainsi encore en poésie, on ne pouvait manquer d'être agité par le fouet incessant de la langue vers de nouvelles prouesses techniques, l'évocation perpétuelle de nouvelles formes d'expression, de nouvelles vibrations de couleur verbale . Tout cela se situait à peu près au même niveau que la vie quotidienne des hommes. C'était quelque chose pour lequel ils pouvaient ressentir un intérêt combatif. Mais personne ne prenait la musique aussi au sérieux. Il lui fallut longtemps avant de perdre les manières grandioses, l' astuce de la perruque et de l'épée du XVIIIe siècle ; et quand cela s'est produit, rien d'égale grandeur n'a pu le remplacer. Là où il était grand, avec une grande foulée et un manteau fluide, il respirait la psychologie du passé ; là où elle participait à la vie des hommes de son temps, elle ne les attaquait que par leur côté le plus sensuel, le plus franchement épicurien. C'était une maîtresse, pas une épouse.

C'est donc chez Berlioz seulement que le mouvement romantique déploie ses énergies musicales. Lui seul parmi les musiciens français de l'époque présente les mêmes caractéristiques de corps et d'esprit qui ont contribué à la fabrication de l'art ou de la littérature de ses contemporains. Chez lui comme chez eux, la structure physiologique compte beaucoup. Il ne fait aucun doute qu'une grande partie de la force motrice est venue du grand réveil de l'ère napoléonienne. La nation qui luttait depuis une génération contre tous les pays d'Europe a nécessairement touché la vie sur plus de fronts qu'elle ne l'avait jamais fait auparavant. Les anciennes formalités ne suffisaient plus ; en fait, la simple antiquité d'une pensée ou d'une pratique n'en était pas une recommandation aux yeux de ce peuple, pour qui l'étrange présent kaléidoscopique était un spectacle d'un intérêt toujours changeant. C'est cet aspect de la situation que Stendhal exprimait lorsqu'il comparait son siècle au XVIIIe, l'alimentation classique à l'alimentation romantique. « Les pièces classiques sont comme les religions : le temps pour les créer est passé. Elles sont comme une horloge qui indique midi quand il est quatre heures de l'après-midi. Ce genre de poésie convenait aux gens qui, à Fontenoy , élevaient leurs chapeaux et dit à la colonne anglaise : « Messieurs, ayez la bonté de tirer les premiers. Et on espère que cette poésie satisfera un Français qui a participé à la retraite de Moscou ! » Après la chute de l'empire napoléonien, un nouveau moteur d'une grande valeur littéraire fut découvert dans l'intense mélancolie qui, selon Musset, s'empara des jeunes esprits face à la soudaine limitation des activités de la nation. « Un sentiment de *malaise inexprimable* commençait à fermenter dans chaque jeune cœur. Condamnés à l'inaction par les souverains du monde, livrés à l'indolence, à l' *ennui* , les jeunes gens... éprouvaient, au fond de leur âme, une misère qui était insupportable. »

Mais les causes physiologiques de cette irritabilité nerveuse, de ce mécontentement à l'égard des choses existantes, aussi fortement marquées chez Berlioz que chez Musset ou Delacroix, étaient probablement plus importantes que les causes morales. La majorité des artistes et des hommes de lettres de cette époque avaient un physique pauvre et névrotique. Chez presque tous, il y avait une tendance au dérèglement nerveux, ou à une faiblesse du cœur ou des poumons qui les prédisposait à la mélancolie. Maxime du Camp témoigne fortement de la lassitude physique qui caractérise cette époque. « La génération artistique et littéraire qui m'a précédé, écrit-il, celle à laquelle j'appartenais, a eu une jeunesse de tristesse artistique, inhérente à la constitution des hommes ou à l'époque ». Parlant encore de la propension au suicide parmi les jeunes hommes de l'époque , il dit : « Ce n'était pas seulement une mode, comme on pourrait le croire ; c'était une sorte de débilité générale qui rendait le cœur triste et l'esprit sombre, et a fait que la mort soit considérée comme une délivrance. »

Cette *défaillance générale* , cette *tristesse sans cause comme sans objet* , *tristesse abstraite* , doit avoir ses racines dans quelque chose de plus profond que la simple vision psychologique de la jeunesse de l'époque. Il semble probable qu'il y ait eu un épuisement physique général, une fragilisation généralisée du physique. Les enfants nés au début du siècle devaient avoir pour parents, dans de nombreux cas, des personnes qui avaient vécu dans une atmosphère d'intense agitation sociale et politique et qui avaient probablement subi des épreuves physiques considérables. Les guerres napoléoniennes n'ont guère pu manquer de laisser leur marque sur la constitution physiologique de la race française. S'il est vrai que la belle qualité nerveuse des Irlandais vient en partie des siècles de vie troublée que la race a traversés, il doit certainement y avoir eu une certaine impression laissée sur le physique de la France par les épisodes sinistres et rapidement changeants de la Révolution et Empire. La simple perte de sang jeune a dû compter pour beaucoup. De Musset témoigne en effet, dans sa *Confession d'un enfant du siècle , de la mélancolie de la jeune génération :* « une génération ardente, pâle , nerveuse », « conçue entre deux combats » et née des « mères inquiète ." [6] Maxime Du Camp suggère lui aussi cette explication de la morbidité de l'époque, et en ajoute une autre. "Souvent je me suis demandé si cette dépression n'était pas le résultat de causes physiologiques. La nation était épuisée par les guerres de l'empire et les enfants avaient hérité de la faiblesse de leurs pères. En outre, le système de médecine et d'hygiène alors en vigueur était désastreux. Broussais était le leader de la pensée et les médecins allaient partout la lancette à la main. À l'école, on nous saignait à cause d'un mal de tête. Quand j'ai eu la fièvre typhoïde , on m'a saigné trois fois en une semaine, on m'a appliqué soixante sangsues et je n'ai pu guérir que par miracle. Les doctrines prêchées par les Diafoirus de Molière avaient perduré jusqu'à nos jours et avaient abouti à cette constitution anémique si fréquemment rencontrée. La pauvreté du sang combinée au tempérament nerveux rend l'homme mélancolique et déprimé. »

L'une des conséquences de ce physique défectueux était que les jeunes hommes de l'époque avaient non seulement des conceptions extravagantes, mais qu'ils prenaient celles-ci et eux-mêmes avec un énorme sérieux. La majorité d'entre eux posaient parfois de manière inadmissible. Ils ne pouvaient être malheureux sans jouer sur leurs propres sensations au bénéfice du public ; il y avait quelque chose d'acteur dans presque tous. Chacun était à ses propres yeux un Werther, un personnage à l'égard duquel le cosmos s'était comporté avec une malveillance particulière et tout à fait impardonnable. Ecoutez par exemple la déclamation de Chateaubriand : « Je n'ai jamais été heureux, je n'ai jamais atteint le bonheur quoique je l'ai poursuivi avec une persévérance correspondant à l' ardeur naturelle de mon âme ; personne ne sait quel était le bonheur que je cherchais. , personne n'a bien connu le fond de mon cœur ; la plupart de mes sentiments y sont restés enfermés, ou n'ont paru dans mes ouvrages que appliqués à des êtres imaginaires. Aujourd'hui, où je regrette encore mes chimères sans toutefois les poursuivre, quand, parvenu au sommet de la vie, je descends vers le tombeau, je veux, avant de mourir, revenir sur ces années précieuses, *expliquer mon cœur inexplicable* , voir enfin ce que je peux dire quand ma plume s'abandonne sans contrainte. à tous mes souvenirs." [7] On décèle dans tout cela une petite note de manque de sincérité. Le monsieur proteste trop ; il porte trop visiblement son cœur sur ses manches, trafiquant avec mélancolie comme on trafique du coton ou de l'acier, simplement parce qu'il existe un marché pour ce genre de choses. Il faut lire les lettres de Berlioz avec cette suspicion toujours présente si l'on veut les prendre à leur vraie valeur. Un bon résumé de l'humeur mi-sincère, mi-posante qui régnait parmi les jeunes hommes de génie de l'époque se trouve dans le portrait que Géricault a fait de lui-même, au Louvre , avec le mélodrame forcé du crâne sur l'étagère qui s'immisce. sur le sérieux réel du tableau dans son ensemble. On retrouve beaucoup de cette *diablerie* un peu farfelue et trop consciente dans certains des premiers travaux de Berlioz ; et il n'y a pas lieu de le mépriser plus que lorsqu'on le rencontre chez les poètes ou les peintres qui furent ses contemporains. Sans parler du grandiloquent Hugo et de ses jeunes disciples, même si un type aussi fort et philosophique que Flaubert était attiré de temps à autre dans le même genre de pose d'exagération. Ses premières lettres ont leur part de sentimentalité, de discours sur l'homme comme un frêle esquif dans la tempête, et toutes les autres formules de l'école [8] , bien que Flaubert se dissocie expressément des spécimens les plus lymphatiques du romantisme. « Savez-vous, écrivait-il, que la nouvelle génération des écoles est extrêmement stupide ; autrefois elle avait plus de bon sens ; elle s'occupait de femmes, de coups d'épée, d'orgies ; maintenant elle singe Byron... C'est qui aura le visage le plus pâle et dira de la meilleure des manières "Je suis *blasé, blasé* !" Quel dommage ! *à* dix-huit ans ! »

V

Si jamais la structure physiologique d'un homme devait être prise en compte pour tenter d' expliquer la nature de son œuvre, c'est bien lorsqu'il s'agit de Berlioz. Il suffit de regarder son portrait pour voir à quel point il était nerveux, à quel point il devait être sujet aux troubles du système nerveux. Il y a un passage dans une de ses lettres qui semble indiquer une inquiétude pour sa santé de la part de son père, qui, étant médecin, comprendrait probablement le penchant de son fils pour les troubles nerveux : « Je suis vos instructions quant au régime, " écrit Hector ; "je mange ordinairement peu et ne bois presque plus de thé ." Sa jeunesse, après avoir quitté la maison paternelle, fut certainement une période de grandes privations. Il semble en outre avoir été extrêmement insouciant de sa santé, se livrant à de longues promenades sans un apport suffisant de nourriture - en supposant un une énergie nerveuse qui lui paraissait sans doute comme une solide constitution physique. Pire encore, son recours occasionnel et délibéré à la famine, comme nous le dit un de ses amis, "pour. connaître les maux par lesquels le génie " L'étonnant n'est pas qu'il ait toujours été en proie à quelque trouble nerveux, ou qu'à un âge mûr il ait été atteint d'une affreuse maladie intestinale, mais qu'il ait vécu aussi longtemps que il l'a fait et a trouvé la force d'entreprendre le travail qu'il nous a légué. « Comme je suis malheureux, écrivait-il un jour à son ami Ferrand, un véritable baromètre, tantôt en haut, tantôt en bas, toujours sensible aux changements. de l'atmosphère - claire ou sombre - de mes pensées dévorantes. L'ensemble de sa vie ne supportera guère la comparaison avec celui écrit entre vingt-cinq et quarante ans. La belle floraison semblait avoir été effacée de son esprit, même là où la musique a encore l'énergie nerveuse des années passées ; une chose entièrement extérieure – une simple tendance à éclater dans l'inattendu en raison de l'impossibilité de continuer longtemps sur le même chemin ; tandis que trop souvent il y a une pure matité qui vient évidemment du fait qu'il a longtemps apaisé ses douleurs avec l'opium. Mais jusqu'à ce que son système s'épuise ainsi à force de toutes sortes de surmenages, il était visiblement d'une sensibilité extraordinaire, susceptible de cent impressions qui devaient rester un livre scellé pour tout autre musicien français de l'époque.

C'était la note clé de sa vie mentale et du monde qu'il essayait de reproduire dans l'art ; et si l'on étudie son organisation physique , il devient bien plus typique du mouvement romantique que le plus brillant de ses contemporains. Si leur marque distinctive était l'extraordinaire sérieux avec lequel ils prenaient leurs impressions artistiques, les étranges convulsions produites en eux par la vue d'une belle chose ou par le simple acte ravissant de la composition, il faut dire qu'aucun d'eux ne peut se comparer à Berlioz à cet égard. Une centaine de passages, dans ses *Mémoires* , ses lettres et ses œuvres en prose, révèlent son tempérament comme peut-être la chose la plus extraordinairement volcanique de l'histoire de la musique. Les musiciens dans leur ensemble ont une notoriété peu enviable car ils ne sont pas comme les autres hommes ; ils surpassent même les poètes par la finesse de leurs nerfs et la tendance de ceux-ci à échapper au contrôle des centres supérieurs . Mais sûrement, en dehors de l'histoire de la folie religieuse ou de l'extase des mystiques, rien n'est comparable à l'état anormal dans lequel Berlioz fut plongé par la musique. « Quand j'entends certains morceaux de musique, mes forces vitales semblent d'abord doublées. J'éprouve un plaisir délicieux, auquel la raison n'a aucune part ; l'habitude de l'analyse vient ensuite donner naissance à l'admiration ; l'émotion, augmentant à mesure à l'énergie ou à la grandeur des idées du compositeur, produit bientôt une étrange agitation dans la circulation du sang, qui indique généralement la fin du paroxysme, n'en indique souvent qu'un état progressif, conduisant à quelque chose de plus encore ; intense. Dans ce cas, j'ai des contractions spasmodiques des muscles, un tremblement dans tous mes membres, une torpeur complète des pieds et des mains, une paralysie partielle des nerfs de la vue et de l'ouïe ; je ne vois plus, j'entends à peine : vertige... un demi-évanouissement. Plus curieux encore est l'effet que produit sur lui une musique qu'il n'aime pas. « On peut imaginer, dit-il, que les sensations portées à ce degré de violence sont assez rares, et qu'il y a avec elles un contraste vigoureux, à savoir *l'effet musical douloureux* , produisant au contraire l'admiration et le plaisir. Aucune musique n'agit plus. fortement à cet égard que celui dont le principal défaut me semble être la platitude et la fausseté d'expression. Alors je rougis comme de honte ; une véritable colère s'empare de moi, on croirait que je viens de recevoir une impardonnable ; insulte ; pour me débarrasser de l'impression que j'ai reçue, il y a un bouleversement général de mon être, un effort d'expulsion dans tout l'organisme, analogue à l'effort de vomir, quand l'estomac veut rejeter une liqueur nauséabonde. et la haine poussée à son extrême limite ; cette musique m'exaspère, et je la vomis par tous mes pores.

Il ne s'agit pas là d'une simple exagération littéraire, car à maintes reprises dans ses lettres nous trouvons des preuves corroborantes que Berlioz était réellement affecté de cette manière par la musique. Il surpasse ainsi en extravagance nerveuse le plus anormal des jeunes poètes et peintres de son temps. Et comme chez eux la susceptibilité de leur organisme physique conduisait à une nouvelle sympathie pour les choses, une nouvelle tendresse, une nouvelle pitié, de même la faiblesse de Berlioz le conduisit à la découverte de nuances d'émotion qui n'avaient jamais trouvé auparavant leur expression dans la musique. La remarque de Madame de Staël , selon laquelle « la littérature romantique ... se sert de nos impressions personnelles pour nous émouvoir », avait une application plus large qu'elle ne l'imaginait. Le romantique français était un nouveau type d'art ; dans la plupart des cas, lui-même souffrant de nerfs, il avait un aperçu de tout un monde humain.

douleur et pathos qui étaient refusés à ses prédécesseurs. Les grandes figures du XVIIIe siècle sont pour la plupart objectives , voyageant par la voie de la raison plutôt que par celle de l'émotion, des philosophes plutôt que des artistes, vivant dans le courant central des choses, et avec une vision large et claire des affaires réelles de leur propre époque. Leur sentiment même est différent de celui de la génération suivante ; il est plus sous contrôle, a moins de cœur et plus de cerveau, suggère moins une oppression écrasante. Ce n'est que de temps à autre, dans la littérature du XVIIIe siècle, que l'on perçoit une préfiguration de cette espèce d'émotion frémissante qui trouvait, parfois trop facilement, son expression chez les Romantiques. Nous l'avons dans un passage remarquable de Diderot : "Le premier serment que se feunt deux êtres de chair, ce fut au pied d'un rocher qui tombait fr poussière ; ils attestèrent de leur Constance un ciel qui n'est pas un instant le même ; tout passait fr eux , autour d'eux , et ils croyaient leurs cœurs affranchis de vicissitudes. Ô enfants ! toujours enfants!" C'est, dans la littérature de son temps, comme un lyrisme de Heine apparaissant parmi les pages de Lessing, une chanson de Schumann au milieu d'une partition de Gluck. On a encore quelque chose du même ton, un semblable quelques esquisses de l'esprit romantique, ici et là, dans les *Rêveries* de Rousseau. Mais c'est chez les Romantiques que l'on trouve pour la première fois la pleine expression de ce nouveau frémissement de sentiment qui vient du sentiment de faiblesse de notre pauvre chair, du sentiment de. la mortalité de notre argile, notre proximité horaire de la corruption, notre communauté avec tout ce qui souffre et périt.

VI

Avant d'en venir à considérer sa musique, complétons l'étude de Berlioz comme organisme par l'examen de sa prose, où l'on trouvera bien des éléments qui éclairent sa structure. L'aide apportée à l'étudiant en psychologie musicale par les écrits en prose des musiciens est si grande qu'on pourrait presque souhaiter que chaque compositeur de quelque importance ait laissé au monde un volume ou deux de critique ou d'autobiographie. Ils n'auraient pas nécessairement ajouté grand-chose à notre connaissance positive de la vie ou de l'art ; mais un livre est une révélation si inconsciente de son auteur, il s'y montre si fidèlement et si complètement, peu importe combien il désire poser ou tromper, que le psychologue est capable de reconstruire l'esprit de l'homme à partir de lui comme le scientifique peut reconstituer en imagination le corps d'un animal à partir de quelques-uns de ses os. On n'accorde pas beaucoup d'importance, par exemple, au contenu même des volumes de prose que Wagner a eu la méchanceté de nous léguer ; mais après tout, on ne les laisserait pas volontairement mourir, car ils sont d'une grande aide à l'étude de Wagner, indirectement, sinon directement, en jetant sur lui des lumières de côté dont il n'avait absolument pas conscience. La prose de Berlioz a un plus grand intérêt intrinsèque. Même s'il disait détester son travail journalistique, il était après tout un journaliste né, un écrivain fluide, un esprit cynique, un conteur accompli dans certains *genres* , un maître de l'ironie raffinée et mordante. Mon objectif actuel, cependant, n'est pas de tenter d'apprécier la prose de Berlioz dans son ensemble, mais d'attirer l'attention sur certains éléments curieux qui n'ont pas, à ma connaissance, été signalés auparavant et qui sont extrêmement intéressants. à l'étudiant d'une personnalité aussi étrange et complexe que Berlioz.

Lecteurs du bel essai, sinon tout à fait convaincant, d'Hennequin sur Flaubert dans *Quelques Écrivains Français* , se souviendra de la tentative d'exposer la structure et le fonctionnement du cerveau du romancier par dissection de sa prose. Flaubert, montre-t-il, a toujours tendance à écrire ceci et ainsi ; il a un vocabulaire de telle ou telle sorte, et il a tendance à construire les mots de telle ou telle manière. Partant de là, Hennequin examine ensuite la construction par Flaubert de ses phrases, puis de ses paragraphes, puis de ses chapitres, puis de ses romans, et explique ainsi la forme finale des livres par une structure intellectuelle fondamentale qui a été conditionné par une certaine faculté verbale. Hennequin , je pense, pousse ici sa méthode un peu trop loin, soutenant aveuglément sa thèse indépendamment de tout ce qu'on peut lui opposer ; mais dans l'ensemble, l'essai est une contribution nouvelle et précieuse à une science négligée : l'étude du cerveau d'un homme à travers ses formes d'expression. Or, quiconque lit de manière critique les œuvres en prose de Berlioz doit être frappé par certains éléments de la prose qui semblent donner la clé de beaucoup de choses presque inexplicables dans sa musique et son caractère. « Extravagant », « théâtral », « bizarre », tels sont les termes qui ont toujours été utilisés pour désigner Berlioz. Sir Hubert Parry choisit la facilité d'attribuer son théâtralité au fait qu'il est Français, inconscient du fait que les Français ne l'aimaient pas et le ridiculisaient plus que toute autre nation. La première prose de Berlioz indique qu'il était un homme doté d'une structure cérébrale qui avait toujours tendance à s'exprimer de manière extravagante ; un homme qui ne voyait pas les choses au niveau ordinaire de la terre aussi clairement que les formes dans les nuages et au sommet des montagnes.

Les grands effets qu'il visait en musique n'étaient en effet qu'une forme de manifestation d'une curieuse faculté qui le conduisait toujours au grandiose. L'orchestre ordinaire, le chœur ordinaire, la salle de concert ordinaire ne lui conviendraient jamais ; tout doit être agrandi, pour ainsi dire, au-delà de la grandeur nature. De même dans sa prose, les comparaisons ordinaires, les métaphores ordinaires lui viennent rarement à l'esprit ; le cerveau dilaté ne peut s'exprimer que dans une dilatation du langage. Ainsi un adjectif suffit rarement à Berlioz ; il doit généralement y en avoir au moins trois, et ceux-ci sont des plus exagérés. Une chose n'est jamais belle ni laide pour Berlioz ; c'est soit divin, soit horrible. Une scène de ses premières œuvres, où Cléopâtre réfléchit à l'accueil qui lui sera réservé par les pharaons ensevelis dans les pyramides, est « terrible, effrayante ». Son ouverture *des Francs Juges* est décrite en un seul endroit comme « monstrueuse, colossale, horrible ». À une autre occasion, il écrit : « Il n'y a rien de plus effrayant que mon ouverture... C'est un hymne au désespoir, mais le désespoir le plus désespéré qu'on puisse imaginer – horrible et tendre. Partout c'est la même tuméfaction du langage. Lorsqu'il réfléchit au souvenir de sa première épouse et à ses souffrances, il est envahi par « une pitié immense, effrayante, incommensurable, infinie ». Vers la fin de sa vie, il est saisi par « le désir furieux d'affections immenses ». Il ne peut guère parler de ce qui l'a ému sans cet empilement des adjectifs les plus formidables de la langue.

Comme on pouvait s'y attendre, son imagerie est du même ordre ; les plus grandes choses de l'univers sont mises au service de ses comparaisons et de ses métaphores. Il parle en un endroit de « ces adagios surhumains où le génie de Beethoven s'élève, immense et solitaire, comme l'oiseau colossal au-dessus du sommet enneigé du Chimborazo ». Il n'avait jamais vu l'oiseau au-dessus du sommet du Chimborazo, mais son cerveau revient spontanément à cette conception dans l'effort d'exprimer la sensation d'immensité et de solitude que lui procure la musique de Beethoven. Les pyramides, étant commodément grandes, entrent fréquemment dans ses comparaisons. "Il faut un génie très rare pour créer des choses auxquelles les artistes et le public peuvent s'adonner à la fois, des choses dont la simplicité est directement proportionnelle à leur masse, comme les pyramides de Djizeh ." « Hier, écrit-il après une certaine représentation de ses œuvres, j'ai eu un succès pyramidal. Quand les pyramides lui font défaut , il se rabat sur Ossian, ou sur Babylone et Ninive. Après avoir entendu 6 500 voix d'enfants à Saint- Paul, il écrit : « C'était , sans comparaison, la cérémonie la plus imposante, la plus babylonienne que j'aie jamais vue. » Le « Tibi omnes » et le « Judex » de son *Te Deum* sont des « pièces babyloniennes, ninivites ». Une nuit, il entend le vent du nord « se lamenter, gémir et hurler comme plusieurs générations à l'agonie. Ma cheminée résonne caverneusement comme un tuyau d'orgue de soixante-quatre pieds. Je n'ai jamais pu résister à ces bruits ossianiques ».

Parfois, l'accumulation de Pélion sur Ossa devient nécessaire pour lui permettre de donner au lecteur une vague impression de ce qu'il ressent. Beethoven est « un Titan, un Archange, un Trône, une Domination ». Lorsqu'il écrit ses feuilletons détestés, « les lobes de mon cerveau semblent prêts à se briser. J'ai l'impression d'avoir des cendres brûlantes dans mes veines ». La scène de la bénédiction des poignards dans les *Huguenots* est une pièce terrible, « écrite comme en fluide électrique par une gigantesque pile voltaïque ; elle semble accompagnée d'éclats de foudre et chantée par les tempêtes ». Le souvenir d'un incident de sa carrière fait ressortir cette phrase : « Destruction, feu et tonnerre, sang et larmes ! mon cerveau se ratatine dans mon crâne en pensant à ces horreurs ! Son deuxième amour, nous dit-il, « m'est apparu avec Shakespeare, à l'âge de ma virilité, dans le buisson ardent d'un Sinaï, au milieu des nuages, des tonnerres, des éclairs d'une poésie qui était nouvelle pour moi ». ".

Toutes ses conceptions et tous ses désirs de jeunesse étaient de cet ordre extravagant. Il écrit dans une lettre de Florence de 1831 : « J'aurais aimé aller en Calabre ou en Sicile et m'engager dans les rangs de quelque chef de *bravi* , même si je n'étais qu'un simple brigand. J'aurais dû voir des crimes magnifiques, des vols, des assassinats, des viols, des incendies, au lieu de tous ces misérables petits crimes, ces mesquines perfidies qui font mal au cœur. Oui, oui, c'est le monde pour moi : un volcan, des rochers, des riches. des dépouilles entassées dans les cavernes, un concert de cris d'horreur accompagné d'un orchestre de pistolets et de carabines sang et lacryme ; christi : un lit de lave secoué par les tremblements de terre ; voyons, c'est la vie ! » [9] La même année, il a l'idée d'un oratorio colossal sur le thème « Le Dernier Jour du Monde ». Il y aura trois ou quatre solistes, chœurs et deux orchestres, l'un de soixante, l'autre de deux ou trois cents exécutants. Voici le plan de l'ouvrage : « L'humanité étant parvenue au degré ultime de la corruption, se livre à toute sorte d'infamie ; une sorte d'Antéchrist les gouverne despotiquement. Quelques justes, dirigés par un prophète, se trouvent au milieu de la dépravation générale. Le despote les torture, vole leurs vierges, insulte leurs croyances et fait brûler leurs livres sacrés au milieu d'une orgie. Le prophète vient lui reprocher ses crimes, et lui annonce la fin du monde et le Jugement dernier. Le despote irrité le fait jeter en prison, et, se livrant de nouveau à ses plaisirs impies, est surpris au milieu d'un festin par les terribles trompettes de la Résurrection ; les morts sortent de leurs tombes, les vivants condamnés poussent des cris d'horreur, les mondes sont brisés, les anges tonnent dans les nuages, voilà la fin de ce drame musical.

Ces exemples suffiront à montrer la particularité d'esprit à laquelle j'ai fait allusion. Les premières idées de Berlioz semblent avoir avec celles des hommes ordinaires le même rapport qu'un gaz avec un solide ou un liquide ; Dès qu'ils sont libérés, ils essaient de se diffuser dans autant d'espace que possible. A ce propos, il est intéressant de noter que dès son plus jeune âge, il aimait les livres de voyage et méditait rêveusement sur les cartes du monde ; il recherchait des conceptions plus lointaines qui n'étaient limitées par aucune frontière étroite. On éprouve une curieuse sensation, après avoir lu une grande partie de sa prose, que les choses du monde ont perdu leurs proportions et leurs perspectives ordinaires ; les adjectifs sont si grands et si nombreux qu'on commence à prendre cette diction gonflée pour le discours normal des hommes. Parfois se produit un effet d'immensité, de distance vraiment superbe, effet que l'on retrouve parfois dans la musique de Berlioz. Il m'a toujours semblé, par exemple, que le début de sa chanson « Reviens , reviens » donnait l'impression la plus parfaite de quelqu'un rappelé de très loin ; toute l'atmosphère semble atténuée, presque raréfiée ; la mélancolie est la mélancolie d'un regret qui emporte l'océan jusqu'à l'horizon et ne parvient pas à trouver ce dont les yeux ont faim.

VII

Il est temps cependant de se rappeler que le tableau peint jusqu'à présent ne représente pas Berlioz dans son intégralité. Il est d'autant plus nécessaire de se faire ce rappel que le seul Berlioz connu du plus grand nombre est cet être à l'excitation sauvage et à l'exagération forcenée, avec en lui ici et là un élan de pose. Il existe une « légende » de chaque grand compositeur – une sorte de conception mi-vraie, mi-fausse de lui, qui s'installe peu à peu dans l'esprit des gens et les empêche, en règle générale, de réfléchir par eux-mêmes au caractère et à l'œuvre de cet homme. Il y a la légende de Mozart, la légende de Beethoven, la légende de Liszt, dont pas un amateur sur mille ne songe à remettre en question l'authenticité. Il y a aussi la légende de Berlioz, dont les causes de la croissance, dans ce pays surtout, ne sont pas loin de chercher. On le connaît vraiment très peu ici. L' ouverture du *Carnaval romain* et le *Faust* sont entendus occasionnellement ; mais l'amateur anglais moyen, quand il pense à Berlioz, pense surtout à la *Symphonie fantastique* et à *Harold en Italie* — en particulier aux mouvements finaux avec leurs orgies de brigands, de sorcières, etc. Les compilateurs assidus de biographies et de notes de programme font de leur mieux pour garder cet aspect de Berlioz au premier plan dans l'esprit du public, en ressassant toujours les excentricités de sa jeunesse. Il faut se rappeler que Berlioz est mort en 1869 et que, disons, de 1835 à 1869, il était un homme très différent, tant dans sa musique que dans sa prose, de ce qu'il était entre 1821 et 1835. Ses lettres à la princesse Sayn - Wittgenstein ne suggère guère le Berlioz des lettres antérieures à Humbert Ferrand et à d'autres. Et quant à sa musique, le public britannique qui cligne des yeux et lorgne sciemment à l'évocation de son nom, pensant sans cesse à la *Symphonie fantastique* et à *Harold en Italie* , ferait bien de réfléchir qu'il ne sait rien, ou presque, du *Waverley* , des *Francs Juges* , *du Roi Lear* et autres ouvertures, de *Lélio* , du *Tristia* , *du Cinq Mai* , de la *Messe des Morts* , des opéras *Benvenuto Cellini* , *Béatrice et Benedict* , *La Prise de Troie* et *Les Troyens à Carthage* — de la *Symphonie funèbre et triomphale* , du *Roméo et Juliette* , de *L'Enfance du Christ* , du *Te Deum* et d'autres œuvres, sans parler de la partition des chansons. Dans toute l'histoire de la musique, il n'y a probablement aucun musicien dont l'homme moyen ait une confiance aussi sublime sur la base d'une ignorance aussi sublime de son œuvre.

VIII

Sachant donc que le Berlioz dont nous avons parlé jusqu'ici est surtout le jeune Berlioz, écrivain de lettres folles, acteur de rôles extravagants, compositeur de la *Symphonie fantastique* (1829-1830) et *Lélio* (1831- 1832) - regardons un instant son art tel qu'il était alors, et retraçons-le ensuite à travers ses manifestations ultérieures et plus sobres.

En essayant de le suivre historiquement, nous rencontrons cette difficulté, qu'il est impossible de dire exactement quand certaines de ses conceptions ont vu le jour pour la première fois. Il avait l'habitude d'utiliser un premier morceau de matériel dans un travail ultérieur, surtout si le premier travail avait été essayé et avait échoué. On sait, comme je l'ai déjà dit, que le thème du début de la *Symphonie fantastique* est tiré d'une composition enfantine. Une expression tirée d'une autre œuvre enfantine – un quintette – est reprise dans l' ouverture *des Francs Juges* . Des parties de la première cantate *La Mort d'Orphée* deviennent le *Chant d'amour* et *La harpe éolienne* à *Lélio* . Le *Chœur d'ombres* dans *Lélio* est une reproduction d'un air de la scène *Cléopâtre* — *l'un de ses* essais infructueux pour *le Prix de Rome* . Une partie de la *Messe solennelle* (1824) revient à *Benvenuto Cellini* (1835-1837). La *Marche au supplice* de la *Symphonie fantastique* est tirée de son opéra de jeunesse *Les Francs Juges* . La fantaisie de *La Tempête* revient à *Lélio* . Je soupçonne en effet fortement que son œuvre date davantage des dix premières années de sa vie artistique (1824-1834) que nous ne l'aurions jamais imaginé. Ma théorie est qu'il débordait d'idées dans sa jeunesse, et qu'il y a eu un échec progressif dans ses dernières années, en raison des terribles tortures physiques qu'il a endurées et des grandes quantités de morphine qu'il a dû prendre pour calmer son esprit. des douleurs. Au début, il enchaîne travail après travail avec une grande rapidité. En prenant uniquement les plus grands, nous avons en 1826 [10] *La révolution grecque* , en 1827 ou 1828 les ouvertures *de Waverley* et *des Francs Juges* , en 1828-1829 les huit scènes *de Faust* , *en 1829 les Mélodies irlandaises* , en 1829-1830 la *Symphonie fantastique* , en 1830 le *Sardanapale* et la *Tempête* , en 1831 le *Corsaire* et les ouvertures *du Roi Lear* , en 1831-1832 l' ouverture *de Rob Roy* , *Le Cinq Mai* , *Lélio* et une partie du *Tristia* , en 1832-1833 diverses chansons, en 1834 l' *Harold en Italie* , et les *Nuits. d'Été* , en 1835-1837 *Benvenuto Cellini* et la *Messe des Morts* , en 1838 le *Roméo et Juliette* . Il s'agit d'un bon résultat pour une douzaine d'années d'une vie d'homme occupé et en difficulté, au cours de laquelle il n'était guère plus qu'un apprenti dans son art. Berlioz vécut encore trente et un ans, mais pendant cette période il fit étonnamment peu de choses. Toujours dans le domaine des œuvres plus importantes, nous avons en 1840 la *Symphonie funèbre et triomphale* , en 1843 l' ouverture du *Carnaval romain* , en 1844 l' *Hymne à la France* , en 1846 l'achèvement de *Faust* , en 1848 le reste de la *Tristia* , en 1851 *La Menace des Francs* , en 1850-1854 l' *Enfance du*

Christ , en 1849-1854 le *Te Deum* , en 1855 *L' Impériale* , en 1860-1862 *Béatrice et Benedict* , en 1856-1863 le double opéra *La Prise de Troie* et *Les Troyens à Carthage* . Même en tenant compte du fait qu'au cours de sa période intermédiaire et ultérieure, il passa beaucoup de temps dans des tournées à l'étranger et dans des œuvres littéraires, nous serons néanmoins, je pense, obligés de conclure que ses idées coulaient plus lentement dans ses derniers jours, tandis que ils étaient certainement parfois de qualité inférieure. Il faut se rappeler aussi que certaines de ses œuvres ont été écrites bien avant leur production, et qu'il y a parfois des raisons de croire que cela a été le cas, même si nous n'avons aucun témoignage positif sur ce point. Le thème *idée fixe* de la *Symphonie fantastique* apparaît pour la première fois dans *Herminie* (1828) ; le thème "Harold" de *Harold en Italie* figurait déjà sur le *cor anglais* de l'ouverture *de Rob Roy* . Il est probable que *Roméo et Juliette* n'a pas été entièrement écrit en 1838 à la suite du don de Paganini, comme tout le monde a été amené à le croire ; Berlioz a eu l'idée de l'œuvre en 1829 et a peut-être alors conçu une partie de la musique. [11] La *Symphonie funèbre et triomphale* , composée en 1840, fut écrite en grande partie en 1835. Les phrases émouvantes qui sont la vie et l'âme de l' ouverture du *Carnaval romain* (1843) sont tirées de *Benvenuto Cellini* (1835-1837) ; tandis que le thème de l'épisode d'amour de l'ouverture était déjà apparu dans *Cléopâtre* (1829). Il est en effet impossible de dire dans quelle mesure la musique de ce que j'ai appelé la deuxième époque de Berlioz date réellement de la première, diminuant ainsi encore davantage la quantité appartenant aux années après 1838. Je pense que si la vérité était connue, elle on constaterait qu'un ou deux des thèmes de *Béatrice et Benedict* , apparemment écrit entre 1860 et 1862, date de 1828, lorsque Berlioz décida pour la première fois de faire un opéra à partir de la pièce de Shakespeare. Il est incontestable que les dix années 1828 à 1838 furent des années d'inspiration musicale inépuisable. Parfois, nous l'a dit lui-même, il pensait que sa tête éclaterait sous la pression péremptoire de ses idées ; Ils coulaient si rapidement, en effet, qu'il dut inventer une sorte de sténographie musicale pour aider sa plume à suivre leur rythme. Il y a eu, je suppose, très peu de choses de ce genre au cours des deux ou trois dernières décennies de sa vie. Si l'on tient compte des autres exigences de son temps, il semble indéniable que son cerveau travaillait alors avec moins d'ardeur et moins d'aisance dans les choses musicales. Si les idées avaient été là dans toute leur vigueur , elles seraient sorties malgré toutes les autres occupations ; et le fait qu'ils n'étaient pas là comme ils l'étaient dans sa jeunesse ne peut s'expliquer, je pense, que par des raisons physiologiques. [12]

Ce dernier aspect de l'affaire sera cependant traité plus en détail ultérieurement. Ici, nous pouvons simplement noter que les débuts de Berlioz étaient de toutes les manières calculés pour produire à la fois l'inflation du style de prose que nous voyons dans ses lettres et l'excentricité et l'exagération que nous voyons dans certaines de ses premières musiques. Son ami Daniel Bertrand raconte que "dans sa jeunesse il s'amusait parfois à mourir délibérément de faim, pour savoir quels maux le génie pouvait surmonter; plus tard, son estomac dut payer ces coûteuses fantaisies". Au moment de son engouement pour Henrietta Smithson, il faisait les farces les plus folles avec son cerveau et son corps déjà surexcités ; il faisait de longues promenades nocturnes sans nourriture et s'enfonçait dans un sommeil d'épuisement total dans les champs. Son corps, comme son cerveau, ne pouvait rester au repos ; il avait une manie de marcher et de grimper qui le portait invariablement bien au-delà de ses capacités d'endurance. [13] En 1830, le vétéran Rouget de l'Isle , sans avoir vu le jeune musicien, le diagnostiqua excellemment d'après sa correspondance : « Votre tête, écrit-il, semble être un volcan perpétuellement en éruption. On peut sourire de ses pitreries tout au long de cette époque, notamment dans *l'affaire Smithson* . Mais même s'il y avait peut-être un peu de prise de conscience dans tout cela, il est incontestable que, dans l'essentiel, il était mortellement sérieux. A deux reprises, il tenta de se suicider : une fois à Gênes et une autre fois en présence d'Henriette. Il ne s'agissait pas non plus de simples représentations scéniques, de simples efforts pour produire un effet ; ce n'était pas sa faute s'ils n'avaient pas abouti.

IX

En gros, on constate que le Berlioz que j'ai dépeint jusqu'à présent apparaît vers 1827. C'est vers cette date, apparemment, que l'enthousiasme de la jeunesse, combiné à la famine et à la folie, a donné à son système cette incandescence sinistre à laquelle les gens pensent toujours. quand ils entendent le nom de Berlioz. C'est vers cette date que ses lettres commencent à montrer l'inflation de style à laquelle j'ai fait référence, et que sa musique commence à acquérir force, pénétration et expressivité, ainsi qu'une teinte d'anormal. Avant 1827, il n'avait probablement pas beaucoup écrit, ou s'il l'avait fait, il n'a pas survécu. Ce qui est resté nous est désormais accessible dans la nouvelle édition complète de ses œuvres. On peut y voir quelques chansons qui, quelle que soit leur date précise, appartiennent clairement à sa première période. L'un des tout premiers, *Le Dépit de la Bergère* , montre un cerveau et une main tout à fait inexpérimentés. *Amitié , reprends ton empire* est à peu près du même ordre ; cela ressemble en effet à une chaudière, une tentative de répondre à la demande contemporaine pour ce genre de chose. La petite cantate *La révolution grecque n'aboutit* pas non plus à rien. Mais aussi négatifs et futiles soient-ils, ces premiers travaux montrent clairement une chose : cette individualité de la manière qui explique à la fois les succès et les échecs de Berlioz. Comme je l'ai déjà souligné, son type de mélodie lui est propre. On peut en dire autant de son harmonie, qui évolue d'une manière si différente de tout ce à quoi nous sommes habitués, que souvent nous sommes incapables d'en voir la *raison d'être* . Le jugement populaire est que sa mélodie est laide et que son harmonie témoigne d'un manque d'éducation musicale. Il s'agit cependant d'un verdict plutôt hâtif. Rien n'est plus sûr que notre première impression face à de nombreuses mélodies de Berlioz est une impression de dégoût – à moins que la seconde impression ne soit une impression de plaisir. Ce que Schumann a remarqué il y a longtemps à propos de l' ouverture *de Waverley* est toujours tout à fait vrai, à savoir qu'une connaissance plus approfondie d'une mélodie de Berlioz révèle une beauté qu'on ne soupçonnait pas au début. Je peux en répondre par ma propre expérience, car certaines des choses qui me touchent le plus profondément maintenant étaient tout simplement inexpressives ou répulsives pour moi à un moment donné ; et j'imagine que quiconque ne se contentera pas de la première impression de son palais, mais travaillera patiemment chez Berlioz, vivra la même expérience. La vérité semble être que nombre de ses conceptions étaient d'un ordre tout à fait différent de tout ce que nous rencontrons en musique, et c'est pourquoi nous avons quelque difficulté à nous mettre à son point de vue et à voir le monde tel qu'il le voyait. Et parfois, cette individualité de pensée dégénère en pure incompréhensibilité. Certaines de ses mélodies, jouées et chantées aussi souvent que nous le souhaitons, ne signifient jamais rien pour nous. Ce n'est pas qu'ils soient laids ou banals, ni qu'ils soient bon marché ou banals, mais simplement qu'ils ne véhiculent rien ; ils se dressent comme quelque chose d'opaque entre nous et l'émotion qui les a suscités ; au lieu d'être le moyen de révéler la pensée du compositeur, ils sont le moyen de la dissimuler. Dans des cas comme ceux-ci, l'explication semble être que ses processus mentaux, toujours assez différents des nôtres, sont ici si différents que la chaîne de communication se rompt entre nous ; ce qui était une différence de degré devient maintenant une différence de nature ; il parle une autre langue que la nôtre ; la pensée, pour ainsi dire, vit dans un espace d'autres dimensions que le nôtre. On peut trouver une analogie grossière chez un écrivain comme Mallarmé, où l'étrangeté générale de la pensée et du style devient de temps en temps carrément inintelligible. Dans un cas comme dans l'autre, nous avons affaire à un type de cerveau si éloigné du cerveau normal que le cerveau normal se trouve parfois tout simplement dans l'impossibilité de le suivre.

Encore une fois avec l'harmonie de Berlioz. On a souvent commenté ici la particularité de son style, avec sa manière étrange de passer d'un accord à l'autre, sa curieuse astuce de concevoir l'harmonie en blocs solides, qui se succèdent sans se fondre les uns dans les autres — un peu comme dans certains styles modernes. Dans les images hollandaises, les couleurs s'éloignent les unes des autres comme si une ligne rigide se trouvait toujours entre elles et empêchait qu'elles ne soient mélangées par l'atmosphère. L'explication générale de cette particularité de l'harmonie de Berlioz est la plus simple : elle vient de son éducation technique imparfaite. Il y a peut-être quelque chose là-dedans, mais un peu de réflexion montrera que c'est loin d'être une explication complète. En premier lieu, il n'est guère besoin de « formation » pour éviter certaines progressions dont Berlioz se sert constamment ; la simple écoute d'autres musiques suffirait à établir inconsciemment la manière habituelle de passer d'un accord à un autre ; et si Berlioz prend toujours une autre voie, ce ne peut être que parce que la particularité de sa diction prend racine dans une particularité de la pensée. En second lieu, les bizarreries harmoniques ne sont en réalité pas aussi nombreuses dans ses premières œuvres que dans ses œuvres ultérieures. Les mélodies des ouvertures de *Waverley*, *des Francs Juges* et *du Roi Lear*, ainsi que de nombreuses chansons antérieures, sont généralement harmonisées de manière plus ordinaire que les mélodies des œuvres de son milieu et de sa dernière époque ; ce qui semble montrer une fois de plus que son style harmonique était enraciné dans sa façon de penser et s'accentuait à mesure qu'il grandissait et devenait plus individuel. En troisième lieu, si les particularités de son harmonie étaient dues à un manque d'éducation, on aurait pu s'attendre à ce qu'il corrige, lorsqu'il aura révisé une de ses premières œuvres, dans des années plus mûres, quelques-uns des soi-disant défauts auxquels une expérience plus large il a dû lui ouvrir les yeux. Mais il est bien évident que l'affaire ne l'a jamais frappé de cette manière. Dans la nouvelle édition de ses œuvres, nous avons quelques exemples instructifs. En 1850, par exemple, il révisa une de ses chansons, *Adieu, Bessy* , qu'il avait écrite en 1830. Il l'a modifiée de bien des manières et a apporté de nombreuses améliorations à la mélodie, au phrasé et à l'accompagnement ; mais les séquences harmoniques parfois étranges de la version originale restent inchangées dans la version ultérieure. De toute évidence, il ne lui était jamais venu à l'esprit qu'il y avait quoi que ce soit d'étrange chez eux ; il avait vraiment vu son tableau de cette manière particulière ; il ne s'agissait pas tant de simple technique que de conception fondamentale. En quatrième lieu, il ne faut jamais oublier que, quoi que pense Berlioz, il le pense en termes d'orchestre. Il ne jouait ni ne comprenait le piano, et son écriture n'est pas une écriture pour piano. Or tout le monde sait que de nombreux effets qui semblent étranges ou laids au piano sont parfaitement agréables à l'orchestre, où ils se déroulent non pas sur un seul plan, pour ainsi dire, mais sur des plans différents et des foyers différents. J'imagine que lorsque Berlioz imaginait une ligne mélodique ou une combinaison harmonique , il la voyait non seulement comme une mélodie ou une harmonie mais aussi comme un morceau de couleur ; et le mouvement des pièces n'était pas seulement un déplacement de lignes mais un tissage de couleurs . Beaucoup de ses choses qui sont laides ou dénuées de sens au piano ont une beauté propre lorsqu'elles sont entendues, telles qu'il les concevait, sur l'orchestre, placées dans des profondeurs différentes, pour ainsi dire, avec l'effet tonifiant de l'atmosphère entre elles ; tous ne se tiennent pas sur la même ligne au premier plan, la lumière blanche du piano semant la confusion parmi leurs valeurs de couleur .

Il y a donc de bonnes raisons de croire qu'une grande partie de la particularité du style de Berlioz est bien moins le résultat d'un manque d'éducation qu'on le croit généralement, et qu'une plus grande part doit être attribuée à une constitution particulière du cerveau qui lui a fait voir réellement les choses. juste de la manière dont il les a représentés.

Parmi ces premières chansons et autres œuvres, il y en a qui font preuve d'une grande force, d'un charme et d'une originalité d'expression, comme *Toi qui l'aimas* , *vers des pleurs* , *La belle voyageuse* , *Le coucher du soleil* et *Le pêcheur* (qui fut ensuite incorporé dans *Lélio*). Ses deux ouvertures de jeunesse, *Waverley* et les *Francs Juges* , bien que relativement peu subtiles dans leur élaboration - car il avait peu de sens pour la forme symphonique pure et simple - sont pourtant très individuelles, tandis que certaines parties des *Francs Juges* en particulier sont extrêmement fortes. . Ensuite, l'apprenti progresse rapidement vers la maîtrise. L'année 1828 peut être considérée comme un tournant dans sa carrière. Sa scène ratée pour le *Prix de Rome — Herminie —* témoigne d'une remarquable ardeur de conception. Il y a là beaucoup de choses très jeunes ; mais il est résolument individuel et témoigne surtout d'un sens du rythme sans équivalent dans la musique française jusqu'à cette date. L'année suivante vit une autre scène *du Prix de Rome* — *Cléopâtre* — dont la même description tiendra pour l'essentiel. La scène rythmique est tout aussi délicate, la mélodie devient plus pure et plus forte , et nous avons dans l'air *Grands Pharaons* une très belle écriture dramatique. À peu près à la même époque, il écrivit les huit scènes originales de *Faust* , contenant des joyaux tels que le chœur des sylphes, le chant du rat, le chant de la puce, la ballade de Marguerite sur le roi de Thulé, sa « Romance » et la sérénade. de Méphistophélès. Le génie musical de Berlioz entrait alors dans sa phase la plus heureuse ; jamais, peut-être, cela n'a fonctionné aussi facilement et avec autant de joie qu'en 1829 et au cours des sept ou huit années suivantes. C'est également vers 1829 que son orchestration commença à être si distinctive ; on le voit tendre la main à de nouveaux effets dans la *Cléopâtre* , le chœur des sylphes, la ballade du roi de Thulé, le *Ballet des Ombres* et la fantaisie de *La Tempête* .

Cette maîtrise croissante de ses pensées coïncidait avec l'époque de son excitation nerveuse la plus intense, où Henrietta Smithson jouait le rôle du match contre la poudre. Ainsi naquit le Berlioz romantique typique de la *Symphonie fantastique* et *Lélio* , se déplaçant dans le monde avec des sens anormalement exacerbés, le cerveau en feu, transformant la vie éveillée en cauchemar, rêvant de sang et d'horreurs fantastiques. Il exploite au maximum cette folle psychologie dans les deux derniers mouvements de la symphonie ; après cela, le volcan a perdu une grande partie de sa grandeur sinistre, et à *Lélio* nous obtenons un peu moins de lave en fusion et un peu plus de cendres que nous ne le souhaiterions. Certaines musiques de *Lélio* — la ballade du pêcheur, le *Chœur des ombres* , le *Chant de bonheur* , la *Harpe éolienne* — comptent parmi les plus belles que Berlioz ait jamais écrites ; mais le projet dans son ensemble, avec ses extraordinaires tirades en prose, est sûrement la chose la plus folle jamais projetée par un musicien. C'était là le jeune romantique dans toute sa gloire imbécile et flamboyante, désireux d'être brigand, de se livrer à des orgies de sang et de larmes, de boire la santé de sa maîtresse dans le crâne de son rival, et tout le reste. Mais après tout, il y a très peu de cela dans la musique de Berlioz. On le retrouve dans « l'orgie des brigands » dans *Harold en Italie* ; et que cela date réellement de 1834 ou qu'il ait été écrit deux ou trois ans plus tôt, à l'époque où le cerveau hyperémique travaillait à son apogée dans la *Symphonie fantastique* et *Lélio* [14], cela importe relativement peu. Quoi qu'il en soit, la folie se termine en 1834 avec *Harold* .

Et puis, avec une soudaineté presque surprenante, un nouveau Berlioz apparaît. On voit d'abord le changement dans la scène *Le Cinq Mai* — chant sur la mort de l' empereur Napoléon, sur des paroles de Béranger — qui est datée de 1834 par M. Adolphe Jullien et de 1832 par M. Weingartner et M. Malherbe. La date précise n'a pas d'importance. Le fait essentiel est que le cerveau de Berlioz acquérait maintenant ce qui lui manquait jusqu'alors : il commençait à être touché par un sens philosophique de la réalité des choses. Il avait, bien sûr, dans une grande partie de ses travaux antérieurs, écrit avec sérieux et beauté ; mais *Le Cinq Mai* a des qualités au-delà de celles-ci. Ses chansons *La captive* (1832) et *Sara la baigneuse* (1833 ?) perpétuent la lignée des chansons et ouvertures antérieures ; ce que l'on obtient en outre, dans *Le Cinq Mai*, c'est une gravité et une intensité ordonnée de conception qui, dans leur ensemble, sont absentes des œuvres antérieures. Il devient moins égoïste, plus capable d'exprimer la pensée de l'humanité dans son ensemble ; le romantique fait place à l'être humain complet. Dans les *Nuits d'Été* (1834), il y a un esprit plus grand que dans aucune de ses chansons précédentes. Entre 1835 et 1838, nous avons trois œuvres nobles : *Benvenuto Cellini*, le *Requiem* et *Roméo et Juliette* ; et à aucune œuvre antérieure de Berlioz l'épithète « noble » ne serait-elle vraiment applicable. Le changement n'est pas tant musical qu'intellectuel, on pourrait presque dire éthique. Regardez-le, par exemple, au début du *Requiem*. Toute la folie, la pose, l'égoïsme de la *Symphonie fantastique* et de ses confrères ont disparu. Berlioz a désormais l'œil pour quelque chose de plus dans la vie que ses propres cheveux non tondus et ses amours sensuelles. Il ne se considère plus comme le centre de l'univers ; il ne croit plus à la théorie berliocentrique et n'écrit plus la moitié du temps avec un œil dans le miroir. A la place de tout cela, nous avons un Berlioz qui a abandonné sa subjectivité agressive et a appris à considérer la vie de manière objective. Son esprit touché aux questions les plus fines, il chante, non pas Berlioz, mais l'humanité toute entière. Il est désormais ce qu'est instinctivement tout grand artiste : un philosophe autant qu'un chanteur ; grâce au *Requiem,* il gagne son droit de se tenir parmi les esprits sérieux et maussades de la terre. Il en est de même dans la scène finale de *Roméo et Juliette*, où il s'élève à des hauteurs plus élevées qu'il n'aurait jamais pu atteindre alors qu'il était en proie à son romantisme égoïste. Ici encore, comme dans le *Requiem*, il parle avec l'autorité du voyant aussi bien qu'avec la voix de l'orateur ; il y a le frisson d'une profonde conviction dans la musique, la note d'une compréhension inspirée des hommes et de la nature dans son ensemble. En un mot, le vieux Berlioz est parti ; à sa place se tient un nouveau Berlioz, plus sage que l'ancien, purifié et châtié par ses expériences, artiste et penseur à la fois.

X

En 1838 donc, tout semblait des plus heureuses promesses pour son art. Mais cette promesse, hélas, ne s'est pas tenue aussi largement qu'on aurait pu l'espérer. Quelle qu'en soit la véritable cause, Berlioz, comme nous l'avons vu, se ralentit désormais grandement dans sa production musicale. Cela ne pouvait pas être entièrement dû à ses *feuilletons* , car il n'a jamais été aussi occupé par cela que dans les sept années qui ont suivi 1833 (l'année où il a épousé Henrietta Smithson et a dû gagner de l'argent d'une manière ou d'une autre). Il se plaint à Humbert Ferrand que son journalisme lui laisse peu de temps pour écrire de la musique, mais le fait est qu'il faisait vraiment un très bon travail. A la fin de ce que j'ai appelé sa première époque, il reçut de grosses sommes d'argent : 4 000 francs pour le *Requiem* (1837), 20 000 francs de Paganini pour *Harold en Italie* (1838), et 10 000 francs pour la *Symphonie funèbre et triomphale* (1840) - lui permettant d'abandonner le journalisme et de voyager. Il s'absenta fréquemment entre 1841 et 1855, mais pas suffisamment pour expliquer la quantité singulièrement faible de musique qu'il écrivit, quantité qui diminue encore au cours des dernières années.

Nous ne pouvons, je pense, résister à la conclusion que même entre 1840 et 1855, les germes de sa maladie étaient en lui et affectaient ses capacités de travail. Pour autant que l'on puisse le savoir d'après ses lettres, il a pris conscience de sa maladie vers 1855, mais rien ne permet de penser qu'elle a réellement commencé à ce moment-là ; son père souffrait du même mal, et son fils était évidemment un homme condamné. C'est vers 1855 que ses lettres commencent à montrer quels ravages sa terrible maladie — une névralgie des intestins, comme il l'appelle — faisait chez lui. La douleur atroce l'affaiblissait de part en part ; puis les sources d'énergie en lui furent encore plus relâchées par les quantités d'opium qu'il dut prendre. Il a parfois perdu même son intérêt pour l'art. En novembre 1856, il parle à la princesse Sayn -Wittgenstein des « horribles moments de dégoût que m'inspire ma maladie », pendant lesquels « je trouve tout ce que j'ai écrit » (il travaille aux *Troyens)* « froid, ennuyeux, stupide ». , insipide; j'ai bien envie de tout brûler. Un mois plus tard, il écrit qu'il a été si malade qu'il ne pouvait plus continuer sa partition. Ainsi le récit mélancolique se poursuit lettre après lettre : il est malade « dans l'âme, dans le corps, dans le cœur, dans la tête » ; un accès de sa « maudite névralgie » le maintient sur le dos pendant seize heures ; « Je ne peux pas marcher, je me traîne seulement ; je ne peux pas penser, je ne fais que ruminer ; » « Je vis dans un isolement absolu de l'âme ; je ne fais que souffrir huit ou neuf heures par jour, sans espoir d'aucune sorte, voulant seulement dormir et appréciant la vérité du proverbe chinois : il vaut mieux être assis que debout. , couché qu'assis, endormi qu'éveillé, et mort qu'endormi ;" "ma névrose grandit et s'est installée dans la tête ; parfois je chancelle comme un homme ivre et n'ose pas sortir seul" ; « ces souffrances obstinées m'énervent, m'abrutissent ; je deviens de plus en plus semblable à un animal, indifférent à tout, ou presque à tout ; » ses médecins lui disent qu'il a « une inflammation générale du système nerveux » et qu'il doit « vivre comme une huître, sans pensée et sans sensation » ; certains jours, il a « des crises d'hystérie comme une jeune fille » ; "Mon Dieu, que je suis triste!"; « Je souffre chaque jour si terriblement, depuis sept heures du matin jusqu'à quatre heures de l'après-midi, que pendant de telles crises mes pensées sont complètement confuses ; » il met tant de temps à écrire *Béatrice et Benedict* parce que, à cause de sa maladie, ses idées musicales lui viennent avec une extrême lenteur, tandis qu'après l'avoir écrite, il l'oublie, et quand il l'entend, cela lui semble tout à fait nouveau. Pour ses autres correspondants, c'est toujours la même histoire pitoyable : « Certains jours, je ne peux pas écrire dix lignes consécutives ; il me faut parfois quatre jours pour terminer un article.

Il est impossible de croire qu'un désordre aussi grave n'ait commencé qu'en 1855, lorsque Berlioz en a pris pleinement conscience ; cela a dû être en lui des années auparavant et a dû même alors avoir affecté ses capacités de travail. [15] Mais la musique pour laquelle il a trouvé l'énergie d'écrire est éloquente de la nouvelle condition de son être. Non seulement physiquement mais aussi mentalement, Berlioz était un homme changé – un point sur lequel il convient d'insister compte tenu de l'incompréhension traditionnelle à son égard. J'ai déjà évoqué la « légende » Berlioz généralement admise, légende fondée uniquement sur le Berlioz de vingt-cinq ou trente ans. Heine a peut-être donné l'expression la plus belle de cet aspect de sa personne dans le passage où il parle de lui comme d'un « rossignol colossal, une alouette de la taille d'un aigle, telle qu'il en existait autrefois, dit-on, dans le monde primitif ». la musique de Berlioz, en général, a pour moi quelque chose de primitif, presque antédiluvien ; elle me fait rêver à des espèces gigantesques d'animaux disparus, à des mammouths, à des empires fabuleux aux péchés fabuleux, à toutes sortes d'impossibles empilées les unes sur les autres ; ces accents magiques nous rappellent Babylone, les jardins suspendus de Sémiramis, les merveilles de Ninive, les édifices audacieux de Mizraïm, tels qu'on les voit dans les tableaux du peintre anglais Martin. Ce n'est pas une mauvaise description, malgré sa fantaisie verbale, du Berlioz des deux derniers mouvements de la *Symphonie fantastique* , de l'orgie des brigands dans *Harold en Italie* , de la chevauchée aux abîmes dans *Faust*, et, disons même , le « Tuba mirum » *du* Requiem . Mais ce n'est qu'un quart, un dixième du vrai Berlioz. Pourtant, la vieille légende continue ; même un étudiant aussi attentif que M. WH Hadow vient de dire, dans son article du nouveau « Grove's Dictionary », que « son imagination semble toujours en ébullition ; son éloquence se déverse dans un torrent trouble et impétueux qui nivelle tous les obstacles et l'emporte sur toute retenue. C'est la mode de le comparer à Victor Hugo, et d'un côté en tout cas la comparaison est juste. Tous deux étaient des artistes d'une immense puissance créatrice, tous deux étaient dotés d'un don oratoire exceptionnel, tous deux s'étendaient à volonté. toute la gamme des passions humaines. Mais ici s'arrête la ressemblance, à côté de l'extravagance de Berlioz, Hugo est réticent ; à côté des erreurs techniques du musicien, le vers du poète est aussi impeccable qu'une statue grecque.

On est vraiment un peu fatigué de ce perpétuel ressassement de l'extravagance de Berlioz. Le tableau est une pure caricature, pas un portrait ; un ou deux traits de la physionomie sont choisis et exagérés, présentés sous le jour le plus fort et facticement présentés comme les points essentiels de l'homme. Pourtant, un bébé connaissant Berlioz pourrait démontrer la fausseté de l'image. Où est « l'extravagance », le manque de « réticence », dans l' ouverture *de Waverley* , l'ouverture *du Roi Lear* , les trois premiers mouvements de la *Symphonie fantastique* , les vingt ou trente mélodies, l'essentiel de *Faust* , l'essentiel d' *Harold en Italie ?* , l'essentiel de *Lélio* , les trois belles pièces qui composent la *Tristia* , les *Cinq Mai* , l'essentiel du *Requiem* , *Benvenuto Cellini* , *Roméo et Juliette* , la noble *Symphonie funèbre et triomphale* , l'ouverture du *Carnaval romain* , l' *Enfance du Christ* , *Béatrice et Benedict* , ou *Les Troyens* ? Parmi tous ces milliers de pages, combien ridiculement peu d'entre elles méritent le qualificatif d'« extravagance » ; de combien d'entre eux est-il vrai que « l'éloquence de Berlioz se déverse en un torrent trouble et impétueux qui abat tous les obstacles et triomphe de toute retenue » ?

La vérité est que même chez le jeune Berlioz il y avait une « réticence » considérable, un pouvoir considérable de sympathiser et d'exprimer non seulement le flamboyant mais aussi le tendre, le pathétique, le délicat. Nous avons déjà vu que ses capacités intellectuelles et morales atteignirent leur apogée vers 1838, époque à laquelle il chantait avec une immense passion, mais aussi avec une parfaite retenue et une noblesse impressionnante. La musique et la prose de ses dernières années montrent à quel point son caractère changeait ; il est tout simplement ridicule de tenter de décrire *ce* Berlioz dans un langage qui n'était applicable qu'au pire du Berlioz d'il y a vingt ans. Les souffrances physiques et mentales, les épreuves dans la vie privée et les déceptions perpétuelles dans la vie publique châtiaient l'âme de l'homme et en faisaient ressortir les éléments les plus subtils. Il combattit les puissances du mal avec calme et fermeté avec son admirable arme qu'est l'ironie. Une fois, il s'est oublié, dans l'affaire Wagner de 1861 ; mais on peut pardonner, ou du moins comprendre, la vague momentanée de malveillance qui surgit alors en lui, si l'on pense à la grave maladie qui ravagea le pauvre corps et aux insultes incessantes qui avaient été son lot en tant que compositeur d'opéra. . En dehors de cet épisode, Berlioz impose toujours notre respect dans ses dernières années. Le cerveau, l'esprit, étaient toujours au premier plan ; là où d'autres hommes seraient devenus abusifs , il n'est

devenu que plus mordant et plein d'esprit ; là où la passion de la défaite aurait
obscurci les yeux des autres hommes, il ne voyait que de manière plus claire
et plus pénétrante. Regardez-le dans ses portraits ultérieurs, avec cette belle
bouche intellectuelle, pleine d'une force qui n'est pas contredite, mais
renforcée, par l' humour ironique qui y joue. Oui, il a bien supporté les chocs
de la fortune, et ils ont été nombreux et grossiers. Si l'on veut un contraste
sommaire entre le dernier Berlioz et le premier Berlioz, il suffit de comparer
les lettres bouillonnantes de sa jeunesse avec les lettres écrites à la princesse
Sayn -Wittgenstein entre 1852 et 1867. Le style même s'en trouve altéré ; les
dernières lettres se lisent facilement et magnifiquement, sans aucune de ces
brusques distorsions et exagérations qui nous choquent dans les premières.
Quand il doit fustiger, il le fait comme un gentleman, avec la rapière et non
avec le gourdin. Et comme il maintient parfaitement la dignité essentielle de
l'artiste face à cet aristocrate bien intentionné mais curieux et un peu vulgaire
; avec quelle noble éducation, quel usage exquis de la main de fer dans le gant,
repousse-t-il ses interférences dans les affaires qui ne concernent que lui-
même, lui faisant comprendre qu'il y a des quartiers dans son âme auxquels
ni son amitié ni sa position ne lui donnent le droit. d'entrée !

Non, les oléographies littéraires bon marché qui servent aux portraits de
Berlioz suggèrent ridiculement ce qu'était réellement Berlioz. Sa fièvre était
déjà retombée en 1846 – à supposer que la chevauchée vers l'abîme dans
Faust appartienne réellement à cette date et non à une date antérieure ; et tout
ensuite parle d'un être profondément modifié. S'il avait seulement conservé
sa santé jusqu'à ce stade de sa carrière, qui sait jusqu'à quelles hauteurs
ensoleillées il n'aurait peut-être pas atteint ? En esprit, en expérience de vie,
en équilibre moral, dans la technique de son art, il s'était désormais
énormément amélioré ; mais à tout cela s'opposait cette maladie insidieuse
qui entravait si terriblement le libre fonctionnement de ce qui avait été
autrefois un cerveau si vif et si vif. Cela diminuait la quantité de travail qu'il
pouvait accomplir ; cela en a complètement gâché une partie – la cantate
L'Impériale , par exemple, où l'écriture peu impressionnante est partout celle
d'un homme mentalement épuisé. Pourtant, un certain instinct semble
souvent l'avoir guidé, même en cette époque de détresse et de frustration. Il
ne pouvait écrire que quelques heures par semaine ; mais en général, il semble
avoir choisi avec bonheur ses moments de travail, saisissant les instants rares
et fugaces où le pauvre cerveau et le pauvre corps étaient maintenus ensemble
dans une harmonie temporaire. Le meilleur de ses œuvres ultérieures ne doit
pas craindre la comparaison avec le meilleur de ses périodes antérieures. Et
comme tout cela a changé d'humeur et de perspective ! Tout son vieux
romantisme a disparu, non seulement de sa musique mais des fondements de
sa musique. Au lieu des anciens thèmes littéraires violents, avec leur

rhétorique bruyante et leur coloration pourpre, il aime désormais s'attarder sur des thèmes d'une pureté classique de contour, et leur prodiguer une infinie délicatesse de traitement. Son style musical devient parfois extraordinairement beau et souple ; sans rien perdre de la force essentielle de sa manière d'antan, il réfute, par la délicatesse exquise et nacrée de *L'Enfance du Christ* et *de Béatrice et Benedict* , les ignorants qui alors comme aujourd'hui ne voyaient en lui qu'un maître du *baroque.* et grotesque. Ses sujets sont simples ; il les dessine et les colore , comme dans *Béatrice et Benoît* , avec la grâce la plus rare et la plus brillante, [16] ou, comme dans *L'Enfance du Christ* , avec une simplicité de manière curieusement engageante qui évoque Puvis de Chavannes ou les *primitifs* . Et sa force, là où il choisit de la laisser apparaître, est maintenant si finement contrôlée, si minutieusement et magistralement consacrée à la création de la beauté. Dans le grand *Te Deum*, nous voyons son style à son meilleur ; toute la grossièreté et la maladresse qui s'accrochaient à sa force antérieure ont disparu ; le muscle ne montre plus la vigueur brute des premiers jours, mais joue avec aisance et souplesse sous la peau de velours ; tandis que dans ses moments les plus doux, il y a une douceur nouvelle et extraordinaire, un miellement de la voix qui ne sacrifie pourtant rien de son ancienne virilité. Et pour son dernier ouvrage, il ne fait appel à aucun des contemporains romantiques de sa jeunesse, pas même à cet autre romantique — Shakespeare — auquel il a toujours été si étroitement attiré, mais à son bien-aimé Virgile ; c'est avec un sujet classique, serti d'une sobriété de manière classique et d'une amplitude de sentiment, qu'il choisit de terminer sa carrière. Ce que ce travail signifiait pour lui, seuls peuvent le comprendre ceux qui ont étudié ses lettres pendant les sept années pendant lesquelles il s'y est consacré. C'était son refuge, sa méthode pour s'échapper du monde ; c'était pour lui cette « tour d'ivoire » dont parle Flaubert, dans laquelle l'artiste peut monter, là pour rêver à l'idéal irréalisable dans la vie. Il était mourant toutes ces années, et dans une grande partie de la musique des *Troyens* , il n'y a que trop de signes d'épuisement physique et mental. Mais il a ses moments extraordinairement beaux, et la conception générale est plus grandiose que tout ce que Berlioz avait tenté depuis le *Requiem* . Il y a quelque chose d'étrangement émouvant dans ce retour du vieux musicien, dans ses dernières années, aux passions et aux idéaux de sa jeunesse. La fiction ne pouvait rien inventer de plus touchant et de plus beau que cette rencontre finale avec l'Estelle qu'il avait aimée quand il avait dix ou douze ans, et la résurgence de tout le vieux sentiment romantique pour sa *Stella montis* - ce curieux aveuglement de l'œil charnel qui lui permettait ne voir dans la femme de soixante-sept ans que la charmante fille qu'il avait aimée un demi-siècle auparavant. Dans son art, il y avait un atavisme similaire ; le vieux combattant range, avec un sourire tristement ironique, le drapeau rouge sous lequel il avait autrefois combattu si farouchement et cherche la compagnie des grandes figures calmes du passé. Il se peut qu'il y ait eu une intention délibérée de se séparer clairement de Wagner, ce qui peut expliquer au moins en partie son attachement ultérieur à Gluck et aux classiques. Mais dans l' ensemble, il semble plus probable que le retour à ces esprits moins fiévreux et plus spacieux n'était que l'enfoncement spontané de l'âme fatiguée dans les bras les plus prêts à la recevoir. Il savait qu'il était un homme battu ; il savait que de son vivant en tout cas, son étoile était vouée à subir une éclipse ; Quelle que soit la chance qu'il aurait pu avoir de se frayer un chemin à nouveau à travers les nuages, de vaincre l'ignorance et les préjugés parisiens à son égard, elle fut brisée par la maladie qui le brisa corps et âme. Il se replia donc sur lui-même et attendit, aussi calmement et philosophiquement que possible, la fin.

Sa situation nous semble encore plus tragique qu'elle n'aurait dû le paraître à lui-même. Sachant quelle promesse extraordinaire il faisait en 1838, on ne peut que considérer les trente dernières années de sa vie comme un échec à tenir cette promesse, du moins dans sa totalité. Dans les deux domaines, vocal et instrumental, il semble s'arrêter incertain, ne sachant pas trop comment poursuivre le travail qu'il avait commencé. La musique ultérieure, comme j'ai essayé de le montrer, est généralement assez belle ; la faute n'est pas là. Mais Berlioz n'a pas réussi à se démarquer des nouvelles formes que pouvaient raisonnablement attendre de lui ceux qui avaient suivi sa carrière depuis le début. Toute sa vie, il a ardemment désiré devenir compositeur d'opéra. Mais l'échec de *Benvenuto Cellini* en 1837, combiné aux intrigues de ses ennemis, l'exclut de l'Opéra pendant vingt-cinq ans ; en 1846, encore, l'échec de *Faust* lui porte un nouveau coup dur. Lorsqu'il reprend son écriture lyrique, la capacité et le désir de créer de nouvelles formes semblent avoir disparu ; il se contente de travailler dans les limites du cadre que Gluck lui a légué. Pendant tout ce temps, il néglige pratiquement la musique purement instrumentale, ne parvenant ainsi pas à tirer les conclusions vers lesquelles il semblait avoir tâtonné dans ses œuvres antérieures. Rien en lui ne se réalise pleinement ; chaque branche est coupée presque aussitôt qu'elle quitte le tronc. C'est un monument pathétique et incomplet ; sa maladie et le public ignorant entre eux ont tué son art. Mais l'œuvre qu'il a réellement accomplie n'en paraît que plus merveilleuse. C'était un génie de premier ordre ; et il ne fait aucun doute que plus sa musique sera connue, plus le ton des critiques à son égard sera respectueux et sympathique.

NOTES DE BAS DE PAGE :

[1] Le lecteur intéressé par le sujet peut se tourner vers les lettres à Liszt de 1852. Ici, il parle avec mépris du *Cellini de Berlioz* et fait allusion aux « platitudes de sa *Symphonie de Faust* (!) ». La dernière phrase à elle seule suffit à montrer que Wagner ignorait complètement l'œuvre qu'il a eu l'impertinence de décrier — car chacun sait que *le Faust* de Berlioz n'est pas une symphonie.

Dans un article récent *du Speaker* sur « Les relations de Wagner et Berlioz », j'ai, je crois, montré que Wagner ne pouvait connaître aucune note ni du *Faust* ni du *Cellini* ; les dates d'exécution et de publication excluaient de sa part une telle connaissance. Il est cependant nécessaire d'avertir le lecteur que tant dans la traduction anglaise des lettres Wagner-Liszt (par le Dr Hueffer , révisée par M. Ashton Ellis), que dans la grande *vie Glasenapp-Ellis de Wagner* , les faits réels sont tenu à l'écart du public anglais. La phrase incriminante, « Symphonie de Faust », est discrètement abrégée en « Faust », de sorte qu'il n'y a rien qui puisse éveiller les soupçons du lecteur et l'inciter à approfondir la question. Dans la grande *Vie* , encore en cours de publication, M. Ellis, bien qu'il dispose de milliers de pages – bien qu'il puisse consacrer un volume entier de cinq cents pages à deux ans de la vie de Wagner – ne peut toujours pas trouver de la place pour une ou deux brèves lignes de la lettre de 1852 qui présenteraient les faits réels au lecteur ; des points discrets et silencieux prennent leur place. Le public britannique doit apparemment être traité comme un enfant et ne doit connaître la vérité sur Wagner que dans la mesure où cela est considéré comme bon pour lui – ou en tout cas bon pour Wagner.

[2] Il s'agit d'une erreur ; il arrive à Paris en 1821.

[3] Voir celui de Julien Tiersot *Hector Berlioz et la société de son temps* (1904) — un excellent livre indispensable à tout étudiant de Berlioz.

[4] Il est intéressant de noter qu'Alfred de Musset a anticipé Arthur Rimbaud et les symbolistes modernes en ayant l'audition colorée . Il a soutenu un jour que la note Fa était jaune, Sol rouge, une voix de soprano blonde, une voix de contralto brune. Voir Arvède chez Barine *Alfred de Musset* (dans *Les Grands Écrivains Français*), p. 115.

[5] Hoffmann était, bien sûr, également musicien ; mais il est plus véritablement le romancier qui a écrit sur la musique que le musicien qui a écrit de la fiction.

[6] Buckle (note 316 du chapitre VII de l' *Histoire de la civilisation*) remarque que « Toutes les grandes révolutions ont une tendance directe à accroître la folie, aussi longtemps qu'elles durent, et probablement pendant un certain temps après ; mais en cela comme en à d'autres égards, la Révolution française est la seule par le nombre de ses victimes. » Voir les références qu'il donne, portant sur « le sujet horrible mais curieux de la folie provoquée par l'excitation des événements survenus en France à la fin du XVIIIe siècle ». Buckle ne parle que de la Révolution, mais bien entendu, les guerres ultérieures ont dû se dérouler à peu près de la même manière.

[7] Chateaubriand, *Souvenirs d'enfance et de jeunesse* , p. 2.

[8] Dans sa lettre du 18 mars 1839, il donne à Ernest Chevalier le plan d'une œuvre qui ressemble curieusement à celle de Berlioz évoquée page 38, dans ses fantaisies saugrenues et sa suraccentuation de la forme et de la couleur .

[9] Il met la même rhodomontade dans la bouche de son Lélio .

[10] Une ou deux de ces dates ne peuvent être considérées que comme approximatives, mais si elles sont erronées, elles ne le sont que dans la mesure d'un an ou deux, ce qui n'affecte pas la question.

[11] Il ressort des lettres Sayn -Wittgenstein que le beau thème de la scène d'amour de *Roméo et Juliette* a été inspiré par l'amour de jeunesse pour Estelle qui a également produit le thème d'ouverture de la *Symphonie fantastique* . Il doit donc s'agir d'une invention plutôt enfantine, même si son développement et son traitement général datent sans aucun doute de 1838.

[12] M. Julien Tiersot , dans son admirable *Berlioz et la société de son temps* , divise la vie de Berlioz en cinq époques : 1803-1827 (son enfance, sa jeunesse et son apprentissage), 1827-1842 (l'époque de sa plus grande activité), 1843-1854 (où il fait peu sauf *Faust* , qui en réalité date peut-être d'une époque antérieure), 1854-1865 (l'époque de *L'Enfance du Christ* , *de Béatrice et Benedict* et *des Troyens*), et 1865-1869 (sans travaux). La discussion dans le texte fera comprendre pourquoi j'ai substitué ma propre classification à celle de M. Tiersot et sera, je l'espère, convaincante. Un autre point mérite d'être souligné. Vers la fin de ses *Mémoires* Berlioz raconte qu'il avait rêvé une nuit une symphonie, mais s'était délibérément abstenu de l'écrire en raison des dépenses liées à sa production et à son impression. Une telle raison a peut-être pesé un peu pour lui ; mais personne qui connaît un peu la psychologie artistique ne peut y voir l'explication totale. Si le travail du rêve était réellement entré dans l'âme de Berlioz et s'il avait eu le sentiment d'en avoir la pleine maîtrise, il n'aurait pas pu se reposer jusqu'à ce qu'il l'ait mis sur papier, ne serait-ce que pour son propre plaisir. Il est bien plus probable qu'il se sentait inapte à la tension mentale liée à la réflexion sur sa vision et à la transformation du matériau tenace en une œuvre d'art plastique. Il y avait, je suppose, une lassitude de ses tissus à cette époque qui faisait de lui une longue réflexion musicale un fardeau.

[13] Sur l'ensemble de la question, voir le chapitre sur « Le Tempérament » dans l'ouvrage d'Edmond Hippeau. *Berlioz Intime* .

[14] La date de *Lélio* est 1831-1832, mais le plus absurde, la *Chanson de brigands* , a été écrite en janvier 1830, donc à la même époque que la *Symphonie fantastique* . Il est assez clair que les années 1829-1830 marquent l'apogée de l'excentricité de Berlioz et que sa passion pour Henrietta Smithson y est pour beaucoup.

[15] Jullien (p. 241) dit "c'est vers cette époque que la névralgie *dont il avait toujours été sujet* s'installa dans les intestins..."

[16] Il le décrit lui-même comme « un caprice écrit avec la pointe d'une aiguille et exigeant une délicatesse excessive d'exécution ». Pourtant, c'est l'homme pour lequel le monde ne peut trouver que l'épithète d'« extravagant » !

À Mme. ROSA NEWMARCH

"FAUST" EN MUSIQUE

Les mises en musique de *Faust* , sous une forme ou une autre, sont aujourd'hui au nombre, je crois, d'environ trente ou trente-cinq. C'est peut-être le sujet le plus populaire auprès des musiciens, devançant de loin les Hamlets et Othello , Roméo et Juliette et toutes les autres figures profanes que les compositeurs aiment utiliser pour montrer leurs propres vêtements. On ne peut pas dire qu'ils aient, dans l'ensemble, beaucoup ajouté à notre compréhension du drame ; en fait, à une demi-douzaine d'exceptions près, les symphonies, les opéras et les scènes de Faust n'ont absolument pas réussi à justifier leur existence. L'une des principales difficultés auxquelles se heurte le musicien — même en supposant qu'il ait la capacité cérébrale de s'élever au sommet de la psychologie de la chose — est l'énorme diversité et la richesse du matériel du drame lui-même. La première partie de l'œuvre de Goethe, ou la deuxième partie, suffit à elle seule à mettre à rude épreuve les capacités constructives de tout compositeur ; mais remodeler tout *Faust* en musique est une entreprise désespérée. Depuis l'époque de Goethe, nous sommes obligés de voir le tableau de Faust à travers *ses* yeux ; il est tout à fait hors de question de revenir à des formes antérieures. Et Goethe, bien qu'il ait énormément étendu et approfondi les éléments spirituels de l'histoire, a par là même posé au musicien un problème d'une difficulté décourageante. Aucune version musicale de la pièce, en premier lieu, ne peut être adéquate à moins qu'elle n'embrasse la Deuxième partie de Goethe ainsi que la Première. Encore une fois, il faut donner l'occasion d'exposer tous les « motifs » essentiels et fondateurs du drame, et ils sont en effet nombreux. Le compositeur se trouve donc face à un dilemme. S'il veut que son œuvre se trouve dans la même galerie que celle de Goethe, il doit tracer dans l'âme de Faust un trait assez long et assez sinueux pour toucher tous ses lieux secrets ; mais quiconque essaie de faire cela se rend vite compte combien il est difficile de concentrer une scène aussi vaste et de maintenir l'image dans un cadre de taille raisonnable. Un opéra ou une symphonie qui tenterait de couvrir tout le terrain psychologique du drame prendrait au moins dix ou douze heures d'exécution. Apparemment, la seule solution rationnelle pour le futur compositeur qui pourrait penser à mettre en scène le sujet de Faust est d'y consacrer deux ou trois soirées, à la manière de l' *Anneau du Nibelung de Wagner* ; et en attendant, nous devrons nous contenter des versions plus ou moins inadéquates dont nous disposons actuellement.

La qualité cosmique du sujet, pourrait-on penser, aurait dû attirer davantage d'hommes de premier rang, compte tenu du nombre d'hommes de deuxième et troisième rangs qu'il a tentés d'autodestruction. On se demande, par exemple, pourquoi il aurait incombé à Gounod de donner à tant de gens honnêtes mais non instruits leur première, peut-être leur seule, idée de *Faust* – une expérience un peu comme avoir ses premières idées d' *Hamlet* dans une cabane de campagne. Nous pouvons comprendre qu'ils prennent la chose au sérieux, car j'imagine que nous l'avons tous pris au sérieux à un moment donné – au stade insensible de notre culture musicale – et de nombreux musiciens tout à fait respectables le font encore. Il suffit pourtant d'y revenir un jour, après avoir abandonné toute connaissance pendant de nombreuses années, pour constater à quel point cette chose est une monstruosité émouvante et riante. Le livre s'approche parfois de l'insensé comme tout ce qui est fondé sur Goethe, même si la musique a bien sûr ses bons côtés. Dans l'ouverture et la scène d'ouverture, il y a vraiment une certaine suggestion de la gravité et de la spiritualité des problèmes de l'âme de Faust ; mais à partir du moment où Marguerite et Méphistophélès entrent en scène, la chose devient pour l'essentiel un simple opéra, et Faust un simple amoriste, *l'homme moyen sensuel*. Le mélodrame, *quâ* mélodrame, est parfois bon dans son genre ; les scènes de la Saint-Valentin sonnent généralement vraies, et de temps en temps elles deviennent vraiment impressionnantes. Il y a aussi beaucoup de belles musiques dans l'opéra, qui peuvent vous suffire si vous n'êtes pas très critique quant à la base poétique, si vous n'essayez pas, c'est-à-dire, de descendre au-delà des sons qui chatouillent les oreilles et de voir le des personnages tels que Goethe les a dessinés. Mais une fois qu'on réfléchit à ces questions, on ne peut que sourire à Gounod et à ses complices criminels qui ont concocté le livret.

Regardez par exemple l'ouverture de Gounod. Pendant quelques minutes, c'est digne du sujet le plus élevé ou du meilleur homme qui a repris le thème *de Faust* ; et puis comme il s'éteint lamentablement, retournant à son habitat naturel de banalité, où l'air lui est plus agréable - comme un homme qui va à une pièce d'Ibsen, fermement résolu à être un moraliste sérieux pour un soir. du moins, mais à la fin du premier acte, direction le music-hall ou *le café chantant le plus proche*. On voit où tout cela tend ; Faust le philosophe est déjà, à ce stade précoce de sa carrière, devenu Faust le *boulevardier*. Il en va de même pour la scène d'ouverture, dans laquelle nous captons juste l'accent de Goethe pendant un souffle ou deux, mais jamais plus. Et puis ce diable absurde de Méphistophélès, avec sa démarche scénique, son langage scénique, son cerveau de scène ! "As tu peur?" demande-t-il à Faust lors de sa première apparition au feu rouge, quand "Es-tu amusé ?" serait plus approprié. Il y a une touche de véritable qualité sardonique dans sa sérénade ; mais dans l'ensemble, il suggère moins l'esprit de déni que l'esprit du rassemblement de pantomime. Et tant que vous n'aurez pas réfléchi à la structure du livret, vous ne réaliserez pas à quel point tout cela est extrêmement drôle. Dans la scène de la beuverie, c'est Wagner qui se lève pour chanter le chant du rat ; Wagner! qui, sans mélange de noms, ne peut sortir de notre tête en tant qu'élève et compagnon de Faust. Il est vrai qu'il ne va pas très loin dans la ballade, Méphistophélès l'interrompant après les premiers vers - ce dont Gounod, se rappelant que Berlioz avait mis une fois pour toutes le même chant, en était sans doute dûment reconnaissant au diable. Alors Méphistophélès chante son air stupide à propos du veau d'or et se dispute avec Valentine, qui, curieusement, est aussi de la fête, au sujet de sa sœur. Ainsi continue l'opéra, très charmant là où il a le moins à voir avec le sujet, mais simplement faible ou ridicule lorsqu'il se rapproche suffisamment de Goethe pour suggérer une comparaison. Pour Gounod, dont la propre religion était simplement le catholicisme *sucré*, il lui manquait non seulement le cerveau nécessaire pour saisir la philosophie austère d'un sujet de ce genre ; sa faculté musicale n'était pas assez profonde ni assez forte pour l'empêcher de viser perpétuellement le drame et de ne réaliser que le mélodrame. Observez-le, par exemple, dans les scènes où il essaie de mener un dialogue dramatique, et voyez à quel point il est mis dans l'effort de faire faire à l'orchestre quelque chose d'expressif entre les discours des acteurs. Voyez le commerce de l'argent qu'il mène dans ces formules d'opéra périmées pour lesquelles il faut aller au stand de campagne pour l'équivalent poétique ; voyez-le gambader avec ses petites courses et virevoltes difficiles, et prendre toutes sortes de poses musicales pompeuses, qui ne signifient en réalité rien du tout, et nous rappellent seulement les coups coupés conventionnels de haut en bas à droite à gauche de l'escrime de scène. . Et cette chose banale, cette vulgarisation à bas prix de Goethe, ce mélange de pantomime, de roman et de carte de Noël, représente encore *Faust* dans l'esprit de neuf amateurs de musique sur dix ! Ce n'est pas plus le vrai Faust que *le Robespierre de Sardou*, par exemple, n'est le vrai Robespierre ; dans chaque cas, un nom sinistre a simplement été ajouté à un morceau de mélodrame très ordinaire. Les éléments les plus agréables de l'œuvre de Gounod — la musique d'amour vraiment belle, sinon toujours profonde — sont précisément ceux qui l'éloignent le plus de Goethe ; car ici, ce n'est clairement pas Faust qui parle à Margaret, mais n'importe quel homme à n'importe quelle femme, n'importe quel Edwin à n'importe quelle Angelina. La Marguerite de Gounod suggère à elle seule vaguement le drame de Goethe ; mais c'est parce qu'elle est le personnage le plus facile à représenter en musique. Dans la plupart des décors de *Faust*, en effet, le portrait de Marguerite véhicule une sorte de conviction même lorsque les deux autres personnages n'ont rien de plus en commun avec Faust et Méphistophélès que leurs noms. Ce doit être un musicien très inférieur qui pourrait échouer ici. L'essence du personnage de Margaret est la simplicité, l'innocence, l'absence de tout élément compliqué ; et par conséquent nous constatons que tous ses décors ont un fort air de famille les uns par rapport aux autres. La Margaret de Schumann est très allemande, celle de Liszt très allemande mais en même temps assez cosmopolite, celle de Berlioz curieusement *moyen-âge*, celle de Gounod résolument moderne et citadine, mais toutes ont les mêmes qualités fondamentales ; aucun ne fait violence à notre conception de la vraie Margaret. Faust, cependant, doit être quelque chose de plus que le séducteur de Marguerite ; on veut voir dans sa musique quelques traces de la lassitude de la vie, du dégoût du savoir, qui le distinguent au début du drame ; nous voulons le voir devenir à la fois plus fort et plus faible à mesure qu'il se développe, son caractère étant purgé de ses scories, la perspicacité de son âme dans le monde des choses réelles devenant prophétiquement claire au moment même où il lui est demandé de le quitter . A moins de nous donner quelques éléments au moins de ce tableau, le compositeur n'a pas le droit d'attacher à son tableau le titre de *Faust* .

On se demande encore une fois pourquoi un musicien comme Boïto aurait pu se croire digne de compagnie de Marlowe et de Goethe. Voilà un poète — on peut volontiers rendre hommage à sa culture générale, sinon à sa musicalité —, doté d'un don semi-musical qui s'élève rarement au-dessus du médiocre et descend généralement d'un point ou deux en dessous, qui non seulement s'imagine pouvoir lancer un nouvel éclairage sur l'âme de Faust à travers sa musique, mais entreprend sereinement une reconstitution du drame que lui a offert Goethe. Boïto a fait un si bon livret pour Verdi à partir d' *Othello* qu'il est plutôt surprenant de voir quel gâchis abject il a fait de *Faust* . Son hachage du grand drame est vraiment déplorable. Sa culture supérieure et son palais littéraire plus fin le placent au-dessus de la conception commune de Gounod de la pièce comme une histoire mélodramatique d'un homme, d'une servante et d'un diable. Il sait qu'il y a un « problème », une « vision du monde » qui en fait réellement ce qu'il est. Mais dès qu'il commence à mettre la pièce en musique, il semble oublier quel est le problème, où il commence et où il finit. Le résultat est qu'il ne se contente pas d'écrire un morceau de musique simple et direct du type opératique ordinaire, mais qu'il doit nécessairement y introduire juste assez du grand plan de Goethe pour rendre le tout absurde. Je ne dis rien de ses déficiences musicales – de ses incurables astuces de style du vieil opéra italien, de sa mélodie boiteuse, aveugle et hésitante, de la ténuité monotone de son harmonie, de l'étrange fouillis de Wagner et de Rossini dans son langage, de sa notion que le terrible est adéquatement exprimé dans des exercices à cinq doigts, et l'horrible par une reproduction des bruits produits lorsque l'archet est tiré sur les quatre cordes du violon à la fois. Ce ne sont que des détails, tout comme le fait que ses pouvoirs de caractérisation dramatique sont très limités, ou que ses chœurs d'anges seraient plus adaptés aux *contadini* , ou que son Méphistophélès est transporté physiquement et mentalement du stade du *bouffe* . Ce qu'il y a de plus impressionnant dans l'opéra de Boïto, c'est le schéma pseudophilosophique du livret. Il commence par un Prologue au Ciel qui est presque entièrement superflu, dont pas un cinquième ne concerne Faust. La première moitié du premier acte pourrait également être entièrement supprimée, car elle concerne tout ce qu'elle a à voir avec le problème de l'âme de Faust. La seconde moitié de cet acte et la première moitié du suivant sont, pour l'essentiel, essentielles au drame, même s'il n'est pas nécessaire que les compositeurs musicaux retiennent, dans la scène du jardin, les épisodes entre Méphistophélès et Marthe, qui sont assez justes dans la pièce, mais gâchent l'atmosphère plus idéale de la musique. La descente dans le *bouffe* est ici dangereusement facile ; et il vaut bien mieux omettre tout cela, comme le fait Schumann, et concentrer toute la lumière sur Faust et Marguerite.

de Boïto – la nuit de Walpurgis – est une pure perte de temps et d'espace ; il y a beaucoup trop de Méphistophélès et du chœur, et pas assez de Faust pour nous permettre de saisir la portée de la scène sur l'évolution de son âme. L'ensemble du troisième acte contribue à poursuivre l'histoire ; mais le quatrième acte – la Nuit classique de Walpurgis – devient un pur non-sens dans la façon dont Boïto le traite. Quelle que soit la signification de l'épisode d'Hélène dans la longue allégorie de Goethe, cela n'aurait aucun sens de simplement la pousser sur la scène de l'opéra pour chanter en duo avec Faust, le couple étant incontinent tombé amoureux au premier regard - sans doute Dans les coulisses. Enfin, l'épilogue - la Mort de Faust - termine l'œuvre uniquement dans un sens opératique et non spirituel ; il n'y a aucun lien spirituel entre le Faust antérieur et le Faust ultérieur, aucune raison pour qu'il meure à ce moment-là, aucune allusion à l'influence de sa mort sur sa vie. Et pourquoi, au nom du bon sens, Boïto se serait -il permis de réécrire l'Acte final, couronnement de toute cette puissante structure que Goethe a si lentement et si douloureusement élevée ? A la place des grands motifs et des scènes profondément émouvantes du drame poétique : les projets de Faust pour le bonheur humain, le pauvre vieux couple et leur petite maison sur le rivage, la conversation avec les quatre femmes grises, l'aveuglement et la mort de Faust, l'arrivée de Faust. de Méphistophélès avec les Lémures pour creuser la tombe, la scène de mort pathétique, le transport de Faust purifié dans cet air plus divin où il rencontre Marguerite purifiée - au lieu de tout cela, nous avons Faust de retour dans le vieux laboratoire du premier acte. , Méphistophélès lui offrant de banales tentations d'opéra, à la manière de Gounod, et Faust s'accrochant pour son salut à la Bible et s'en allant directement au ciel à genoux, le tout de la manière la plus approuvée du roman de Stratford-on-Avon. [17] Pourtant, aussi mauvais soit-il, le *Mefistofele* n'est pas ce qu'on peut faire de pire avec le drame. Ses facultés musicales peuvent être de celles qui nous poussent à rire plus qu'il n'est bon pour nous ; mais il avait certainement une certaine compréhension de l'esprit intérieur aussi bien que de l'action extérieure du poème de Goethe ; et l'ampleur même de son échec montre à quel point il est difficile de modeler la pièce selon les exigences musicales. La difficulté ne réside pas tant dans la recherche d'épisodes musicaux appropriés que dans la gestion de leur multiplicité. Le drame, en effet, est étonnamment riche en « trucs » musicaux – comme l'aurait dit Wagner – de premier ordre ; comme l'exprimait Berlioz à propos du *Faust de Gounod* , « les librettistes ont passé sous silence des situations admirablement musicales qu'il aurait fallu inventer si Goethe ne l'avait pas déjà fait ».

Il existe bien entendu une grande partie du poème qui est aussi étrangère à l'esprit de la musique qu'à celui de la littérature. Mais il y a un certain minimum irréductible à *respecter* si l'on veut que le cadre musical vise à reproduire de manière quasiment complète le problème spirituel de Goethe. Le Prélude et le Prologue au Ciel peuvent, en cas de besoin, être supprimés ; mais presque toute la première partie devrait être utilisée , sans suivre Goethe mot pour mot, bien sûr, mais en prenant le cœur de chaque scène. Ici et là, nous rencontrons des passages qui défient tout traitement musical ou qui constituent des épisodes relativement sans importance dans le poème. Mais les principaux moments psychologiques doivent tous être traités ; et l'omission de l'un quelconque de ces éléments coupe un morceau de l'intérêt intellectuel, brise la ligne subtile du développement et donne l'impression que tout ce qui vient après n'est pas suffisamment mené. La première partie du *Faust* de Goethe , en fait, est en elle-même un chef-d'œuvre de construction, gardant l'équilibre le plus soigneusement et le plus habilement entre l'action dramatique et la réflexion philosophique. Omettez aucune des étapes par lesquelles les personnages ont été amenés à la complétude dramatique dans laquelle nous les voyons à la fin de la première partie, et vous rompez le charme qui les rend réels pour nous.

Il y a donc, dans la seule première partie, plus qu'il n'en faut pour constituer la matière poétique d'au moins deux opéras. De nombreux compositeurs ont choisi d'y terminer leurs travaux , avec la mort de Marguerite et la fuite de Méphistophélès avec Faust ; et du point de vue purement opératique, il y a beaucoup à dire en faveur d'un tel cours. La Première Partie suit au moins les lignes communes à un drame philosophique et à un opéra ; tandis que la Deuxième Partie bafoue délibérément le sens musical point après point. Dans la première partie, la poésie marche de pair avec la conception éthique ; dans la Deuxième Partie, la poésie doit souvent être extraite de la jungle de prosaïque diffusion dans laquelle Goethe l'a cachée. Néanmoins, un grand dessein traverse comme un fil fin et continu tous les incidents apparemment sans rapport du drame ; et c'est au moins cette ligne que doit suivre le musicien, même s'il peut faire abstraction des écarts par rapport à son cours direct que Goethe se permet si souvent. Bien entendu, le dessein du poète n'était pas complet et ne pourrait pas l'être sans la Deuxième partie. Dès le début, nous sentons que les vastes enjeux doivent se terminer, en pleine orbite, dans quelque chose qui ressemble à l'atmosphère lointaine et non terrestre de l'ouverture ; et nous gardons en mémoire les paroles du Prologue au Ciel :

"Un homme bon, à travers ses aspirations les plus obscures,

A encore l'instinct de la seule vraie voie"—

en attendant l'ultime lueur qui nous fera bien comprendre l'obscurité du premier vol perplexe de Faust. De toute évidence, la moitié seulement du problème avait été énoncée dans la première partie ; et bien que relativement peu de gens lisent la Deuxième Partie, et que peu de ceux qui l'ont lue une fois l'aient lue deux fois, c'est vraiment l'achèvement de la conception philosophique qui donne ici à la Première Partie son sens propre. L'effort humain du poème précédent exigeait les épisodes ultérieurs, à la fois comme achèvement poétique et comme solution éthique. Sans la Deuxième Partie, la Première Partie est une cadence brisée, une discorde à moitié résolue. Goethe lui-même, nous dit-on, « a comparé le Prologue au Ciel à l'ouverture du *Don Giovanni de Mozart* , dans laquelle apparaît une certaine phrase musicale qui n'est répétée qu'au finale ». Un cadre musical ne peut être adéquat que s'il traite réellement des forces spirituelles centrales de *Faust* , non seulement dans la mesure où elles affectent le protagoniste jusqu'à la mort de Margaret, mais aussi dans les années qui suivent. Pour Goethe, la vie était plus vaste que l'art ; et l'immensité et la lourdeur du schéma de la pièce sont principalement dues à sa tentative d'y embrasser une grande partie de la vie. Le problème avec la musique moyenne est qu'elle ne parvient pas à s'élever au niveau du noble humanisme de Goethe. Le théâtre est là en abondance ; mais il y a peu de choses qui nous rappellent la grave philosophie du drame, peu de choses qui parlent de cette grande figure humaine émouvante de la deuxième partie, se frayant péniblement un chemin à travers les ténèbres jusqu'à la lumière. Surtout, on ne peut épargner l'élévation éthique de cette scène finale, avec son tableau suprêmement pathétique de la défaite de l'homme au moment même de la victoire, et sa suggestion mystique de cette défaite matérielle étant en réalité un triomphe spirituel. Goethe, en fait, a fait du sujet un sujet essentiellement moderne, en y mettant la fièvre et l'inquiétude, les plus belles joies et les plus beaux désespoirs, la philosophie approfondie et les aspirations spirituelles les plus passionnées des générations qui ont succédé au grand bouleversement du XVIIIe siècle. siècle. Dans *le Faustus de Marlowe* , nous sentons que, si puissantes que soient les ailes du poète, il reste encore quelque chose de la grossièreté du Moyen Âge et de la grossièreté, seulement plus superficiellement raffinée, de la Renaissance. Le souffle épais de la matérialité plane comme un nuage sur le drame de Marlowe. Faustus lui-même a en lui une grande partie de la grossièreté des tissus de l'époque élisabéthaine. Sur le plan purement humain, surtout dans les scènes ultérieures, il nous touche et nous émeut effectivement ; mais dans les ressorts de son être, dans les limites de son désir :

« Doux Méphistophélès, tu me plais ;

Pendant que je suis ici sur terre, laisse-moi être écoeuré

Avec tout ce qui ravit le cœur de l'homme.

Mes vingt-quatre ans de liberté

Je passerai en plaisir et en badinage,

Ce nom de Faustus, tandis que ce cadre lumineux reste debout,

Peut être admiré à travers les pays les plus éloignés "-

à quel point il est infiniment en deçà du Faust philosophique de Goethe :

« Deux âmes, hélas ! résident dans mon sein,

Et chacun se retire et repousse son frère.

Celui aux organes tenaces tient amoureux

Et s'accrochant à la convoitise du monde dans ses étreintes ;

L'autre balaie fortement, cette poussière là-haut,

Dans les hauts espaces ancestraux."

Le simple Méphistophélès de Marlowe, un simple magicien, revêt, chez le poète moderne, quelque chose de la grandeur terrifiante de l'une des forces essentielles de l'univers. Comme la vision de Goethe sur lui est subtile et comme on aspire à obtenir quelque chose de cette subtilité dans sa musique...

"Une partie de ce Pouvoir, pas toujours comprise,

Qui veut toujours le Mal et réalise toujours le Bien. »

"Je fais partie de la Partie, une fois pour tout, dans la Nuit Primaire—

Une partie des Ténèbres qui a fait naître la Lumière,

La Lumière hautaine, qui dispute désormais l'espace,

Et revendique à Mère Nuit son ancienne place."

Il est l'élément de destruction qui est l'autre moitié de l'être ; non pas un simple diable tentateur, le grossier trompeur de l'imagination théologique, mais simplement le mauvais côté de Faust qui devient conscient de lui-même. Voyez, par exemple, dans la onzième scène de la Première Partie, puis dans la quatorzième scène, comment il sonde jusqu'au plus profond de l'âme de Faust, mettant en lumière les véritables motivations qui l'influencent, que Faust lui-même est incapable d'analyser. . Sa raillerie dans la dix-septième scène, encore une fois, « Toi, plein de désir sensuel et super-sensuel », est un trait dont Marlowe était incapable.

Il y a une ou deux scènes dans la Deuxième Partie qui se prêtent à la musique, mais qui ont été curieusement négligées — il est étrange, par exemple, qu'aucun musicien de premier rang n'ait mis en scène la découverte par Faust de la beauté idéale (Acte I. , scène 7). Mais dans l'ensemble, la deuxième partie est peu adaptée à la musique, jusqu'à ce que nous arrivions à la fin à l'élément humain gravement passionné. Même pour la poésie, le projet de Goethe est quelque peu peu propice, comme le lui a fait remarquer Schiller. « Une source d'inquiétude pour moi, écrivait-il en 1797, c'est que *Faust* , selon votre conception, semble exiger une si grande quantité de matière, si l'idée doit finalement paraître complète ; et je ne trouve aucun cerceau poétique qui puisse répondre à vos attentes. peut encercler une telle masse cumulative... Par exemple, Faust doit nécessairement, à mon avis, être conduit dans la vie active du monde, et quelle que soit la partie que vous puissiez en choisir dans le grand tout, la nature même de celle-ci semble exiger trop de particularité et de diffusion. Si le « cerceau poétique » était si difficile à trouver, un cerceau musical contenant un matériau aussi sauvagement mélangé est au-delà du pouvoir de l'homme à créer. Tout ce que le musicien peut faire, c'est s'assurer des scènes finales (à partir de l'acte VII, scène 4) ; même si, même alors – et c'est le dilemme perpétuel – on ressent le besoin d'un lien entre le Faust dont la vie approche si près de la fin et le Faust que nous avons vu être arraché par Méphistophélès à Marguerite et à la prison. Comme le disait Schiller, Faust doit entrer « dans la vie active du monde » avant que cette cadence prodigieuse puisse prendre sa véritable signification ; Pourtant, la plupart des scènes intermédiaires dans lesquelles Goethe l'a placé ne pourront jamais être rattrapées par l'être de la musique. Quand on regarde le poème lui-même, on admet avec désespoir qu'il serait impossible d'intégrer les quatre premiers actes dans une structure lyrique. Mais un vaste objectif de développement spirituel traverse même ce désert d'aridité apparemment sans fin ; et sûrement cela pourrait être traité par le musicien, sinon sous forme d'opéra, du moins sous forme symphonique. Autrement dit, entre l'étape de la vie de Faust qui se termine avec la mort de Marguerite et l'éveil de Faust à une nouvelle joie sur terre et une résolution de rechercher le bien le plus élevé, et l'étape où sa propre mort scelle le drame, nous pourrions avoir un intermède symphonique qui rendrait la transition moins abrupte pour nous. Le flou relatif de la musique sous cette forme correspondrait à l'indétermination croissante du traitement poétique ; tandis que la forme lyrique plus positive pourrait être reprise dans le Cinquième Acte, où l'étroitesse de l'association avec la vie réelle exige l'utilisation continue des mots. Ce n'est peut-être pas un dispositif idéal, mais c'est le seul adéquat. Ce n'est que de cette manière que nous pouvons espérer traduire le vrai *Faust* en musique. Dans l'état actuel des choses, les compositeurs qui ont saisi la philosophie de l'œuvre se sont limités à une toile beaucoup trop petite pour l'ensemble du sujet, tandis que ceux qui n'ont pas mis l'accent sur la philosophie n'ont tout simplement pas traité du drame de Faust.

Des hommes comme Wagner et Rubinstein, qui ont réellement apprécié les courants les plus profonds du thème et qui ont essayé de les exprimer sous la forme d'un seul mouvement, ont été terriblement gênés par l' espace limité dans lequel ils ont été contraints. travailler. Wagner, bien sûr, n'a jamais voulu que son *Ouverture de Faust* soit un traitement complet du sujet ; il s'agissait simplement d'une section d'une grande Symphonie de Faust. L'excellence générale et le seul défaut de l'ouvrage nous font regretter que le projet dans son ensemble n'ait jamais été réalisé. Son seul défaut est qu'il ne traite que du Faust mélancolique, maussade et las du monde du début du poème de Goethe, le Faust égoïste sur lequel les grandes questions mondiales ne se sont pas encore posées. Nous aurions aimé que le traitement par Wagner du Faust final et complet soit extrait de lui-même, touché de douleurs et de compassions plus sublimes , déversant son âme sur les plus grands intérêts de l'humanité. Mais tel qu'il est, nous avons dans l' *Ouverture de Faust* le véritable Faust du début du poème de Goethe. Aucune tentative n'est faite pour le portrait de Margaret - le beau thème de la section centrale représentant simplement le "toujours féminin" flottant devant les yeux de Faust dans une vague suggestion - et il n'y a pas non plus de Méphistophélès dans l'œuvre. Mais en ce qui concerne la tâche particulière que semble s'être fixée Wagner, à savoir la traduction en musique de la première scène de la Première partie de Goethe, on ne pourrait rien imaginer de plus parfait. Il existe peu de portraits musicaux plus convaincants que cette grande tête grise, avec le regard du Titan fatigué dans les yeux, qui surgit dans des proportions héroïques de la partition de Wagner.

L'une des mises en musique de *Faust les moins connues* – ou du moins de ses belles mises en musique – est celle d' Henri Hugo Pierson. [18] Bien qu'il soit Anglais, sa musique est pratiquement inconnue en Angleterre, ce dont sa résidence en Allemagne est sans doute principalement responsable. Il est dommage qu'un tel homme n'ait pas pu trouver dans son propre pays les conditions dans lesquelles ses talents pourraient s'épanouir et se développer ; car quand on se rend compte de la force et de l'originalité de sa musique, on sent que s'il avait travaillé en Angleterre, il aurait pu contribuer à fonder une école indigène et ainsi faire naître notre Renaissance musicale au moins une génération plus tôt qu'elle ne l'a fait. viens. Sa musique est toujours celle d'un musicien à la fois poète et penseur. Le plan même de son *Faust* est original. Comme son titre l'indique, il ne s'agit que de la deuxième partie de la pièce de Goethe. C'est en soi un léger défaut, car cela nous amène devant nous ce formidable drame de la régénération sans nous y avoir préparés par le drame précédent de la lutte et de l'erreur. En commençant par Ariel et le Chœur des Fées chantant autour de Faust endormi, Pierson nous emmène à travers la scène du château de l'empereur, l'évocation des apparitions de Pâris et d'Hélène et la tentative de Faust de s'emparer de la beauté grecque - le tout depuis l'acte je . Dès le deuxième acte, nous avons Wagner et la naissance de l'Homonculus, ainsi que le voyage de Faust, Méphistophélès et de l'Homonculus dans les airs. Dès le troisième acte, nous avons la scène devant le palais de Ménélas (Hélène et le Chœur des Troyennes captives), la venue de Faust en chevalier du Moyen Âge, son dialogue avec Hélène, l'apparition et la mort d' Euphorion ; dès le quatrième acte, la bataille entre l'Empereur et ses ennemis ; du cinquième acte, le chant de Lynceus le gardien, l'entrée des quatre femmes grises – Désir, Culpabilité, Souci et Besoin – et l'aveuglement de Faust ; le creusement de la tombe par les Lémures, la mort de Faust, les chœurs des esprits et des anachorètes, le chœur des jeunes séraphins et anges montant avec l'esprit de Faust, la scène dans l'empyrée et le "Chorus Mysticus " final "— *Alles Vergängliche ist nur un Gleichniss* .

Le projet, comme on le verra tout de suite, n'est pas idéal. Elle atteint l'exhaustivité aux dépens de l'unité organique. On s'en tient trop strictement à la lettre et à l'ordre des scènes de Goethe ; des épisodes comme la bataille, qui sont de la moindre importance, sont inutilement inclus ; d'autres épisodes, plus essentiels, sont si légèrement évoqués qu'il est difficile d'en faire ressortir toute la valeur ; et d'autres sont complètement omis. En tant que simple élément d' architecture, la chose est extrêmement imparfaite. On fait encore trop usage du mélodrame, *c'est-à-dire* de l'union de la voix récitante et de l'orchestre, l'une des formes d'art les moins justifiables et les plus éprouvantes jamais inventées. Mais malgré tous ses défauts de structure, c'est une œuvre remarquable ; la musique rachète toutes ses erreurs. La scène d'ouverture, avec Ariel et les esprits, est délicieusement fraîche et ensoleillée ; la mort d' Euphorion et la mort de Faust sont toutes deux très émouvantes, et il y a de beaux chœurs dans l'œuvre, notamment le " Heilige Poésie ." Pierson recrée pour nous l'atmosphère philosophique de la Deuxième Partie de *Faust* , et nous donne la même impression de l'ampleur des enjeux à l'œuvre ; ce qui n'est pas une mince affaire. Il serait dommage qu'un de nos Comités des Fêtes puisse ne soyez pas incité à nous laisser entendre la partition, ou en tout cas une partie de celle-ci.

par Henry Litolff de certaines scènes de Goethe (op. 103) est indûment négligée . Comme Pierson, il adopte parfois la forme désagréable de la déclamation avec accompagnement orchestral. Cela gâche un traitement par ailleurs excellent de la première scène (dans le bureau de Faust). Il s'agit en réalité d'un poème symphonique avec un élément vocal ici et là ; et paradoxalement, bien que Faust se limite à la déclamation, l'Esprit-Terre chante sa partie sur un *quasi recitativo mélodique et très expressif*. Ce mouvement présente le défaut principal de tous les écrits de Litolff : une certaine lenteur et un manque de ressources dans le développement ; mais les idées elles-mêmes sont souvent les plus frappantes. La première scène se termine par une belle mise en musique de l'hymne pascal. La deuxième scène, devant la porte de la ville, est extrêmement fraîche et charmante ; tandis que la septième, la scène de la Cathédrale (n° 20 de la première partie de Goethe) est une œuvre magistrale, peut-être même plus belle que la version de Schumann de la même scène. Si le drame de Goethe a ému beaucoup de musiciens de second ordre uniquement pour montrer à quel point ils sont de second ordre , il en a en tout cas stimulé d'autres à des efforts qui les placent parfois très près au rang des premiers.

Le poème orchestral de Rubinstein, *Faust* , que le compositeur qualifie simplement « Ein musikalisches Charakterbild "- n'est pas tout à fait facile à comprendre, dans ses intentions littéraires, en l'absence d'un guide. Il est en un seul mouvement et ne contient apparemment aucune allusion à Méphistophélès, ni, pour autant que l'on puisse le déduire sans aucun doute de la musique lui-même, à Margaret — car les mélodies suaves qui s'interposent en contraste avec les paroles plus passionnées et plus réfléchies de Faust ne sont pas de nature distinctement féminine. Elles peuvent n'avoir rien à voir du tout avec Margaret, ou elles peuvent représenter la tentative de Faust de le faire. résolvez ses doutes philosophiques par une contemplation des éléments les plus simples et les plus constants de la nature humaine - tout comme Wagner, dans son *Ouverture de Faust* , ne décrit pas tant une véritable Marguerite qu'il suggère la consolation que la pensée de l'amour féminin peut apporter à l'âme. L'œuvre de Faust, même si elle n'est pas tout à fait au même niveau que celle de Wagner, est pourtant extrêmement sincère. Ce qui lui manque, c'est une précision suffisante pour nous faire la référer à Faust et à Faust seulement. âme, s'efforçant à sa manière de lire « l'énigme de la terre douloureuse », et reconnaissant tristement, à la fin, que sa seule part est la défaite et la désillusion. Mais il s'agit d'un cadre psychologique qui pourrait être adapté à une vingtaine d'images ; et on manque, dans la pièce de Rubinstein, du sentiment concluant de congruence avec Faust tel que nous le connaissons dans le poème de Goethe. Il n'y a rien là qui s'oppose à la conception du poète ; l'atmosphère émotionnelle est la même dans les deux cas ; mais malgré le titre que le musicien a donné à son œuvre, il s'agit moins d'une étude de caractères individuels que d'une description d'un type. Le Faust de Rubinstein est le moins précis et le plus symbolique de tous.

Le poème symphonique de Rubinstein et toutes les autres mises en musique purement orchestrales du sujet pâlissent cependant devant la magnificence de la *Symphonie de Faust de Liszt* . Liszt écrit trois mouvements, intitulés respectivement « Faust », « Marguerite », « Méphistophélès », puis résume l'ensemble de l'œuvre dans une mise en musique chorale des dernières lignes de Goethe : « Alles Vergängliche ist nur un Gleichniss ", etc. Ici, l'échelle plus grande sur laquelle le tableau est peint permet à Liszt à la fois une largeur et une intimité de psychologie qui sont impossibles dans les ouvertures en un mouvement. Dans le long premier mouvement (d'une durée d'environ vingt-cinq minutes) , nous avons vraiment l'impression que Faust est analysé avec quelque chose de la même élaboration et de la même perspicacité que dans le poème de Goethe. Le traitement est un peu lâche ici et là, parce que Liszt répète son matériel de temps en temps en obéissance à une préférence littéraire. qu'aux nécessités musicales ; mais à part cela, le mouvement "Faust" est un dessin de personnage extraordinairement fin, et certainement la seule étude instrumentale de Faust qui semble complète. Dans le mouvement "Margaret", il incorpore ici et là une référence très suggestive. aux phrases du « Faust », décrivant ainsi non seulement Margaret elle-même, mais donnant les scènes d'amour sous une forme de la plus haute concentration. Cette section est d'une beauté incomparable ; face à ce morceau de musique divin à lui seul, la négligence actuelle de l'œuvre de Liszt en Angleterre est quelque chose d'inexplicable. Presque toute Marguerite est là, avec son curieux mélange de douceur, de timidité et de passion ; tandis que les interventions de Faust sont extrêmement nobles. Tout ce qui manque chez Liszt, je pense, c'est la tragique Marguerite de la scène de la cathédrale et la prière à la Mater Dolorosa. La section « Méphistophélès » est particulièrement ingénieuse. Il s'agit, pour l'essentiel, d'une sorte de burlesque sur les sujets du « Faust », qui sont ici passés, pour ainsi dire, à travers un feu continu d'ironie et de ridicule. C'est une manière bien plus efficace de dépeindre « l'esprit de déni » que de lui faire proférer un farrago de pantomime grandiloquent, à la manière de Boïto . L'être qui, pour les besoins du drame, n'existe qu'en antagonisme avec Faust, dont l'activité principale consiste uniquement à s'efforcer de contrecarrer toute bonne impulsion de l'âme de Faust, est en réalité mieux traité, en musique, non pas comme une individualité positive, mais comme l'incarnation de la négation – une parodie malveillante et saturnine de tout le bien qui a contribué à la création de Faust. Le "Méphistophélès" n'est pas seulement un morceau de musique diaboliquement intelligent, mais la meilleure image que nous ayons d'un personnage qui, entre les mains du musicien moyen, devient soit stupide, soit vulgaire , ou les deux. En écoutant la musique de Liszt, on a vraiment l'impression d'être en présence du drame de Méphistophélès de Goethe.

Le Méphistophélès du *Faust de Berlioz* est intéressant d'une autre manière. Berlioz, bien sûr, jouait vite et librement, de la manière la plus sereine, avec le drame dans son ensemble, l'acceptant, le rejetant ou le modifiant selon son schéma musical. Il avoue, par exemple, qu'il emmène Faust, dans une scène, en Hongrie, simplement parce qu'il veut insérer dans la partition son arrangement d'une célèbre marche hongroise ! La critique morale serait inutile pour quelqu'un d'aussi nu et sans honte que celui-ci - même si, après tout, ce n'est peut-être que du pédantisme qui considérerait la plupart des modifications apportées par Berlioz au drame de Goethe comme de très graves perversions de la principale légende de Faust. Tant que les problèmes centraux du personnage sont vus et énoncés, peu importe par quels incidents le compositeur choisit de nous les ramener à la maison. Et Berlioz a vraiment une très forte emprise sur le sens intérieur de la légende. Son succès est en effet quelque peu surprenant si l'on considère la façon dont il a abordé le travail. Il avait été très impressionné, dans sa jeunesse, par la traduction du poème de Goethe par Gérard de Nerval ; mais au lieu de tenter une mise en scène continue de l'œuvre à cette époque (1829), il vise uniquement à mettre en scène huit scènes décousues. Il s'agissait de (1) « La scène de Pâques » ; (2) « La danse des paysans » ; (3) « Le Chœur des Sylphes » ; (4) « Le chant du rat » ; (5) « Le chant de la puce » ; (6) « La Ballade du roi de Thulé » ; (7) « La romance de Margaret et le chœur des soldats » ; (8) "Sérénade de Méphistophélès". Faust n'a donc pratiquement aucune part à cette sélection ; et ce n'est que dix-sept ans plus tard que Berlioz publie sa « légende dramatique » complète. Il semble que son intérêt précoce pour l'œuvre était plus pictural que philosophique, car les deux chansons de Margaret suggèrent à elles seules les courants émotionnels les plus profonds du drame. Méphistophélès, cependant, semble avoir captivé dès le début sa jeune imagination romantique et, dans la sérénade ironique adressée à Marguerite, le personnage tel qu'il le concevait est déjà entièrement esquissé. Le Diable de Berlioz est peut-être le seul opéra de Méphistophélès qui véhicule une sorte de conviction ; il ne suggère jamais, même un instant, la figure stupide et grotesque de la pantomime. Il y a en lui beaucoup de diablerie malveillante et saturnienne ; personne, sauf Liszt, ne pouvait rivaliser avec Berlioz sur ce terrain. Mais il y a plus que cela dans le personnage. Dans des scènes comme celle des bords de l'Elbe, où il endort Faust, il y a une réelle suggestion de pouvoir, de domination sur les choses ordinaires, qui fait sortir Méphistophélès de la catégorie du purement théâtral et le place dans celle du le philosophique.

Aucun autre Faust et Margaret d'opéra ne peut non plus se comparer aux figures de Berlioz en termes de dessin des personnages ; et quand on considère la manière fragmentée avec laquelle l'œuvre a été construite, il est étonnant de constater à quel point ce portrait est juste, sûr, incisif. Ce n'est peut-être pas précisément Goethe ; mais c'est une magnifique traduction de Goethe en français. Faust, bien sûr, est le Faust romantique, avec son intimité passionnée avec la nature. Nous manquons chez Berlioz de ce que nous trouvons chez Schumann, par exemple : la suite étroite au projet philosophique de Goethe. Berlioz ne s'intéresse pas beaucoup aux projets de Faust pour la régénération de l'humanité ; sa propre culture ne l'avait pas mis en contact avec Louis Blanc, Proudhon et Saint-Simon. Mais en son genre, tout cela est étonnamment bien. Aucune autre Margaret, à l'exception de celle de Liszt et peut-être de Schumann, ne peut se comparer à celle de Berlioz pour le pathos pur – la simplicité sensuelle de l'âme qui tord le cœur de compassion. Dans l'ensemble, bien que l'opéra de Berlioz ne traite que des passions les plus primordiales du drame et se termine d'une manière un peu trop évocatrice d'une carte de Noël conçue dans un cauchemar, il est plus subtil, plus profond que presque toutes les autres œuvres de l'époque. même ordre.

Un seul décor le surpasse : celui de Schumann ; non pas parce qu'il réalise un portrait individuel plus raffiné que l'œuvre de Berlioz, mais parce que, dans l'ensemble, il nous émeut plus profondément, précisément de la même manière que nous sommes émus par le poème de Goethe. Le projet de Schumann est singulier et original. Alors que la plupart des autres compositeurs qui ont employé la forme opératique ou cantate se sont largement inspirés de la Première partie de Goethe et ont presque ignoré la Seconde, c'est de la Deuxième partie que sont tirés les deux tiers de l'œuvre de Schumann. De la première partie, nous n'avons que la scène du jardin, Marguerite devant l'image de la Mater Dolorosa, et la scène de la cathédrale. Faust n'apparaît donc jusqu'ici que dans la petite scène du jardin ; et le seul défaut structurel de l'ouvrage est qu'il aurait fallu nous montrer quelque chose du Faust antérieur, avant qu'il apparaisse, dans la section suivante, comme l'humaniste raffiné et vigoureux de la Deuxième partie de Goethe. Mais ce défaut mis à part, le reste de l'ouvrage nous livre la quintessence du drame de Goethe. Nous avons d'abord la scène, au début de la Deuxième partie de Goethe, où Ariel et ses semblables chantent autour de Faust endormi ; puis le retour de Faust à la santé mentale et à l'énergie, et sa détermination à se consacrer désormais aux activités les plus élevées de la vie humaine. Sur cette scène suit la visite des quatre femmes aux cheveux gris - Désir, Culpabilité, Besoin et Souci - l'aveuglement de Faust par le souffle du Souci, le dernier éclat de son zèle passionné pour la vie et la liberté, et sa mort. Le reste de l'ouvrage est consacré à une mise en texte textuelle, ligne par ligne, de la scène finale du poème de Goethe : les ermites, les chœurs d'anges, les trois femmes, la pénitente (anciennement Marguerite), la Mater Gloriosa et la " Chœur Mysticus ."

Le projet de Schumann est donc au plus haut degré philosophique. Il ignore austèrement les éléments conventionnels qui entrent dans l'opéra habituel *Faust* et se concentre sur les facteurs spirituels essentiels du poème. Méphistophélès n'apparaît que pendant un instant dans le duo du jardin, puis de nouveau dans la scène de la mort de Faust, de sorte qu'il n'y a aucune tentative de portrait complet de lui . La Marguerite de Schumann fait vraiment penser à la Marguerite de Goethe. La même atmosphère médiévale semble l'entourer, tant dans le jardin que dans la cathédrale. Elle est naïve dans la scène de Faust comme la Marguerite de Goethe est naïve ; et dans la scène où elle se penche devant la Mater Dolorosa, et encore lorsque le mauvais esprit, dans la cathédrale, la harcèle de ses railleries, tout est mis dans la bonne tonalité et la bonne couleur . Dans le portrait de Faust, c'est le penseur, le philosophe, qui est partout au premier plan. Tout au long de la Deuxième Partie de Schumann, en effet, on ressent cette préoccupation constante du musicien pour les grands éléments humains du drame ; tandis que dans le mysticisme exquis et subtilisé de la Troisième Partie, ces éléments brillent d'une lumière plus pure et plus rare. L'œuvre est inégale dans son inspiration musicale ; mais dans l'ensemble on peut dire que celui de Schumann est le véritable Faust *allemand* , le Faust de Goethe. A l'âge de quatre-vingts ans, le vieux poète soulignait l'une des principales raisons de l'intérêt constant porté à son œuvre : « Les éloges que l'œuvre a reçus de loin comme de près sont peut-être dus à cette qualité qu'elle préserve en permanence le période d'évolution d'une âme humaine, tourmentée par tout ce qui afflige l'humanité, ébranlée aussi par tout ce qui la dérange, repoussée par tout ce qui la répugne, et rendue heureuse par tout ce qu'elle désire. L'auteur est actuellement loin. éloigné de telles conditions : le monde, de même, a, dans une certaine mesure, d'autres luttes à subir : néanmoins, l'état des hommes, dans la joie et dans la tristesse, reste à peu près le même et les derniers-nés trouveront encore des raisons de se familiariser avec ce qui se passe ; a été apprécié et souffert avant lui, afin de s'adapter à ce qui l'attend. C'est cette note grave, cette largeur de regard sur l'homme et le monde, que nous retrouvons dans l'œuvre de Schumann en quantité plus complète et en qualité plus riche que dans tout autre décor de *Faust* . C'est vraiment l'esprit du *Faust* conçu par le grand poète – plein d'une réflexion passionnée sur la vie, d'un sens philosophique et élevé de la tragédie, d'une douce sympathie et d'une pitié pour le cœur troublé de l'homme. Du début à la fin, il a fait naître ses émotions à partir des passions les plus profondes et non des passions les plus superficielles de la pièce.

NOTES DE BAS DE PAGE :

[17] Il faudra peut-être rappeler au lecteur que la partition publiée de *Mefistofele* est une abréviation de l'opéra tel qu'il a été initialement donné. La scène d'ouverture du premier acte et la scène de la Nuit de Walpurgis du deuxième ont été coupées (voir l'article de Mazzucato sur Boïto dans "Grove's Dictionary"). « La grande scène du Palais de l'Empereur, dit le Signor Mazzucato, est entièrement abandonnée. "Un *intermezzo sinfonico* étonnamment original ... se tenait entre le quatrième et le cinquième acte ; il était destiné à illustrer la bataille de l' empereur contre le pseudo-empereur, soutenu par les légions infernales dirigées par Faust et Méphistophélès -

l'incident qui dans le poème de Goethe conduit à la dernière période de la vie de Faust. Les trois thèmes, à savoir la *Fanfare* de l'Empereur, la *Fanfare* du pseudo-Empereur et la *Fanfare infernale* , étaient d'une belle conception et s'entrelaçaient d'une manière magistrale, et la scène était conclu par Méphistophélès commençant par « Te Deum laudamus » après la victoire. Quant à la belle conception et à l'entrelacement magistral, j'ai tendance à être sceptique ; mais en tout cas, l'inclusion de cette scène met simplement Boïto sous un jour pire que jamais. L'épisode tout entier est pratiquement sans signification en ce qui concerne l'évolution spirituelle de Faust. En ce qui concerne la musique, elle donne simplement l'occasion d'un combat de clap trap.

[18] Henry Hugh Pearson est né à Oxford en 1815. Il s'est installé en Allemagne, où il a trouvé une atmosphère musicale plus agréable que celle qu'on pouvait avoir à cette époque en Angleterre. Après avoir écrit un moment sous le pseudonyme d'« Edgar Mansfeldt », il revient à son propre nom, mais le métamorphose en Henri Hugo Pierson. Sa "Musique de la deuxième partie du *Faust* de Goethe " fut jouée à Hambourg en 1854. Pierson mourut en 1873.

Vers GRANVILLE BANTOCK

PROGRAMME MUSIQUE

I

Il y a trois étapes dans l'histoire de chaque nouvelle vérité. Prenons comme exemple la théorie darwinienne. Tout d'abord , il est attaqué bec et griffes par un millier de personnes qui n'y connaissent rien et n'y ont jamais réfléchi dix minutes de suite, mais qui le détestent simplement parce qu'il trouble leur longue inertie mentale. Puis, quand sa vérité devient de plus en plus évidente, et que trop de gens lucides y croient pour qu'on puisse en rire, et que trop de gens forts l'adoptent pour qu'on la hurle, les partisans de l'ancienne école deviennent odieuses. poli avec cela; ils ne l'appellent plus une masse d'erreurs, mais ils lui permettent gracieusement de prendre rang, selon leur propre théorie particulière, comme une sorte de vérité secondaire et imparfaite. Finalement, elle est universellement acceptée, purgée de son mélange d'erreurs, et elle et ses prédécesseurs apparaissent alors comme des étapes inévitables dans le développement de l'esprit humain, la seconde n'ayant pas plus de titre que la première d'être considérée comme la fin. de l'histoire. Au début, on pense que la théorie du développement de Darwin est écrasée par le simple fait de citer des citations de la Bible ; puis les théologiens professionnels tentent de l'imposer à leur propre service ; Finalement, sa victoire sur l'incompréhension, l'ignorance et les préjugés est complète, mais à ce moment-là, elle n'est plus la théorie ultime des choses, mais seulement un tremplin vers d'autres théories. Quelque chose du même genre s'est produit ou est en train de se produire avec la musique à programme . Autrefois, les chers vieux universitaires virginaux frémissaient si le mot grossier polluait leurs chastes oreilles ; tantôt ils daignent en discuter, plus ou moins modérément, mais toujours avec l'idée que ce n'est qu'une branche inférieure de la grande famille musicale, une sorte de parent pauvre de la musique absolue ; dans peu de temps, la rationalité de la chose sera incontestable, mais à ce moment-là, elle fera probablement place à quelque chose d'encore plus nouveau qu'elle-même – bien que nous n'ayons actuellement aucun moyen de savoir ce que cela peut être. Nous sommes actuellement dans la deuxième étape de la controverse sur ce sujet. Le partisan de la musique à programme , il faut le dire d'emblée, n'est pas nécessairement un haineux de la musique absolue, et l'amateur de musique absolue n'est pas non plus nécessairement un ennemi de la musique à programme . On peut aimer Wagner et Strauss et Liszt et Berlioz tout en appréciant pleinement la fugue de Bach ou la symphonie de Mozart ou Beethoven ou Brahms. Il est néanmoins regrettable que trop souvent le goût pour l'un des arts s'accompagne d'une aversion pour l'autre. Toute étroitesse de ce genre est regrettable de part et d'autre ; mais si un partisan en fait preuve plus que l'autre, je dirais que c'est l'absolutiste, qui est généralement beaucoup moins juste envers la musique à programme et moins ouvert à la conviction que le programmiste ne l'est envers la musique absolue. Et comme la lutte entre les deux écoles est très âpre en ce moment, et que l'un des services du critique est de donner à un espace d'art un espace de respiration et de croissance en débarrassant autour d'eux les traditions mortes, il peut être fait du bien à l'art créatif. musicien, ainsi qu'au simple spectateur, par une revue du champ de controverse entre les antagonistes.

II

Tout comme le programmiste moyen est, dans l'ensemble, plus généreux dans ses appréciations que l'absolutiste moyen, il a fait davantage pour dissiper les ténèbres qui enveloppent trop le sujet. De ce côté-ci, il y a eu une bonne discussion esthétique ; de l'autre côté, on n'a fait que répéter obstinément et ennuyeuse de vieux mots à la mode, sans aucune tentative sérieuse de s'attaquer à la psychologie de la question dans son ensemble. Dans la dernière édition du Grove's Dictionary of Music, M. Fuller Maitland nous donne un exemple de cette méthode consistant à « tuer Kruger avec la bouche ». "Il est tout à fait naturel", dit-il, "que la musique à programme soit pour l'instant plus populaire auprès du grand public que la musique absolue, car la majorité des gens aiment avoir autre chose à penser lorsqu'ils écoutent de la musique." La dernière clause que je considère comme une affirmation purement aléatoire ; il y a des millions de personnes – même parmi les masses – qui préfèrent les chatouilles abstraites qui leur évitent de penser à autre chose pendant qu'elles écoutent. Bien plus, l'une des plaintes de l'amateur non instruit contre la musique à programme est qu'elle est si difficile à suivre – qu'il ne peut pas s'asseoir tranquillement sur son siège et se contenter d'écouter la musique au fur et à mesure qu'elle vient, mais qu'il doit d'abord lire et pré-digérer un longue histoire hors du programme analytique . De tels esprits — et j'en ai rencontré beaucoup — protestent simplement parce qu'ils *doivent* penser à autre chose pendant que les notes leur tombent dans les oreilles. Ce procédé plutôt boiteux est une façon de dénigrer la musique à programme – en laissant entendre qu'elle est plus populaire auprès des « masses », auprès des gens, c'est-à-dire de personnes ayant une culture musicale limitée – ce qui n'est bien sûr pas vrai. L'autre manière de le dénigrer est la classique de l'appel au passé ; c'est l' équivalent esthétique de l'appel fréquent à l'agnostique pour qu'il se souvienne de ce qu'il « a appris sur les genoux de sa mère ». "Dans la grande lignée des compositeurs classiques", nous dit M. Maitland, " la musique à programme tient la moindre place; un *jeu d'esprit occasionnel* , comme le *Capriccio sur le départ d'un frère de Bach* , ou la Symphonie "Adieu" de Haydn, peut se produire dans leurs œuvres, mais nous ne pouvons pas imaginer que ces hommes, ou d'autres de la grande lignée, entreprennent sérieusement, comme l'affaire de leur vie, la composition d'œuvres destinées à illustrer un programme défini . Beethoven est parfois cité comme le grand introducteur. de musique illustrative, en vertu de la Symphonie pastorale, et de quelques autres spécimens de ce que, par un certain sens, on peut appeler de la musique à programme . Mais la valeur qu'il y attachait par rapport à la musique absolue peut être assez appréciée par l'observation. quel rapport ses œuvres « illustratives » entretiennent-elles avec les autres. Des neuf symphonies, une seule a quelque chose qui ressemble à un programme ; et le maître se garde bien ici aussi des malentendus, puisqu'il supercrit la symphonie entière : « Plus l'expression du sentiment ». que la peinture. Parmi les sonates pour pianoforte, seule l'op. 90 a un programme précis et dans le « Muss es sein ? du quatuor à cordes, op. 135, les inflexions naturelles de la voix parlante, en question et en réponse, ont évidemment donné des suggestions purement musicales qui sont exécutées sur des lignes purement musicales.

A tout cela, de nombreuses objections peuvent être élevées. (1) Dans le programme horaire de Bach , la musique, telle que nous la comprenons, ne pouvait tout simplement *pas* être écrite. Il n'y avait pas d'orchestre moderne doté d'une technique orchestrale moderne ; on ne pouvait pas plus décrire *Francesca da Rimini* avec les instruments de l'époque de Bach que l'on ne pouvait suggérer adéquatement un arc-en-ciel avec un morceau de papier et un crayon à mine. En outre, pour exprimer un certain nombre de choses que nous exprimons aujourd'hui en musique, il fallait (*a*) l'élargissement moderne du vocabulaire musical, et (*b*) la « fécondation de la musique par la poésie », sur laquelle Wagner a justement mis en avant stresser. Quoi qu'il en soit, le fait que Bach néglige la musique à programme ne constitue pas un argument contre la forme. Autant dire que le fait qu'il n'ait pas écrit d'opéras est une preuve de l'infériorité naturelle et perpétuelle de l'opéra. (2) M. Maitland passe sous silence le fait que , si imparfaits que soient leurs moyens d'énonciation, de nombreux compositeurs anciens *étaient* fréquemment obsédés par le désir d'écrire autre chose que de la musique absolue. Il ne dit rien des tentatives de Muffat, des compositeurs représentés dans le Fitzwilliam Virginal Book, de Jannequin , de Buxtehude, de Frescobaldi, d'Hermann, de Gombert, de Carlo Farino, de Frohberger , de Kuhnau, de Couperin, de Rameau, de Dittersdorf, et d'autres, dont je parlerai bientôt. [19] Il y a toujours eu un fort désir d'écrire de la musique « illustrative », mais il a longtemps été freiné par l'imperfection des médias à travers lesquels elle devait fonctionner. (3) Il ignore les incursions de Haydn dans la musique « illustrative » dans *La Création* et les *Saisons* – la représentation du chaos, du passage de l'hiver au printemps, de l'aube, des sentiments joyeux des paysans devant la riche récolte, de l'épaisse nuages au début de l'hiver ; il ne dit rien des symphonies « illustratives » ou des parties de symphonies et autres œuvres de Haydn : « le matin », « midi », « le soir », « la tempête », « la chasse », « le philosophe », « le poule", "l'ours", et ainsi de suite. (4) Il ne dit rien de la manière dont l'ouverture, tant lyrique que non-opératique, est devenue de plus en plus « illustrative » à la fin du XVIIIe et au début du XIXe siècle ; il ne fait pas référence aux œuvres de Beethoven dans lesquelles la fonction « illustrative » est très apparente, comme la *Bataille de Vittoria* , les ouvertures de *Léonora* , l' *Egmont* , le *Coriolan* , les *ruines d'Athènes* , le *roi Étienne* , etc. (5) Il accepte aveuglément la remarque absurde de Beethoven selon laquelle la Symphonie pastorale est « plus l'expression d'un sentiment que la peinture ». Les imitations du rossignol, du coucou et de la caille peuvent être ou non une plaisanterie de Beethoven ; mais s'il ne s'agit pas d'échantillons de « peinture » en musique, il est difficile de dire ce qui mérite cette épithète. Si les réjouissances des paysans, encore la bagarre, la chute des gouttes de pluie, la montée du vent, la tempête, le débit du ruisseau, si ce n'est pas de la « peinture » mais simplement « l'expression d'un sentiment », eh bien, ainsi est la pendaison de Till Eulenspiegel , le frémissement mortel de Don Juan et la bataille d' *Ein Heldenleben* . (6) Même en supposant que les paroles de Beethoven puissent être prises à la lettre, même en supposant que dans sa musique il ne leur ait pas donné contradiction sur contradiction, cela ne réglerait pas la question. La musique ne s'est pas arrêtée à Beethoven, et il aurait pu détester la musique « illustrative » à sa guise sans que cela ne soit un argument contre son écriture par d'autres personnes. Il est curieux que les hommes qui racontent toujours avec admiration les histoires de Beethoven brisant les chaînes dans lesquelles ses contemporains l'auraient enfermé, tentent d'utiliser le même Beethoven comme barrière contre toutes les innovations futures. *Il* était grand parce qu'il refusait d'écrire autrement que par lui-même ; *nous* devons être grands en soumettant nos convictions à celles d'il y a cent ans. Avec tout le respect et sans aucun désir irrévérencieux d'arracher la barbe de nos pères, nous ne pouvons considérer la question comme définitivement réglée par ce qu'a dit Beethoven. Lui-même aurait sûrement été le dernier homme à jouer le canut inefficace et à dicter à l'art l'endroit exact de la plage jusqu'où pourrait monter le flot. Il n'y a aucune preuve qu'il voulait que ses paroles soient une condamnation judiciaire de qui que ce soit ou de quoi que ce soit ; rien ne prouve qu'il ait jamais réfléchi de manière critique à la question ; et il est bien certain que, malgré toutes ses réflexions, il n'aurait pas pu y voir tout ce que nous, avec notre expérience ultérieure, pouvons y voir.

III

Un seul fait devrait inciter les opposants à la musique à programme à réfléchir sérieusement à leur position. L'aspect le plus significatif du problème est la manière dont les musiciens pratiques l'ont abordé. Alors que la plupart des musiques orchestrales anciennes, quelle que soit leur valeur, étaient de la musique absolue, la plupart des musiques orchestrales ultérieures, quelle que soit leur valeur, sont de la musique à programme ; et l'élan de cette dernière espèce semble s'accroître chaque année. Il ne faut pas critiquer un phénomène de ce genre, ni chercher à y associer l'explication selon laquelle certains des hommes nouveaux écrivent de la musique en fonction de sujets littéraires ou picturaux parce qu'ils ne peuvent pas écrire de musique d'un autre genre. C'est comme dire que Shakespeare écrivait pusillanimement des drames parce qu'il ne savait pas écrire d'épopées – ce qui est probablement vrai, mais tout à fait hors de propos. Le problème est de savoir pourquoi Shakespeare, doué pour le bon drame, devrait-il se forcer à écrire de mauvaises épopées ? Et si les idées musicales d'un homme proviennent d'une tout autre manière d'appréhender la vie que celle du musicien absolu, pourquoi devrait-il renoncer à sa propre forme native de discours pour articuler et malmener sans intelligence les phrases et les formes d'un autre musicien dont le monde mental est totalement étranger au sien ? Quoi qu'il en soit, même si certains critiques ont paternellement mis en garde les jeunes compositeurs contre le piège de la musique à programme et leur ont recommandé de s'en tenir aux lignes de structure établies par Haydn, Mozart et Beethoven, les musiciens eux-mêmes ont diffusé de la musique à programme partout dans le monde. Il suffit de parcourir un catalogue de la musique russe, française, allemande, belge, américaine ou même anglaise publiée au cours des vingt dernières années pour voir à quel point cette forme d'art s'est énormément développée et comment les grands hommes affichent tous un un goût marqué pour cela. On peut regretter, si l'on veut, que tant de musiciens modernes préfèrent la musique à programme à la musique absolue ; mais vous ne pouvez pas résoudre le grand problème esthétique que cela implique en haussant les épaules et en invoquant Haydn, Mozart et Beethoven, ni en lançant avec désinvolture une ou deux formules d' esthétique moribonde . Et comme une mauvaise esthétique , une mauvaise argumentation sont responsables de l'essentiel de la confusion sur le sujet, essayons de l' analyser de plus près jusqu'à ses fondements.

à programme – par laquelle nous entendons une musique purement instrumentale (*c'est -à* -dire non vocale) qui a sa *raison d'être* dans un schéma littéraire ou pictural défini – n'est pas un terme idéal pour ce type d'art ; mais comme tous les noms que nous pouvons lui donner sont sujets à des objections de quelque sorte, nous pouvons aussi bien l'utiliser que n'importe quel autre. Il faut également se rappeler que, même si la musique à programme ou représentative peut effectivement être différenciée de la musique abstraite ou autonome, elle n'est pas absolument différenciable. Toute musique à programme doit en effet être représentative, mais elle doit aussi être, en partie, autonome ; c'est-à-dire qu'une phrase donnée doit non seulement être appropriée au personnage d'Hamlet ou de Dante, ou suggérer un certain phénomène extérieur comme le vent, le feu ou l'eau, mais elle doit aussi être intéressante *en tant que musique* . [20] D'un autre côté, dans des milliers d'œuvres écrites sans programme formel , l'expression – que ce soit tout au long de l'œuvre, ou seulement dans certaines parties de celle-ci – est si vive, si intense, si évocatrice de quelque chose de plus qu'un plaisir abstrait à créer un beau motif sonore, qu'il évoque spontanément en nous des images de scènes, de personnages ou d'actions définis. Personne ne peut sûrement écouter la symphonie en do mineur, par exemple, et penser que la seule préoccupation de Beethoven était l'invention et l'entrelacement de thèmes musicaux abstraits ; Ici en tout cas, nous pensons qu'il y a beaucoup de vérité dans l'affirmation de Wagner, selon laquelle derrière les simples tons se déroule une sorte de drame informel. L'expression s'approche parfois aussi près de la suggestion d'une pensée et d'une action définies que n'importe quel poème symphonique pourrait le faire. Ainsi certaines qualités de la musique à programme se retrouvent dans la musique absolue, et *vice versa* ; il n'y a pas de ligne de démarcation définitive entre les deux. Même dans la musique la plus mathématique que les pédants aient jamais mal conçue, un accent humain se fera parfois entendre ; et même la musique la plus humaine – celle qui a sa source, son origine et sa justification finale dans l'expression véridique d'un sentiment humain défini – doit être liée par quelque principe mathématique de forme. Mais nous comprenons tous ce que nous entendons par la large distinction entre musique absolue et musique poétique. [21] Dans ce dernier cas, nous avons un schéma littéraire ou pictural défini contrôlant (*a*) la forme et la couleur des phrases, (*b*) l'ordre dans lequel elles apparaissent, (*c*) la manière dont elles sont opposées les unes aux autres. , (*d*) leurs positions relatives à la fin. C'est, en gros, ce qui la distingue de la musique absolue, où la manière dont les thèmes sont traités ne dépend d'aucune conception, extérieure aux thèmes eux-mêmes, qui pourrait être formulée avec des mots.

Or, on nous dit souvent que lorsque la musique se charge de représenter ou de raconter, comme dans la musique à programme , elle « dépasse ses frontières légitimes ». On nous dit qu'il « sort de sa propre sphère » ; que c'est abdiquer la fonction purement musicale et essayer de faire ce que la fonction de la littérature ou de la peinture est de faire ; qu'un morceau de musique doit être compréhensible à partir de sa seule musique ; que tout son message doit être écrit clairement sur la musique, sans qu'il soit nécessaire de faire appel à un programme . S'il y a quelque chose dans cette thèse, elle éliminera immédiatement la musique programmée . Mais j'essaierai de montrer qu'il n'y a rien là-dedans, que ce n'est pas un argument, mais une pure affirmation. Je tenterai d'abord de montrer que, loin d'être une maladie passagère de la génération actuelle, le désir d'écrire de la musique à programme est enraciné dans l'humanité dès le début ; et en second lieu, que l'argument que nous venons d'exposer pourrait être avancé pour disposer non seulement de la musique à programme , mais aussi de la chanson et de l'opéra.

IV

Le regretté Sidney Lanier, critique d'une santé mentale inhabituelle et d'une fraîcheur de vision, affirmait que, loin d'être une croissance tardive et croissante, la musique à programme est « la forme de composition musicale la plus ancienne, la plus familière et la plus spontanée ». Il n'est pas nécessaire d'aller aussi loin , car il me semble qu'il est impossible de dater d'abord l'un ou l'autre genre de musique par ordre chronologique. Tout comme un des premiers hommes plaçait les lignes droites et courbes dans des relations telles qu'elles plaisaient à l'œil par leur simple harmonie formelle, tandis qu'un autre les plaçait dans des relations telles qu'elles plaisaient en suggérant un aspect de l'homme ou de la nature, ainsi la musique ancienne est-elle née avec un musicien du simple plaisir des successions et des combinaisons de tons, un autre du désir de transmettre par le son une suggestion des pensées suscitées en lui par ses relations sexuelles et ses luttes avec ses semblables et avec le monde. La déclaration de Lanier est évidemment une légère exagération ; mais je pense qu'il a une raison invincible quand il continue en demandant : « Qu'est-ce qu'une chanson sinon la musique à programme développée à son plus haut degré ? Une chanson est... une double interprétation ; un certain instrument – la voix humaine – produit un nombre de tons, dont aucun n'a de valeur intellectuelle en soi ; mais, simultanément à la production des tons, des mots sont prononcés, chacun en association physique avec un ton, de manière à produire immédiatement sur l'auditeur l'effet d'une voix conventionnelle. et de sons non conventionnels [22] ... Certes, si la musique à programme est absurde, toutes les chansons sont absurdes. C'est là, je pense, la clé du problème. Regardons cela d'un peu plus près.

Imaginons deux hommes primitifs, chacun ayant la capacité d'exprimer ses sentiments par un son musical . L'un d'eux parvient à trouver une phrase de quelques notes qui lui fait plaisir. Parce que ça lui fait plaisir, il le répète. Après l'avoir répété plusieurs fois, il trouve que la simple répétition devient monotone ; alors la prochaine fois, il le répétera d'une manière légèrement différente. Il éprouve désormais, sans comprendre pourquoi, une forme de plaisir plus subtile. Si vous lui disiez qu'il faisait une démonstration très pratique de la loi selon laquelle une grande partie du plaisir esthétique consiste à réaliser l'unité dans la variété, il ne comprendrait pas votre sens ; mais c'est quand même ce qu'il fait. Il a encore son ancien plaisir dans l'agréable succession des tons ; mais ce plaisir est intensifié, subtilisé par un autre : le plaisir de déceler le thème dans les déguisements qu'il prend. Cet homme primitif a fait le premier pas vers la forme sonate ; il assiste à la naissance de la musique absolue. De cette racine naît tout notre pur plaisir pour les airs agréables pour eux-mêmes, pour les broder, pour jongler avec eux ; en un mot, tous nos délices pour la musique absolue. [23] Maintenant, prenez l'autre homme. Il commence sur une autre ligne. Lorsqu'il commence à tracer sa courbe mélodique grossière, ce n'est pas principalement parce qu'il trouve un plaisir absorbant dans la courbe elle-même. Il commence parce qu'une expérience précise l'a ému émotionnellement, et la perturbation émotionnelle doit trouver une issue dans le ton ; sa courbe mélodique doit suggérer l'expérience. Disons que c'est la mort d'un ami. Voici une impulsion beaucoup plus précise que celle qui agissait sur l'autre homme ; et cela conduit par conséquent à une expression plus précise. La courbe que prend la mélodie est désormais déterminée non seulement par le plaisir musical qu'elle procure en allant dans un sens ou dans l'autre, mais avant tout par la nécessité de rendre la mélodie représentative d'un sentiment défini, ou évocatrice de l'être ou de l'événement qui a suscité le sentiment. . *Cet* homme est au détour du chemin qui mène à la musique poétique, à la chanson, à l'opéra et au poème symphonique. (Je ne prétends pas, permettez-moi de le répéter, qu'il existe une ligne de démarcation absolue entre la musique absolue et la musique poétique, ou entre les états d'esprit dont elles découlent ; les deux se croisent et se recroisent toujours sur le territoire de l'autre. Dans la musique absolue, comme l'a souligné Wagner, l'essentiel est « de susciter le plaisir sous de belles formes ». Dans la musique poétique, l'essentiel est de rendre fidèlement dans le ton une émotion aussi définie que l'autre est indéfinie. Prenons deux exemples concrets. La phrase d'ouverture de la 8e Symphonie de Beethoven ne fait référence à rien d'extérieur à elle-même ; c'est ce qu'Herbert Spencer a appelé la musique de pure exaltation ; pour l'apprécier, il faut penser à rien d'autre qu'à lui-même ; le plaisir réside avant tout dans la façon dont les notes sont assemblées. [24] Mais le motif sinistre qui annonce la venue de Hunding, dans le premier acte de la *Valkyrie* , vous séduit d'une autre manière. Ici votre plaisir ne tient qu'en partie au déroulement particulier des notes ; l'autre partie est due à la *véracité* du thème, à sa congruence avec le personnage qu'il est censé représenter. Et, pour revenir à nos deux hommes primitifs, le premier d'entre eux était dans l'ambiance qui allait finalement donner naissance à l'ouverture de la 8e Symphonie, tandis que le second était dans l'ambiance qui allait finalement donner naissance au motif de Hunding. .

Quiconque prend la peine d' analyser les phrases d'une symphonie ordinaire et celles d'une chanson moderne percevra une grande différence entre les types d'idées qu'elles évoquent. Dans la vieille symphonie ou sonate, une succession de notes, agréables en soi mais n'ayant pas de référence spécifique à la vie réelle - ne tentant pas, c'est-à-dire de s'approcher de très près avec une forte expression émotionnelle ou dramatique, mais nous influençant et nous affectant principalement par la raison. de ses relations purement formelles et par le plaisir purement physique qui lui est inhérent en tant que sonore - a été énoncé, varié, élaboré et combiné avec d'autres thèmes du même ordre. Prenez un millier de ces thèmes – de Haydn, Mozart et les premiers Beethoven , par exemple – et même s'ils vous affectent musicalement, vous ne pourrez pas dire qu'ils sont nés d'une émotion *particulière* ou qu'ils incarnent une émotion particulière. réflexion sur la vie. C'est la particularité de la musique que, même si d'une part elle peut parler avec autant de précision que la poésie et se référer à des choses connues intellectuellement, comme dans la poésie, en revanche, il peut produire sur nous une impression purement sonore, à laquelle les mots de la poésie, purement mots, ne peuvent offrir aucun effet parallèle. Un vers de Tennyson avec les mots transposés de manière à n'avoir aucune signification intellectuelle ne ferait aucune impression lorsqu'il serait lu à haute voix ; c'est-à-dire qu'aucun plaisir ne pourrait être obtenu simplement par le son des mots eux-mêmes. Mais jouez la gamme diatonique au piano, ou frappez un accord aléatoire ici et là, et même si cela ne veut rien dire, l'oreille y prendra forcément un certain plaisir. Le son musical nous procure du plaisir en lui-même, par lui-même et pour lui-même, indépendamment du fait que nous trouvions même la connexion mentale la plus lointaine entre ses parties. Cette connexion peut être grande, ou petite, ou pratiquement inexistante ; et plus il est grand, bien entendu, plus notre plaisir devient compliqué ; mais cela n'est pas essentiel pour que nous prenions un plaisir physiologique à la musique considérée comme purement sonore. Il est désormais tout à fait possible de construire un long morceau de musique qui n'aura absolument aucune expression émotionnelle, dans le sens de suggérer une référence à l'expérience humaine, mais qui sera purement et simplement une succession et une combinaison de sons agréables. Dans la nature du cas , il est clair que peu de la musique réellement écrite pourrait être de cet ordre dans son ensemble. Une émotion d'une certaine qualité et d'un certain degré s'immiscera certainement ici et là dans la musique la plus « mathématique » ; mais il est tout à fait incontestable que, même si certaines musiques sont pleines de suggestions sur l'intérêt humain, sur l'homme et la vie réels, il existe une quantité énorme de musiques très agréables, d'où l'intérêt de l'actualité est totalement absent, et qui nous parviennent par voie physiologique plutôt que par voie physiologique. des canaux psychologiques, ou en tout cas, si l'on veut dire les choses de manière non scientifique, par des canaux psychologiques tout à fait autres.

Comparez avec une musique de ce genre les phrases d'une chanson moderne très expressive, ou d'une pièce comme *l'Ouverture de Faust de Wagner* , ou d'un poème symphonique de Liszt ou de César Franck. Ici, l'inspiration vient directement d'un aspect de la nature extérieure ou d'une expérience humaine réelle ; et la phrase musicale est modifiée en conséquence. Bien qu'il reste encore (1) le plaisir physiologique du thème en tant que son, et (2) le plaisir formel dans la structure, l'équilibre et le développement du thème, s'ajoute maintenant un troisième élément d'intérêt : la reconnaissance de la véracité du thème. du thème, sa pertinence en tant qu'expression d'une émotion positive et définie, de quelque chose de vu, d'une expérience réelle des hommes. Et il est important de noter qu'une musique ayant un tel contenu peut s'écarter largement du mode d'expression et de développement de la musique absolue, tout en restant intéressante. La preuve en est dans le récitatif . Ici, il y a un écart très large par rapport à la musique plus formelle dans toutes ses qualités : mélodique, rythmique et harmonique. Si l'on tente de jouer un morceau ordinaire de récitatif comme de la musique pure, sans la voix et sans la connaissance des paroles, sa divergence avec la musique d'ordre autosuffisant devient généralement évidente. La justification du récitatif ne doit pas être recherchée dans sa conformité aux lois qui régissent la musique instrumentale pure et non dramatique, mais dans sa congruence avec une idée littéraire définie qui cherche à s'exprimer par le biais du ton ; et notre tolérance et notre appréciation à son égard sont dues à ce supplément au plaisir physique quelque peu inférieur par le plaisir mental supérieur donné par le sens de la vérité et de l'adéquation dramatiques. Encore une fois dans la chanson. Laissez n'importe qui essayez d'imaginer à quel point la fin d' *Erl-King de Schubert* lui suggérerait peu s'il ignorait totalement les paroles ou le sujet de la chanson, et il comprendra comment l'élément littéraire modifie et soutient à la fois une musique de ce genre. En tant que morceau de musique absolue, la phrase finale de l' *Erl-King* ne veut rien dire du tout ; il n'acquiert de signification que lorsqu'il est combiné avec les mots ; et la justification de son abandon du mode d'expression de la musique pure et autosuffisante est précisément sa congruence avec l'idée littéraire. Pour aller plus loin, les phrases typiques de Mazeppa dans le poème symphonique de Liszt, tant en elles-mêmes que dans leur développement, nous laisseraient probablement perplexes si nous les rencontrions dans une symphonie pure et simple ; ils ne deviennent de telles merveilles d' expression poignante et véridique que lorsqu'ils sont associés dans l'esprit à Mazeppa. Et, pour aller plus loin encore, et pour montrer non à partir de la structure d'un thème mais à partir de son traitement, le changement que peut provoquer un « programme », je peux citer les répétitions dans le dernier mouvement de la Symphonie « Pathétique » de Tchaïkovski. , qui, bien qu'injustifiables dans une symphonie de l'ancien modèle, semblent à beaucoup d'entre nous chargés de la signification psychologique la plus directe. Partout, du récitatif au poème symphonique ou à la symphonie à programme , on voit que la fusion de l'intérêt littéraire ou pictural avec l'intérêt musical conduit nécessairement à une modification du tissu du thème musical et du développement musical. Vous ne pourriez pas, si vous le vouliez, exprimer l'histoire de Mazeppa dans des phrases telles que celles de « Jupiter ». De sorte que, même si nous disposons d'une justification *a priori* de l' expression du programme , nous commençons à comprendre les difficultés qui accompagnent le développement d'un programme et certaines raisons de ses nombreux échecs dans le passé. Une grande partie du travail accompli par les hommes plus âgés pour consolider et élaborer la forme de la symphonie s'est avérée de peu d'utilité pour la nouvelle école. Il fallait développer un nouveau type de phrase, et avec lui une nouvelle méthode de développement.

Personne, je pense, ne contestera la vérité générale des principes énoncés ici. Que la musique absolue *en soi* et la musique vocale ou à programme présentent entre *elles* des différences psychologiques marquées, et que, tandis que les plus anciens penchaient pour l' une, les hommes modernes manifestent une préférence marquée pour l'autre : voilà des faits assez évidents. D'où la nécessité de faire comprendre aux classiques qu'il ne convient pas d'appliquer *en bloc les règles formelles de la musique ancienne à la musique nouvelle* , comme si elles étaient également valables dans les deux *genres* . Si les hommes modernes rejettent les formes classiques et tentent d'en créer de nouvelles, c'est peut-être uniquement parce que leurs idées ne sont pas les idées classiques et qu'ils doivent trouver l'investiture la plus naturelle et la plus propice pour elles. Lorsque Wagner rejeta la forme actuelle de l'opéra et s'efforça d'atteindre la congruence des schémas poétiques et musicaux à tous les points de son œuvre, les pédants lui dirent qu'il évitait les formes longtemps sanctionnées parce qu'il ne pouvait pas y écrire. Ils ne voyaient pas qu'il lui aurait été beaucoup moins difficile, en tant que simple musicien, de s'abriter derrière les anciennes formes que d'en développer une nouvelle cohérente, et qu'il visait une nouvelle structure simplement parce qu'il avait quelque chose de tout à fait nouveau. dire. De même, lorsque les pédants affirment que les programmeurs choisissent la forme programme parce qu'elle est plus facile à utiliser que la forme absolue, ils ne voient pas combien d'originalité d'esprit est nécessaire pour obtenir la véracité de l'expression dans la chanson ou dans le texte. poème symphonique, où l'œuvre, en plus de devoir satisfaire notre sens musical, sera testée par le niveau de l'énoncé littéraire ou de l'idée littéraire avec laquelle elle traite.

V

Sans faire une trop grande digression sur l' esthétique de la musique, nous pouvons voir que la tendance à écrire un genre de musique est aussi profondément enracinée en nous que la tendance à écrire l'autre genre. Certains musiciens, par préjugé constitutionnel, empruntent une voie, d'autres une autre ; mais aucune des deux parties n'a le droit de supposer que le genre de musique qu'elle préfère est le seul. C'est donc une erreur de dire que la musique sort de son domaine lorsqu'elle devient musique à programme . Son véritable domaine comprend à la fois la musique absolue et la musique programmée ; l'un est aussi inhérent à nous que l'autre.

Mais pour des raisons qui apparaîtront plus tard, la branche absolue de l'art s'est développée plus rapidement que la branche poétique. Même au moment où la musique absolue atteignait son magnifique apogée chez Beethoven, la musique à programme n'avait en réalité rien eu de valeur permanente. De nombreux compositeurs semblaient avoir une vague idée que la musique purement instrumentale *pouvait* transmettre des suggestions de la vie réelle, tout comme le fait la poésie et comme le fait la chanson ; mais ils n'avaient pas encore appris par où commencer et par où finir, ce qui valait la peine d'être fait dans cette voie et ce qui ne valait pas la peine d'être fait dans cette voie. Leurs tentatives de musique à programme étaient pour la plupart des imitations grossières de choses extérieures, dans un langage pas encore assez riche pour exprimer ce qu'ils voulaient dire ; ils contiennent, à nos oreilles, un peu trop de programme et un peu trop peu de musique. Aux XVIe et XVIIe siècles, l'esprit des hommes qui s'efforçaient d'écrire de la musique poétique pour instruments uniquement s'orientait dans deux directions principales. Soit ils écrivirent des pièces musicalement intéressantes en elles-mêmes et leur donnèrent des titres fantaisistes, tels que « Diane dans le bois », « La coquette vertueuse », « Junon ou la femme jalouse », etc., soit ils commencèrent franchement avec l'intention de de représenter des apparitions et des événements en musique. Ainsi, dans le Fitzwilliam Virginal Book, nous avons des pièces intitulées « Faire si » , « Calme si », « Éclair », « Tonnerre » et « Par temps clair ». Ces choses ne se limitaient pas à un seul pays ; on les rencontre partout en Europe. Parfois, les auteurs du programme travaillaient à la fois sur des formes vocales et instrumentales. Muffat a écrit des pièces de la commande "Diane dans le bois". Jannequin a décrit en musique la bataille de Malegnano , Hermann la bataille de Pavie. Au XVIIe siècle, Carlo Farina écrivit des pièces orchestrales dans lesquelles les voix d'animaux étaient imitées. Buxtehude a écrit sept suites de klavier, décrivant en musique la nature et la qualité des sept planètes. Frescobaldi a fait un caprice de bataille. Frohberger a écrit une suite représentant l' empereur Ferdinand IV. montant au ciel par l'échelle de Jacob. Frohberger , en effet, était réaliste au-delà de la moyenne. Il ne se contentait pas de peindre la nature, par exemple, mais il indiquait la localité avec autant de précision que pourraient le faire une géographie ou un guide ; et ce n'était pas seulement l'humanité en général qui se déplaçait parmi ses scènes, mais le comte ceci ou le prince cela. Dans certaines suites, malheureusement perdues pour un monde admiratif, il peint une tempête sur la route Douvres-Calais et donne une série de tableaux de ce qui est arrivé au comte von Thurn lors d'un périlleux voyage sur le Rhin. [25]

Tout cela semble aujourd'hui très rudimentaire, mais la prédominance même de cette pratique témoigne d'un sentiment répandu à cette époque selon lequel la musique *pouvait* servir d'art de représentation. En fait, on peut citer un exemple beaucoup plus ancien de cette tendance, montrant que même les Grecs de l'Antiquité avaient leur programme : les auteurs de musique. Il y a un passage dans la Géographie de Strabon, dans lequel il décrit ce qu'il a entendu à Delphes. Ici, dit-il, ils organisèrent un concours musical « de joueurs de cithare, qui exécutèrent un pæan en l'honneur d'Apollon. Les joueurs de cithare étaient accompagnés de joueurs de flûte et de cithares , qui jouaient sans chanter. un melos (souche) appelé l'humeur pythienne. Il se composait de cinq parties : l'anacrusis, l' ampeira , le cataceleusmus , les iambiques et les dactyles, et Timosthène , le commandant de la flotte du second Ptolémée, et qui fut l'auteur d'un ouvrage. travail en dix livres sur les ports , composé d'un melos . Son but était de célébrer dans ce melos le combat d'Apollon avec le serpent Python. L'anacrusis était destiné à exprimer le prélude, le premier déclenchement du combat ; le combat lui-même ; les iambiques et les dactyles dénotaient l'effort triomphal pour obtenir la victoire, ainsi que les mesures musicales dont le dactyle est particulièrement approprié pour louer et les iambiques pour insulter et reprocher ; les syrinx et les flûtes décrivaient la mort, les joueurs imitant la mort ; sifflements du monstre expirant. [26] Les antipathiques diront peut-être qu'il faut espérer que ce monsieur était un meilleur amiral qu'il ne semble avoir été musicien.

Mais revenons à l'Europe moderne. Ces imitations grossières d'oiseaux et d'animaux et le roulement des vagues ne sont pas de la musique programmée ; ils constituent la partie la plus brute de la matière première à partir de laquelle est fabriquée la musique programmée . La difficulté est de rendre la pièce intéressante à la fois en tant que musique et en tant que représentation de ce qu'elle prétend décrire. Un compositeur peut nous lancer une phrase et nous dire qu'elle représente Hamlet, ou Othello, ou un râle d'agonie, ou les Israélites traversant la mer Rouge, ou tout ce qu'il veut ; mais à moins que la phrase n'ait un intérêt propre, et à moins qu'il puisse satisfaire notre sens musical aussi bien que littéraire par la manière dont il la manipule, la combine et la transforme dans la suite, il n'arrêtera pas notre attention. En effet, le grand problème du poème symphonique moderne et de l'opéra moderne est de raconter une histoire de manière adéquate et en même temps de satisfaire notre désir de développement musical intéressant. Si le compositeur fixe trop exclusivement son attention sur la partie littéraire de son sujet, son œuvre manquera d'unité *musicale organique* ; s'il est trop déterminé à y parvenir, il échouera probablement de façon dramatique et définitive. C'est là, j'essaierai bientôt de le montrer, le point crucial à la fois de l'opéra et de la musique à programme ; et si *l'on* réussit rarement à résoudre un problème aussi épineux, il n'est pas étonnant que la solution ne soit pas venue aux hommes du XVIe, du XVIIe ou du XVIIIe siècle.

En fait, cependant, un vieux compositeur *a* essayé de réaliser une union entre le but du programme et un véritable sens de la forme musicale. Il s'agit de Johann Kuhnau (1660?- 1722), qui, dans ses six Sonates bibliques, décrit « le combat de David et Goliath », « la mélancolie de Saül dissipée par la musique », « le mariage de Jacob », etc. . Kuhnau était un homme vraiment remarquable. C'était un bon musicien capable d'écrire des pièces pour clavier intéressantes en dehors de tout programme . C'était en outre un homme à l'esprit vif qui s'efforçait de réfléchir sérieusement au problème de l'union de l'expression musicale et du propos poétique, dans la mesure où n'importe quel homme de l'époque pouvait le faire. Dans la préface des Sonates bibliques , il souligne que le musicien, comme le poète, le prosateur et le peintre, souhaite souvent orienter les pensées de son auditeur dans une direction particulière. S'il veut exprimer dans sa musique non seulement la tristesse mais la tristesse de tel ou tel individu – pour distinguer, comme il le dit, un Ézéchias triste d'un Pierre qui pleure ou d'un Jérémie qui se lamente – il doit employer des mots pour rendre l'émotion précise. . Mais pas nécessairement, soit dit en passant, en écrivant la musique *sur* les paroles, comme dans une chanson. Son propre projet est d'illustrer son sujet en musique et de nous faire comprendre clairement son objectif poétique en en donnant un récit verbal détaillé. Ainsi, il fait précéder chacune de ses Sonates bibliques d'un récit détaillé de l'événement dont elle traite, puis en résume les principaux motifs. Tel est par exemple le résumé de la première Sonate, après une longue introduction générale. La Sonate exprime, dit-il :

1. Le piétinement et la bravade de Goliath.

2. Le tremblement des Israélites et leur prière à Dieu à la vue de leur terrible ennemi.

3. Le courage de David, son désir de briser l'esprit fier du géant et sa confiance enfantine dans l'aide de Dieu.

4. Le combat de mots entre David et Goliath, et le combat lui-même, dans lequel Goliath est blessé au front par la pierre, tombe et est tué.

5. La fuite des Philistins, et comment ils sont poursuivis par les Israélites et massacrés par l'épée.

6. La jubilation des Israélites face à la victoire.

7. Le chœur des femmes à la louange de David.

8. Et enfin la joie générale, qui s'exprime dans des danses et des sauts vigoureux.

On voit immédiatement que le programme ici est d'une nature différente de celui de certains prédécesseurs et contemporains de Kuhnau . Il vise bien à représenter certaines choses extérieures – comme le piétinement de Goliath, l'impact de la pierre contre sa tête, etc. – mais elles ne sont pas en soi absurdes ou impossibles ; tandis qu'il accorde une grande partie de son espace aux moments les plus émouvants de l'histoire. Cependant, tout au long des sonates, c'est le propos poétique qui dirige la musique, déterminant à la fois l'expression, la séquence et la forme. Chaque épisode qui se produit dans l'histoire doit être représenté dans la musique ; et Kuhnau prend soin d'imprimer, dans sa partition, l'indication verbale à l'endroit précis où la musique la suit. Il nous indique la barre exacte vers laquelle la pierre est dirigée contre Goliath, et la barre dans laquelle le géant tombe ; où Laban commence à tromper Jacob, où Jacob est « amoureux et content », et où « son cœur l'avertit que quelque chose ne va pas » ; et ainsi de suite, donnant ainsi l'exemple à des compositeurs comme Strauss, qui bêtement ne donnent à l'acheteur d'une partition telle que *Till Eulenspiegel* aucun guide pour les diverses aventures du héros. Certains artifices de Kuhnau provoquent un sourire, comme dans la Cinquième Sonate : « Gédéon, le Sauveur du peuple d'Israël ». Le signe adressé à Gédéon était que la toison devait être mouillée de rosée, mais que le sol devait être sec ; la nuit suivante, le sol devait être mouillé et la toison sèche. Kuhnau exprime naïvement le deuxième signe en donnant le thème du premier signe en mouvement contraire. Mais toutes *naïvetés* mises à part, une grande partie de la musique des Sonates est très belle ; et il est remarquable que Kuhnau souligne , dans sa préface générale, que l'auteur de musique à programme doit avoir plus de liberté que l'absolutiste pour enfreindre une « loi » traditionnelle lorsque l'expression l'exige. [27] Kuhnau était en effet sur la bonne voie. C'était un homme né avant l'heure prévue ; S'il avait vécu de nos jours et s'il avait disposé de toutes les ressources de l'expression moderne et de nos énormes orchestres, il aurait pu adopter à l'égard de la musique à peu près la même position que les programmateurs modernes .

Jean-Sébastien Bach, qui succéda à Kuhnau à l'église Thomas de Leipzig, fit une et une seule expérience dans le même sens. C'était le « Capriccio sur le départ de mon frère bien-aimé ». Le premier mouvement, dit-il, représente « les cajoleries d'amis, essayant de l'inciter à abandonner l'idée du voyage » ; le second est « une représentation des diverses choses qui peuvent lui arriver en pays étranger » ; le troisième exprime une « lamentation générale de ses amis qui lui disent au revoir » ; et le finale est une fugue au signal du postillon.

Bach, cependant, ne fit aucune autre tentative de développement dans ce sens. Le travail pour *lequel il* avait été envoyé dans le monde était d'un autre ordre.

À peu près au même moment, Couperin, en France, cultivait le programme *genre* avec un certain succès. Il a non seulement écrit de petites choses inoffensives avec des titres comme « La Galante », mais a également connecté des morceaux de délimitation musicale, comme « Les Pèlerins ». Comme Kuhnau, il justifie ses principes dans une préface. "Dans la composition de mes pièces, dit-il, j'ai toujours sous les yeux un objet ou une matière définie. Les titres de mes pièces correspondent à ces occasions. Chaque pièce est une sorte de portrait."

Chez Rameau encore, on retrouve des choses telles que « Les Soupirs », « Tendres Plaintes », « La Fille Joyeuse », « Le Cyclope », etc. ; et un peu plus tard, Dittersdorf (1739-1799) écrivit douze symphonies à programme , illustrant les « Métamorphoses » et la « Guerre des passions humaines » d'Ovide.

Le père de Mozart a écrit une description musicale d'un voyage en traîneau, dans laquelle les dames sont représentées grelottant de froid ; mais Mozart lui-même évitait la forme du programme aussi positivement que Bach. Haydn, cependant, s'y est intéressé plus largement, comme je l'ai déjà souligné.

La position de Beethoven dans l'histoire de la musique à programme est quelque peu particulière. À peu près au moment où les guerres napoléoniennes avaient familiarisé chacun avec le faste des armées, il y eut un véritable déluge de pièces de bataille. Il n'y avait probablement pas de bataille d'une quelconque importance à cette époque sans une fantaisie écrite, chacune ne différant des autres que par son titre. Dans un moment de faiblesse, Beethoven a succombé à la tentation générale et a écrit sa « Bataille de Vittoria », qui est non seulement l'une de ses œuvres les moins significatives , mais l'une des œuvres les moins significatives de l'histoire de la musique à programme . Les véritables contributions de Beethoven à cette forme d'art furent indirectes plutôt que directes. Il a dit à un de ses amis qu'il avait toujours une image en tête lorsqu'il composait ; et si l'on pouvait prendre cela au pied de la lettre, il semblerait que nous soyons sur les traces de la musique à programme pure et simple. Mais nous ne saurons probablement jamais dans quelle mesure Beethoven s'est appuyé sur des suggestions poétiques pour son inspiration musicale ; et si nous regardons les preuves internes de sa musique, nous verrons que, bien qu'elle traite souvent de sujets poétiques, elle les traite du point de vue des formes anciennes plutôt que de celui des nouvelles. En ce qui concerne leur origine intellectuelle, les superbes ouvertures *de Léonora* , *d'Egmont* et *de Coriolan* sont une musique poétique ; c'est-à-dire qu'ils visent, dans une texture musicale, à esquisser un personnage ou à raconter une histoire. Mais en ce qui concerne la forme dans laquelle le compositeur a choisi de travailler, la procédure est presque entièrement déterminée par les lois de la musique absolue. Wagner a attiré l'attention sur ce point dans un passage bien connu de son essai sur les « Poèmes symphoniques de Liszt ». Il montre quelles étaient les lois formelles de l'ancienne symphonie et combien elles étaient nécessaires pour donner une cohérence logique à la musique abstraite. Mais, dit-il, lorsque ces lois furent appliquées sans compromis à un autre type d'œuvre d'art – l'ouverture – une perturbation se produisit immédiatement entre les objectifs de l'ouverture et les exigences de la forme symphonique. Ce dernier ne se préoccupait que du *changement* , de la représentation constante des thèmes sous un jour nouveau. L'ouverture devait en outre s'intéresser au développement dramatique. « Or, il sera évident, dit-il, que dans le conflit d'une idée dramatique avec cette forme, il faudra immédiatement soit sacrifier le développement (l'idée) à l'alternance (la forme), soit sacrifier le développement (l'idée) à l'alternance (la forme), ou bien le dernier au premier. » Il continue en faisant l'éloge de l'ouverture d' *Iphigénie en Aulis de Gluck* pour la façon habile dont elle empêche le développement dramatique d'être gâché par le respect de lois de forme étrangères. Ensuite, dit-il, Beethoven, travaillant à une plus grande échelle et avec une imagination plus prodigieuse que Gluck, tomba néanmoins sur le rocher où Gluck parvint à s'échapper. " Celui qui a des yeux ", dit Wagner, " peut voir précisément par cette ouverture (*c'est-à-dire* la grande *Leonora n° 3*) à quel point le maintien de la forme traditionnelle était forcément préjudiciable au maître. Pour qui, même s'il était capable de comprendre une telle œuvre, ne sera pas d'accord avec moi quand j'affirme que la répétition de la première partie, après la section médiane, est une faiblesse qui déforme l'idée de l'œuvre presque au-delà de tout entendement et que d'autant plus, comme partout ailleurs, et particulièrement dans la coda, le maître n'est évidemment gouverné que par le développement dramatique. Mais quiconque a suffisamment d'intelligence et d'absence de préjugés pour s'en rendre compte devra admettre que le mal n'aurait pu être évité qu'en renonçant entièrement à cette répétition ; un abandon, cependant, qui aurait supprimé la forme d'ouverture - *c'est-à-dire* la forme de danse symphonique originale, simplement suggestive - et aurait constitué le point de départ pour la création d'une nouvelle forme.

Wagner a sans doute raison. Beethoven oscillait parfois avec incertitude entre les exigences de l'expression poétique et les exigences de la forme absolue. Bien entendu, écrire de la musique poétique pure et simple n'était pas sa mission dans le monde. Cela était réservé aux autres hommes. Une facette de son puissant génie devait être reprise par Wagner et poussée jusqu'à sa conclusion logique dans le drame musical. Un autre côté, cultivé par Berlioz, Liszt et Richard Strauss, trouve sa fin logique dans le poème symphonique ; et de même que Wagner a critiqué l'ouverture de Beethoven du point de vue de la musique-drame, je propose, en bref, de critiquer Wagner du point de vue du poème symphonique. J'essaierai de montrer que si loin que l'opéra wagnérien représente, comme le pensait Wagner, l'idéal vers lequel tendait la musique de Beethoven, il n'est en réalité qu'une forme transitionnelle ; et que le poème symphonique est la forme tout à fait satisfaisante, tout à fait logique, avec laquelle l'opéra wagnérien se situe dans la même relation que l' ouverture *de Léonora avec Tristan et Isolde* .

VI

Avant de nous lancer dans cet argument esthétique , concluons brièvement notre vision historique du développement de la musique à programme . C'est avec le mouvement romantique que l'infusion de la poésie dans la musique devint complète, et en même temps le vocabulaire et la gamme de couleurs de la musique devinrent adéquats pour exprimer toutes sortes d'idées littéraires et picturales. Les musiciens plus âgés n'auraient pas pu, s'ils avaient essayé, écrire le poème symphonique moderne ou la chanson moderne. Et cela pour plusieurs raisons. En premier lieu, ils étaient plutôt occupés à faire de la musique le langage qu'elle est aujourd'hui ; ils devaient former un vocabulaire et réfléchir aux principes de l'architecture ; et la dernière chose qu'ils auraient pu faire était de quitter les lignes sûres et formelles de leur propre art – sûres parce qu'elles étaient précises et formelles – et de se plonger dans un mode d'expression qui ne leur aurait semblé offrir aucune cohérence, aucun principe directeur. . En deuxième lieu, il leur manquait l'un des principaux stimulants du développement de la musique à programme moderne , la suggestion d'une poésie vivante, vivante, moderne, hautement émotionnelle et pittoresque. Un Schumann, un Brahms, un Franz n'auraient pas pu écrire des chansons comme ils l'ont fait au cours d'un siècle sans celui-ci ; car le ressort principal de leurs chansons réside dans les possibilités émotionnelles contenues dans les paroles. Ce n'est que lorsque les compositeurs ont réellement ressenti le plus profond intérêt artistique pour les paroles qu'ils composaient, au lieu de les considérer comme un simple cadre pour une broderie musicale, qu'ils ont atteint la véracité et la franchise modernes de la phrase. On ne peut pas faire grand-chose de plus avec des mots comme ceux d'une chanson ou d'un opéra plus ancien que de les placer en fonction de leurs possibilités purement musicales plutôt que de leurs possibilités musico -poétiques ; et si vous persistez, par déférence pour une tradition insensée, à mettre en musique les paroles d' une langue étrangère et relativement peu familière, vous deviendrez forcément de plus en plus conventionnel dans vos phrases et dans votre structure générale. C'était l'avantage particulier des auteurs-compositeurs allemands modernes de pouvoir composer des paroles dans leur propre langue, vivantes de toutes les suggestions susceptibles de se prêter à un traitement musical. L'émotion était intense, la forme concentrée et directe, l'idée précise et concise ; et les musiciens, ayant désormais un langage pleinement développé pour leur usage, se mirent à reproduire ces qualités du poème dans leur musique. D'où l'esprit nouveau qui s'est manifesté dans la musique avec le mouvement romantique et qui a réagi sur l'opéra, sur la musique pour piano et sur le poème symphonique.

Une autre grande différence entre les compositeurs préromantiques et postromantiques était que ces derniers étaient, dans l'ensemble, des hommes beaucoup plus cultivés que les premiers. Bien entendu, cela n'était pas dû à un mérite particulier, mais à l'évolution de la situation sociale du musicien. Le système de patronage du XVIIIe siècle, s'il a sans aucun doute aidé le musicien à se développer *en tant que* musicien, a dû retarder son développement par d'autres moyens. Dans ce système, où il n'était souvent guère meilleur que le serviteur d'un aristocrate, il lui était souvent interdit d'étudier le monde de première main, de le rencontrer face à face, de le regarder avec ses propres yeux. Ni Haydn [28] ni Mozart, par exemple, ne se situaient au niveau de la meilleure culture de l'époque. Le grand historien allemand de la musique, Ambros, a souligné que, dans les lettres italiennes de Mozart, ce sont tous les chanteurs et danseurs qui parlent ; "il semble à peine avoir remarqué le Colisée et le Vatican, avec tout ce qu'ils contiennent." Et Ambros poursuit en disant que le musicien moderne lit son Shakespeare et son Sophocle dans l'original et les connaît presque par cœur. Il lit le Cosmos de Humboldt et les histoires de Niebuhr et Ranke ; il étudie la dialectique de Hegel aussi bien, ou peut-être plus, que l'art de la fugue ; et s'il va en Italie, il ne s'occupe pas de l'opéra, mais s'occupe de la nature et des restes de l'art classique. Il est en fait, dit Ambros, « Herr Microcosmos ». [29]

Pour avoir un tableau fidèle de la vie ordinaire d'un musicien dans la maison de son mécène au XVIIIe siècle, il suffit de se tourner vers l'Autobiographie de Dittersdorf. Parmi eux, en effet, Gluck et Haendel semblent être les seuls musiciens qui possédaient une grande culture [30] et qui nous paraissent

étant, en dehors de la musique, l'égal intellectuel des grands hommes de l'époque : Voltaire, Rousseau, Condorcet, Diderot, Lessing et les autres. Rien ne prouve que Beethoven était soit un homme de grande culture, soit un penseur respectable en dehors de son propre art. Il est en effet probable que l'énorme puissance musicale de beaucoup de ces hommes, et les siècles de progrès qu'ils ont parcourus en musique en relativement peu d'années, étaient dus à ce qu'ils n'étaient rien d'autre que des musiciens, à la concentration de toutes leurs facultés. , toutes leurs expériences, sur le problème de faire du son un moyen d'expression complet, vivant et flexible. Mais les musiciens ultérieurs étaient d'un autre ordre. Le mouvement romantique a engendré un nouveau type de musicien. Il ne s'asseyait plus dans la salle de musique d'un aristocrate, vêtu de la livrée de l'aristocrate, et ne faisait plus jouer la musique à partir de sa propre conscience intérieure. Il s'est déplacé dans le monde, a vu et appris beaucoup de choses. Il s'est associé aux poètes; il fréquentait les ateliers des peintres. Nous avons des hommes comme Hoffmann, à la fois romancier, peintre, musicien et critique ; comme Liszt, pianiste, compositeur, auteur ; comme Schumann, musicien et critique musical ; comme Wagner, parcourant avidement tout le champ de la connaissance humaine et se mêlant – dans plus d'un sens – à tous les sujets possibles et impossibles sous le soleil. Je n'utilise pas ce terme dans un sens offensant ou désobligeant lorsque je dis que le musicien moderne moyen, dans les domaines autres que la musique, est un homme bien plus instruit et plus complet que son prédécesseur ; il sait plus, voit plus , lit plus, pense plus. Des hommes comme Wagner, Brahms, Richard Strauss, Hugo Wolf et Bruneau se situent beaucoup plus près de la vie intellectuelle générale de leur époque que n'importe quel musicien plus âgé ne l'était de la vie intellectuelle de *son* époque. Je ne prétends pas un seul instant qu'ils soient de meilleurs *musiciens* pour cette seule raison ; Je le présente simplement comme un facteur psychologique dans leur travail, comme quelque chose qui détermine, dans une large mesure, la qualité de ce travail, et détermine certainement leur choix de sujets.

Pour ce faire, il les rend désireux d'exprimer dans leur musique toutes les impressions qu'ils ont recueillies du monde et de leur culture. Mais pour cela, il fallait deux choses, comme nous l'avons déjà vu. Le vocabulaire musical – sa gamme de mélodies et d'harmonies – devait être élargi et la capacité de l'orchestre devait être énormément développée. C'est une folie de se moquer des hommes des XVIIe et XVIIIe siècles pour ne pas aller plus loin dans la musique poétique. Ils n'en avaient pas les moyens. La forme sonate s'est développée dans une large mesure sur le piano et le violon ; et la nature de ces instruments déterminait en grande partie ce qui pouvait et devait être prononcé sur eux. Ce n'est que lorsque l'harmonie est devenue plus riche, plus profonde et plus complète, et que les hommes ont appris à extraire toutes sortes d'expressions de l'orchestre, que la musique à programme dans le vrai sens du terme est devenue possible.

Les faits historiques généraux montrent donc que l'impulsion de la musique poétique au XIXe siècle est venue de l'éducation plus large du musicien, du grand développement des moyens d'expression musicale et de la stimulation incessante du musicien par la poésie et la littérature en général. . [31] Comme nous le savons, l'esprit nouveau s'est manifesté sous trois formes : dans le chant très émouvant de Schubert, Schumann, Brahms, Franz et des autres ; dans la musique dramatique poétique de Wagner ; et dans les poèmes symphoniques ou symphonies à programme de Berlioz, Liszt, Tchaikovski , Raff et une douzaine d'autres, menant à Richard Strauss. Même les hommes qui, en réalité, ne se sont pas beaucoup intéressés à cette dernière forme ont aidé la cause de la musique poétique instrumentale par d'autres moyens. Schumann, par exemple, avec ses petites pièces poétiques pour piano, ses délicates esquisses de personnages dans le *Carnaval* , *les Papillons* et ailleurs, suivait en réalité la même voie qui l'a conduit à *Mazeppa de Liszt, Harold en Italie* de Berlioz et *Till* de Strauss. *Eulenspiegel* .

VII

Ainsi, sur deux axes d'enquête, nous avons trouvé que les arguments en faveur de la musique à programme étaient un peu plus solides que ne l'avaient imaginé ses opposants hâtifs. D'une part, nous avons vu que lorsqu'on analyse psychologiquement la nature et l'origine de la musique , il existe deux attitudes mentales, deux ordres d'expression et deux types de phrases, dont l'une est née de l'absolu, de l'autre un programme . musique. D'autre part, nous avons vu que, pour diverses raisons, la musique à programme n'aurait pas pu être cultivée par les grands maîtres du XVIIIe siècle qui ont donné naissance à la forme de la symphonie classique ; tandis que sa fascination pour les hommes modernes vient du fait qu'elle est le seul moyen d'expression d'un certain ordre d'idées modernes. Il est donc grand temps que non seulement les critiques mais aussi les compositeurs se rendent compte que lorsque les cerveaux sont en panne, la forme meurt ; que vous ne pouvez pas écrire une symphonie sous la forme de Mozart ou de Beethoven à moins que votre monde mental ne ressemble au leur, et que si la suggestion littéraire, picturale ou dramatique est toute-puissante chez un compositeur, il est insensé de sa part de la lancer. de côté, et essayer, en utilisant une forme qui ne lui convient pas, de se replonger dans une atmosphère émotionnelle qu'il lui serait impossible de respirer.

Le changement qui s'est produit dans la musique au début du XIXe siècle et qui s'est produit pour la première fois dans les opéras de Wagner est mieux décrit dans les mots souvent cités de Wagner lui-même, comme « la fécondation de la musique par la poésie ». Il estimait qu'il y avait chez Beethoven des preuves considérables de l'action de la poésie sur la musique, même si, comme le montrent les passages déjà cités de l' ouverture *de Leonora* , chez Beethoven les rênes sont encore trop étroitement serrées par la musique absolue. Quelle que soit l' origine de ses conceptions, il les a toujours élaborées dans les limites de la forme symphonique. Berlioz, en gros, a pris le chemin inverse, gardant toujours les yeux fixés sur les lignes de son projet poétique. La critique de Wagner sur cette pratique de Berlioz est intéressante, même si elle n'est pas définitive. En écoutant de la musique de ce genre, dit-il, "il m'arrivait toujours de perdre si complètement le fil musical que, sans aucun effort, je ne pouvais le retrouver et le renouer". Son point de vue était le suivant, pour le dire avec nos propres mots : s'il écoutait une œuvre de Berlioz, il ne pourrait pas tirer un plaisir complet de la musique, *en tant que* simple musique, parce qu'elle n'était pas développée selon des lignes purement musicales ; le thème principal, disons, lui fit plaisir dès sa première annonce, mais il ne parvint pas à voir la *raison* de son traitement futur, comme on peut toujours voir la *raison* du retour des thèmes dans une symphonie. En effet, le cours de la musique n'était pas déterminé par des intentions musicales abstraites, mais par des intentions poétiques qui ne lui étaient pas clairement expliquées ; et le résultat fut pour ainsi dire qu'il tomba entre deux tabourets. « J'ai découvert, dit-il, que même si j'avais perdu le fil musical (*c'est-à-dire* le jeu logique et lucide de motifs précis), je devais maintenant m'accrocher à des motifs scéniques qui n'étaient pas présents sous mes yeux, ni même autant qu'indiqués. dans le programme . Incontestablement, ces motifs existaient dans la célèbre scène du balcon de Shakespeare » (Wagner parle de *Roméo et Juliette de Berlioz*) ; "mais c'est qu'ils avaient tous été fidèlement conservés et dans l'ordre exact donné par le dramaturge, là était la grande erreur du compositeur." Et l'affirmation de Wagner était la suivante : lorsqu'un compositeur veut reproduire en musique une certaine scène d'un drame, il ne doit pas prendre la chose telle qu'elle est et passer d'un point à un autre exactement de la même manière que le faisait le poète. Ce qui était bien pour le poète ne serait pas bien pour le musicien. *Il* doit raconter son histoire ou peindre sa scène selon les lois et les capacités de la musique, et non celles de la poésie ; et Wagner continue en louant Liszt pour avoir, par un instinct artistique supérieur, évité l'écueil qui faillit s'avérer fatal à Berlioz. Liszt, au lieu d'essayer de nous dire en musique précisément ce que le poète nous avait déjà dit en vers, repense en musique ce que le poète a dit et nous le livre comme quelque chose qui naît du sentiment musical lui-même.

Il n'est pas nécessaire maintenant d'examiner dans quelle mesure Wagner a raison dans ce qu'il dit de Berlioz. Il est en tout cas certain, d'après ses propres paroles faisant l'éloge de Liszt, que Wagner n'avait pas d' objection *a priori* à l'encontre du poème symphonique, mais seulement à l'égard du poème symphonique lorsqu'il s'adressait à ce qu'il considérait comme des vers erronés. Il suffit de trouver un compromis entre le propos poétique et la forme musicale. C'est, je pense, que Richard Strauss a réalisé , et il serait intéressant d'avoir la critique de Strauss par Wagner. Mais comme nous n'y parvenons pas, *nous* pouvons critiquer Wagner du point de vue du poème symphonique.

VIII

Mais avant cela, abordons brièvement une ou deux autres questions principales.

Le premier point sur lequel j'insiste est le suivant : la « forme » dans la musique à programme ne peut pas signifier la même chose que la forme dans la musique absolue ; et pour cette raison. Tant que vous travaillez sur un seul médium, la forme est simplement contrôlée par les nécessités et les potentialités de ce médium. Dans une symphonie ou une fugue, il ne faut considérer que la nature de la musique absolue ; dans le drame, vous n'avez à vous soucier d'aucun problème, sauf ceux qui relèvent de la nature du drame. Mais dès qu'on commence à travailler sous une forme qui mélange les deux, chacun veut entraîner l'autre sur sa propre route et il faut trouver un compromis. C'est pourquoi il est plus facile de satisfaire notre sens de la forme dans un drame ou une symphonie que dans un opéra ou un poème symphonique. Nous voyons la même chose dans la littérature en prose. Si vous voulez écrire une pure romance, qui ne s'intéresse qu'à la romance, votre cours est assez simple. Si vous voulez écrire un traité sur la société, encore une fois, vous n'êtes lié par aucune loi autre que celles relatives à ce genre de travail. Mais si vous voulez combiner les deux, si vous voulez écrire un roman qui non seulement dépeindre des personnages mais qui transmette également une leçon sociologique, comme dans les romans de Zola ou dans certaines histoires de l'Américain Frank Norris, alors il y a un fossé entre les deux tendances. La sociologie est susceptible de gâcher la fiction , et la fiction la sociologie. Il en est de même dans la musique poétique ; la poésie veut que la musique suive *son* chemin, la musique exige que la poésie suive *son* chemin. Dans le cas du roman sociologique, voici ce qui se passe réellement. Nous admettons que *la Débâcle* de Zola n'est pas une œuvre aussi artistique que, disons, *Prince Otto de RL Stevenson* ; mais nous faisons des concessions ; nous renonçons à un peu de plaisir purement esthétique en échange d'obtenir beaucoup d'un autre type de plaisir : celui de voir une image plus grande d'une vie plus réelle mise sur la toile. Si nous ne pouvons obtenir la plus grande qualité humaine dans la fiction qu'en renonçant un peu à la gratification esthétique qui vient de la forme parfaite – eh bien, étant des créatures raisonnables, il y a des moments où nous acceptons joyeusement la situation et faisons des compromis.

Et il en va de même dans la musique poétique. L'ouverture *de Tannhäuser* et le prélude de *Tristan* de Wagner ne sont pas aussi satisfaisants, du point de vue de la forme pure, qu'un mouvement d'une symphonie de Beethoven. Nous obtenons des répétitions de thèmes déterminés par des nécessités poétiques plutôt que musicales. Poussez le principe un peu plus loin, et vous n'obtiendrez quasiment aucune continuité musicale, mais seulement une continuité d'image. Si l'on examine le prélude du *Rêve de Gérontius*, on constate que l'ordre des thèmes répond à une visée poétique ou scénique plutôt qu'à une visée musicale. Cela est légitime à condition que cela ne va pas trop loin, à condition de ne pas donner l'impression que la continuité musicale est absolument jetée par-dessus bord pour assurer une continuité didactique ou littéraire. Mais le principe général est qu'un morceau de développement musical, comme le prélude *de Tristan* ou *de Gérontius*, qui ne serait pas tout à fait satisfaisant dans la musique absolue, l'est tout à fait dans la musique poétique. Il raconte assez bien l'histoire littéraire, sans pour autant affamer notre sens musical.

IX

Cela nous amène à un deuxième point. On nous dit souvent que la musique à programme est acceptable si elle est conçue et manipulée de telle manière qu'elle suffit *en tant que musique pure*, que nous connaissions le programme ou non. Et comme cela semble à beaucoup de gens comme un compromis équitable, et comme les musiciens de programmes ont été maltraités si longtemps que certains d'entre eux sont désormais ravis de gratitude pour *ne pas* avoir été expulsés, on a tendance à accepter cette quasi-solution de le problème comme quelque chose comme le dernier. Le programmeur est prêt à admettre qu'un certain nombre de thèmes, aussi agréables soient-ils, ne constituent pas de la musique symphonique à moins qu'ils n'aient un lien émotionnel et un développement musical logique ; tandis que l'absolutiste admet gracieusement qu'un sujet concret peut être la base d'une symphonie, pour peu que la musique soit telle qu'elle plaise tout autant à l'auditeur, même s'il ne sait pas quel est le sujet.

C'est précisément contre ce compromis que je pense que nous devrions protester, car il me semble fondé sur une incompréhension totale de la nature de l'absolu et de la musique à programme . Non seulement il ignore la différence d'origine intellectuelle entre une phrase comme celle qui ouvre le finale de la symphonie *de Jupiter* , et celle qui symbolise *Jusqu'à Eulenspiegel* , mais il néglige le fait qu'à côté de cette différence dans la chose exprimée, il doit nécessairement y avoir une différence dans la manière de l'exprimer. Il est impossible de souscrire au compromis insidieux selon lequel la musique à programme devrait « parler d'elle-même », sans qu'une connaissance du programme soit nécessaire. [32] Nous n'avons pas seulement besoin du programme - l'énoncé du sujet littéraire ou pictural de la composition - mais cela est à la fois responsable de la moitié de notre plaisir et d'une justification de certaines particularités de forme que la musique peut maintenant assumer en toute sécurité. Si la forme et la couleur des thèmes d'un morceau de musique, l'ordre de leur apparition et les variations qu'ils subissent, sont tous déterminés par le compositeur ayant une certaine image en tête, il est sûrement nécessaire que nous sachions ce que cette image est. Si cela lui était nécessaire lorsqu'il composait, cela nous est nécessaire si nous voulons écouter la musique comme il voulait que nous l'écoutions. Nous présenter un poème symphonique sans nous dire toutes les intentions du compositeur, est aussi insensé que de nous faire écouter la musique d'une chanson ou d'un opéra sans en entendre les paroles. Dans l'opéra et la chanson, les choses se passent dans un sens ou dans l'autre parce que le propos poétique l'exige, et leur justification est précisément leur adéquation au propos poétique. De même, les choses se passent dans un sens ou dans l'autre dans le poème symphonique parce que le propos poétique l'exige ; et ici aussi, nous avons besoin de savoir quel était ce but poétique avant de pouvoir justifier ou condamner ce que le musicien a fait. Examinons un cas simple, disons l'ouverture *de Roméo et Juliette* de Tchaïkovski , et voyons si cette œuvre particulière pourrait être également comprise et appréciée, comme musique pure, par celui qui connaît et par celui qui ne connaît pas le programme .

Il ne fait aucun doute que *Roméo et Juliette* procurerait un plaisir intense à quiconque entrerait sans préméditation dans une salle de concert et entendrait l'ouverture sans savoir qu'elle avait une base poétique - qui l'écouterait, c'est-à-dire comme une pièce. de musique pure et simple sous forme de sonate. Mais je nie catégoriquement que cet auditeur puisse tirer autant de plaisir de l'œuvre que moi, par exemple, de connaître l'histoire poétique dans laquelle elle est écrite. Il pourrait trouver le passage pour cordes assourdies, par exemple, extrêmement beau, mais il n'en tirerait pas un plaisir aussi grand que moi, qui non seulement ressent toute la beauté *musicale* de la mélodie, des harmonies et de la couleur du ton , mais voit les amoureux sur le balcon et respirez l'atmosphère même de la scène de Shakespeare. Je suis plus riche que mon semblable de deux ou trois émotions dans une affaire de ce genre. Ma nature est agitée de deux ou trois côtés au lieu d'un seul. J'irais plus loin et je dirais que non seulement l'auditeur que je suppose prend moins de plaisir à travailler que moi, mais qu'en réalité il n'entend pas du tout l'œuvre de Tchaïkovski . Si le musicien écrit de la musique pour une pièce de théâtre et invente des phrases pour symboliser les personnages et décrire les événements de la pièce, nous n'écoutons tout simplement pas *son* œuvre si nous l'écoutons dans l'ignorance de son schéma poétique. Nous pouvons entendre la musique, mais ce n'est pas la musique qu'il voulait que nous entendions, ou en tout cas qui n'est pas entendue comme il voulait que nous l'entendions. Si la mélodie, l'harmonie, la couleur et le développement sont tous façonnés et dirigés par certaines images dans l'esprit du musicien, nous n'allons pas plus loin que le simple extérieur de la musique, à moins que nous ne soyons également familiers avec ces images. Prenons un autre exemple. Le lecteur se souviendra que l'ouverture s'ouvre sur un thème *religieux* , aux clarinettes et aux bassons, destiné à évoquer le frère Laurent. Dans les scènes de conflit qui s'ensuivent entre les deux factions opposées, ce thème apparaît de temps en temps dans les cuivres, parfois de manière particulièrement énergique et affirmée. L'auditeur occasionnel que j'ai supposé considérerait probablement cela simplement comme une question de contrepoint ; Tchaïkovski a inventé deux thèmes, dirait-il, et il ne fait plus que les combiner. Mais là encore, il aurait tort. Ces passages nous procurent certainement du plaisir musical, et sont tout aussi certainement destinés à le faire, mais ils sont également destinés à faire quelque chose de plus. La réapparition du thème « Frère Laurent » a une signification aussi bien dramatique que musicale. Tiré tel quel des bois placides et donné aux cuivres commandants, et fait ressortir comme une voix d'avertissement à travers l'émeute folle qui se déroule tout autour de lui, il raconte immédiatement sa propre histoire à quiconque a un connaissance du sujet de l'ouverture. Il en va de même avec la transformation lugubre du motif amoureux à la fin de l'ouverture. Tchaïkovski ne modifie pas ainsi la mélodie et l'harmonie pour des raisons purement musicales. Il a autre chose en tête qu'un appel à la faculté musicale abstraite ; et je répète que l'auditeur qui ignore ce quelque chose de plus, non seulement tire moins que tout le plaisir de l'œuvre, mais n'entend pas réellement l'œuvre telle que Tchaïkovski l'a conçue et écrite, et avait l'intention de la faire entendre. Le même argument vaut pour la chanson. Imaginez l'une des chansons modernes les plus expressives et les plus subtilement expressives, par exemple le "O wüsst 'ich doch " ou la *Feldeinsamkeit* de Brahms, chantée lors d'un concert sans que vous ayez la moindre connaissance des paroles. Un certain plaisir, bien sûr, qu'on ne pouvait s'empêcher de ressentir dans la musique ; mais ce ne serait rien comparé aux sensations que vous auriez si vous connaissiez les mots ou si vous pouviez les suivre dans un programme . Vous constateriez alors non seulement que certains passages qui vous semblaient les moins intéressants auparavant, en tant que simples musiques, sont d'une expressivité poignante, mais que ces particularités apparentes sont justifiées, et même nécessitées, par la poésie. Imaginez maintenant que vous entendiez la même chanson trois mois plus tard. Vous avez oublié les mots point par point ; mais vous conservez toujours le souvenir des humeurs émotionnelles qu'ils suggéraient ; et ainsi vous êtes toujours sensible à chaque *nuance* d'expression de la musique. Ecouter une chanson dans ces conditions équivaut précisément à écouter un poème symphonique. Dans *Die Ideale* , par exemple, Liszt divise le poème de Schiller en sections d'intensité différente ou de *timbre* de sentiment différent, et place chacune d'elles dans la partition avant la section de la musique qui l'illustre. *Die Ideale* est en fait une extension de la forme chantée, dans laquelle les paroles ne sont pas chantées mais nous sont soit suggérées, soit censées nous être connues. Mais il est insensé de supposer que, soit dans la chanson de Brahms, soit dans *Die Ideale*, l'homme qui ne connaît pas la base littéraire puisse obtenir le même plaisir que celui qui la connaît.

Il suffit de traiter tous les autres poèmes symphoniques de la même façon que nous venons de traiter celui de Tchaïkovski. *Roméo et Juliette* – pour nous demander ce que le compositeur voulait nous faire entendre, et quelle part nous en entendons réellement *si* nous ne connaissons pas son schéma poétique – pour voir la folie de considérer la musique absolue comme la norme selon laquelle la musique à programme devrait de se conformer. Parfois, cependant, l'objection est formulée dans le sens inverse, et on nous dit que la musique à programme est absurde parce qu'elle ne nous parle pas de manière intelligible, qu'elle ne porte pas son histoire écrite si clairement que personne ne puisse s'y méprendre. C'est en réalité au compositeur qu'il faut imputer l'accusation d'absurdité. La pure vérité est qu'un compositeur n'a pas le droit de nous présenter un poème symphonique sans nous donner le guide le plus complet de ses projets littéraires. Il serait ridicule de la part de Wagner ou de Schubert de penser que leurs affaires sont terminées alors qu'ils ont simplement donné à leur musique le titre, par exemple, *de L'Anneau du Nibelung* ou *du Roi Erl* ; il est également ridicule de la part de Strauss d'appeler une œuvre *Till Eulenspiegel* ou *Don Juan* et de nous laisser découvrir le reste par nous-mêmes. Si Strauss, par exemple, a composé le thème de Don Juan (celui des quatre cors) dans cet ordre particulier, non seulement parce qu'il aimait la séquence de sons, mais parce qu'ils dessinaient avec précision l'image de Don Juan qu'il avait dans les yeux. à ce moment-là, c'est une folie de sa part de *nous* le présenter comme une simple séquence de sons existant en soi, et de ne pas nous dire quel aspect de Don Juan il est censé représenter.

Quant à « la stupidité inhérente à la musique à programme » – à laquelle un critique a été amené en pensant, dans l'innocence de son cœur, que le motif que je viens de mentionner signifiait une chose, alors qu'il l'a découvert par la suite, il en signifiait une tout autre chose – je dirais faites-lui comprendre qu'il ne se trompera plus jamais sur cette phrase, et que chaque fois qu'il entendra *Don Juan* , il sera, dans cette mesure, plus près de voir ce que le compositeur voulait lui faire voir qu'il ne l'a jamais été auparavant. Et s'il avait une certitude égale quant au sens de tous les autres sujets de *Don Juan* , ne serait-il pas alors capable de recréer l'ensemble selon les propres idées de Strauss ? Et toutes les difficultés ne disparaîtraient-elles pas alors, et la « stupidité inhérente » ne semblerait-elle pas être celle de ceux qui maudissaient la forme parce qu'ils n'avaient pas la clé de l'idée ? Qu'on écoute *Till Eulenspiegel sans plus connaître les intentions du compositeur que ne l'indique le titre, et je peux comprendre* qu'il n'y comprenne pas tout. Mais qu'il apprenne par cœur les admirables analyses allemandes ou anglaises que l'on trouve aujourd'hui dans presque tous les livres de programmes , et si tout ne lui devient pas alors aussi clair que le cristal, s'il ne peut alors suivre toutes les gradations de cette pièce magique. de raconter des histoires - eh bien, on peut seulement dire que la nature l'a privé de la faculté du poème symphonique, tout comme elle rend certains insensibles à Botticelli ou à Maeterlinck. Il ne fait que jeter un jour intéressant sur sa propre psychologie ; la valeur de la forme musicale reste intacte .

Maintenant, pourquoi Strauss, ou tout autre compositeur de musique à programme , ne s'épargne-t-il pas, ainsi qu'à nous, tous ces ennuis en nous montrant, une fois pour toutes, les principales lignes psychologiques sur lesquelles il a construit son œuvre ? Le compositeur lui-même est en effet la cause de tous les malentendus et de toutes les confusions esthétiques . Rien de plus clair que le symbolisme de la musique du *Don Quichotte de Strauss* , quand on connaît l'intention précise de chaque variation ; mais le fait que Strauss donne la clé de ces éléments dans le duo pour piano et omise tout cela dans la partition complète montre à quel point la pratique de ces messieurs est absurdement laxiste et incohérente. *Le sprach Zarathoustra , lui aussi* , est tout à fait clair, car des indications sont données ici et là sur la partie précise du livre de Nietzsche à laquelle le musicien s'occupe ; tandis qu'Ein *Heldenleben* , en l'absence d'un « Guide » officiel, nous inquiète simplement en nous suscitant de vaines conjectures sur le sens de telle ou telle expression. Wagner n'aurait pas songé à nous proposer une longue œuvre et à nous dire simplement que son sujet était *Parsifal* . Pourquoi, alors, l'auteur de poèmes symphoniques devrait-il s'attendre à ce que nous comprenions toutes ses intentions alors qu'il s'est contenté d'imprimer le titre de son œuvre ? Si les paroles de l'opéra me sont nécessaires pour comprendre ce que Wagner avait en tête lorsqu'il écrivit tel ou tel motif, alors les mots – non pas accompagnant la musique, mais préfixés à celle-ci – sont sûrement nécessaires pour me dire ce qu'avait en tête Strauss lorsqu'il écrivait tel ou tel motif. il a façonné le solo de violon dans *Ein Heldenleben* . S'il est absurde de me jouer une chanson sans m'en donner une copie des paroles, en attendant que je comprenne la musique née d'une idée poétique comme si elle avait été écrite indépendamment de toute suggestion verbale, il est également absurde de m'a présenté, comme musique pure, une pièce orchestrale qui n'a jamais été conçue comme musique pure. Si le poème ou le tableau étaient nécessaires à l'imagination du compositeur, il est nécessaire à la mienne ; si cela n'est nécessaire à aucun de nous, il n'a pas le droit d'en apposer le titre sur son ouvrage.

Il est curieux, encore une fois, que ceux qui peuvent défendre Wagner contre les absolutistes ne puissent pas aussi voir qu'ils justifient implicitement Strauss et ses collègues. Ainsi, un autre critique écrit que « Wagner a compris que l'idée intellectuelle ne pouvait pas être transmise par la musique seule ; qu'avec la couleur – la musique – doit accompagner la parole pour clarifier ce que l'on veut dire. » Jusqu'ici, tout va bien. Mais ensuite il se dispute avec Strauss pour avoir essayé de faire en sorte que *ses* thèmes expriment quelque chose de plus que de la musique pure et simple, et pour nous avoir donné un programme pour nous aider. Pourquoi, au nom de la lucidité, où est la différence entre chanter sur une phrase musicale les mots qui l'ont provoquée et imprimer ces mots à côté de la phrase ou au début de la partition ? Peu importe que le compositeur écrive une scène d'amour et fasse *chanter les paroles* par un ténor et une soprano, ou qu'il mette simplement le tout dans un orchestre et nous *dise* qu'il s'agit d'une scène entre deux amants et que leur amour est de telle ou telle qualité ? Je n'arrive absolument pas à comprendre pourquoi l'une des procédures est bonne et l'autre mauvaise. Et encore une fois, s'il est essentiel qu'il n'y ait pas le moindre doute dans le cas de l'opéra sur qui sont les protagonistes et quelle est la nature de leurs sentiments, il est également essentiel, dans le cas de l'opéra symphonique. poème, que nous ne devons pas rester dans l'ignorance d'aucun des points qui ont contribué à faire de la structure de la musique ce qu'elle est. Aucun poème symphonique ne devrait être publié ou interprété sans une analyse approfondie de la part du compositeur lui-même, tout comme il ne songerait jamais à publier la musique de sa chanson ou de son opéra sans les paroles. Il n'y a aucun compromis possible. Si le chant et l'opéra sont des mélanges légitimes d'idées littéraires et d'expression musicale, le poème symphonique l'est aussi, et si la base littéraire doit nous être pleinement donnée dans le cas de l'opéra, nous en avons également besoin dans l'autre cas. complètement tel qu'il peut être présenté à nos yeux. Le grand problème est que des compositeurs comme Strauss ne font souvent ni l'un ni l'autre ; ils ne nous présentent pas leur travail comme de la musique pure et simple, et ne nous donnent pas non plus d'indices suffisants sur ce que la musique représentative est censée représenter.

Et maintenant, permettez-moi d'essayer de montrer brièvement que Wagner a mal compris le sens de ses propres réformes et que la forme d'art poétique idéale vers laquelle il s'efforçait n'était pas l'opéra mais le poème symphonique.

X

Pour rendre l'argument suivant plus clair, j'énoncerai immédiatement sa conclusion ; Je vais essayer de montrer que la propre analyse de Wagner sur la nature de la poésie, de la musique et du théâtre prouve de manière concluante que si l'on peut dire qu'il existe une forme d'art idéale, ce n'est pas l'opéra mais le poème symphonique. Je ne critiquerai pas la théorie de Wagner, sauf un instant ici et là. Je vais l'accepter largement tel qu'il est, le supposer parfaitement fondé sur des faits et parfaitement logique dans l'essentiel de son exposé, et en prouver qu'il s'est arrêté net à la conclusion finale - que s'il avait été tout à fait cohérent avec il aurait vu la fin, tout au long de son argumentation, le doigt de la démonstration lui faisant signe vers un point plus loin que celui de l'opéra, vers un point encore plus haut sur la route, là où l'attendait le poème symphonique. Et pour tirer cette conclusion, je pense qu'il n'est pas nécessaire de faire appel à autre chose que ses propres paroles.

Dans *A Study of Wagner* (1899), j'ai soutenu qu'en raison de la structure de son esprit, Wagner était dans une large mesure insensible aux charmes de la poésie pure en tant que poésie et de la musique pure en tant que musique. C'est-à-dire qu'il n'a pas pu et n'a pas pu tirer de la poésie ou de la musique abstraite les sensations précises, tout à fait satisfaisantes en elles-mêmes, qu'éprouverait un amateur de poésie ou un amateur de musique abstraite. Pour lui, la poésie avait quelque chose d'insatisfaisant, d'imparfait, d'incomplet, à moins qu'elle ne tende la main à la musique ; la musique était également défectueuse à moins qu'elle ne naisse d'un stimulus poétique. Contester cela, c'est être aveugle à l'évidence évidente des œuvres en prose de Wagner ; la simple affirmation contraire de ses admirateurs les moins critiques ne compte tout simplement pas face aux nombreux passages qui peuvent être invoqués à titre de preuve. Des remarques comme celle-ci : « Ce qui ne vaut pas la peine d'être chanté, cela ne vaut pas non plus la peine que le poète se donne la peine de le raconter », ou encore celle-ci : « L'œuvre du poète doit être considérée comme la plus excellente et, dans sa consommation finale, doit devenir entièrement musicale. », ou encore « Un besoin en musique que la poésie seule peut combler », ou encore « Si l'œuvre du poète-parole pur apparaît comme un but poétique non réalisé , en revanche, l'œuvre du musicien absolu ne doit être décrit que comme totalement dépourvu d'un tel objectif ; car le sentiment a peut-être été entièrement suscité par l'expression purement musicale, mais il n'a pas pu être *dirigé* . " [33] - de telles remarques ne doivent pas être expliquées. loin. Bien plus, la notion même de Wagner d'une œuvre d'art qui devrait embrasser tous les arts était une preuve certaine qu'il y avait dans chaque art quelque chose de spécifique auquel il était imperméable.

Voilà donc le fait primordial de la psychologie artistique de Wagner. Lorsqu'une idée poétique lui venait à l'esprit, c'était une idée qui réclamait la couleur émotionnelle de la musique pour la compléter ; lorsqu'une idée musicale lui venait à l'esprit, elle était d'emblée contrôlée et dirigée par un concept poétique. Ainsi, non seulement son œuvre dramatique mais aussi son œuvre théorique sont simplement l'expression de ce parti pris psychologique. Ses adversaires lui ont fait une injustice en affirmant qu'il avait élaboré certaines théories et qu'il avait ensuite écrit des opéras pour les illustrer et les justifier. Le fait est que les théories et les opéras n'étaient que deux branches d'un même tronc : non pas une cause et un effet, mais deux effets d'une même cause. Dans les opéras comme dans les œuvres en prose, il cherchait simplement à s'exprimer. Mais penseur confus, comme je pense que Wagner l'était, sur la plupart des sujets abordés par son cerveau occupé, il était parfaitement clair quant à ce qu'il voulait faire dans l'opéra et ce qu'il voulait dire pour l'expliquer. Même l'opacité angoissante de son style, qui fait de sa lecture une si sévère épreuve pour le sens littéraire, ne peut empêcher que les grandes lignes de son système se détachent avec une parfaite clarté. Dans ce système, il pensait avoir démontré trois choses : (1) qu'à un certain stade de son évolution, la poésie doit faire appel à la musique pour réaliser pleinement ses désirs, (2) que la musique, pour la même raison, doit à tout moment faire appel à la musique. un certain stade pour faire appel à l'aide de la poésie, et (3) que dans le drame musical nous obtenions les meilleurs pouvoirs de la musique et de la poésie exercés au maximum et combinés en un tout harmonieux. (Il soutenait également que la peinture de la scène, la mise en scène et les gestes des acteurs satisfaisaient de manière adéquate nos autres sens esthétiques ; mais nous n'avons pas besoin de nous préoccuper ici de cet aspect de sa théorie.)

Laissez-moi tout d'abord préciser que Wagner souhaitait obtenir une forme d'art poétique et musicale idéale en supprimant de la musique tout ce qui ne tendait pas vers la poésie, et de la poésie tout ce qui ne tendait pas vers la musique. « L'unité de la forme artistique », dit-il dans *Opéra et théâtre* , « n'est pensable que comme l'émanation d'un contenu uni : un contenu uni, cependant, nous ne pouvons le reconnaître que par le fait qu'il est formulé dans une expression artistique à travers laquelle il peut s'exprimer. *entièrement* au Sentiment. Un Contenu qui devrait prescrire une double expression, *c'est-à-dire* une expression qui obligerait le messager à s'adresser alternativement à l'Entendement et au Sentiment, un tel Contenu ne pouvait être lui-même qu'un contenu double, discordant. Toute visée artistique le fait. principalement pour une Forme unie... Puisque c'est la Volonté instinctive de tout But artistique de se communiquer au Sentiment, il s'ensuit que l'Expression fendue est incompétente pour éveiller entièrement le Sentiment... " " Ceci " , dit -il. " Cet éveil total du Sentiment était impossible au pur poète-verbe, par l'intermédiaire *de son* organe d'expression ; par conséquent, ce qu'il ne pouvait pas transmettre au Sentiment par ce moyen, il était obligé de l'annoncer à l'Intelligence, afin d'en embrasser toute la portée. " énoncé du contenu de son But : il doit remettre à l'Intelligence, pour être pensé, ce qu'il ne pouvait pas donner pour être perçu par le Sentiment. Ainsi la poésie tombe comme entre deux tabourets ; le poète veut faire un appel direct au Sentiment, mais il est en partie vaincu de devoir faire cet appel au moyen des mots, qui sont plus l'organe de l'Intelligence que du Sentiment. La seule chose à faire est donc de suppléer à cette déficience du sentiment par le recours à la musique, dont l'attrait *par excellence* est le sentiment.

Mais *par contre* , la musique elle-même, en tant que musique abstraite, est incomplète ; car, même si elle nous émeut, elle nous laisse dans le doute quant à la cause et au but de l'émotion. « Si l'œuvre du pur poète-parole », dit Wagner, « apparaît comme un but poétique non réalisé , en revanche l'œuvre du musicien absolu ne peut être décrite que comme étant totalement dépourvue d'un tel but ; Le sentiment a peut-être été entièrement suscité par l'expression purement musicale, mais il ne pouvait pas être *dirigé* . » Ou, comme il le dit ailleurs, la musique instrumentale avait travaillé sur ses schémas sonores réguliers jusqu'à ce qu'elle « ait gagné un discours idiomatique – un discours qui, dans un sens artistique plus élevé, était cependant arbitraire et incapable d'exprimer le sens purement idiomatique ». -humain, tant que le désir d'une représentation claire et intelligible de sentiments humains individuels et précis ne devenait pas sa seule mesure nécessaire pour façonner ces particules mélodiques.

Tout cela est donc clair ; selon la théorie wagnérienne, la simple poésie a besoin de musique pour l'aider à faire appel directement au sentiment ; la simple musique a besoin des suggestions concrètes de la poésie pour lui donner ordre et direction. Même dans les œuvres ultérieures de Beethoven, le pendule passe du tissage musical absolu et abstrait à l'effort de dire des choses plus précises ; il s'est éveillé en lui, dit Wagner, « un désir d'expression distincte d'émotions spécifiques, typiquement individuelles », et il « a commencé à se soucier de moins en moins de simplement faire de la musique ». Le point culminant de cette impulsion visant à mélanger le sentiment musical et le but poétique dans une seule œuvre d'art devait, bien entendu, être l'opéra ou le drame musical wagnérien.

Cette argumentation conduit à deux autres propositions : -

(1) En premier lieu, étant donné que la musique et la poésie doivent coopérer pour créer un seul produit, et étant donné que la forme d'art la plus parfaite est celle qui nous attire de manière unique, sans division et sans distraction, il s'ensuit que le Plus les deux facteurs sont intimement mélangés, meilleur sera le résultat. Il ne doit pas y avoir de petit morceau de musique qui traîne, pour ainsi dire, et refuse de rencontrer la poésie sur un pied d'égalité ; il ne

doit pas y avoir de petit morceau de poésie qui refuse de se prêter à l'expression musicale. Le compromis doit être parfait ; il doit y avoir autant de but poétique qu'il est nécessaire pour que l'énoncé musical reste défini et indubitable, et juste autant d'effusion musicale qu'il est nécessaire pour élever *toute* la poésie dans le royaume idéal du sentiment ; juste autant dans chaque cas et pas plus. Il doit y avoir une « émotivité complète de l'intellect » ; ou, pour reprendre encore une autre expression de Wagner, nous devons avoir une forme « véritablement unitaire ». Et à la question : « Le poète doit-il se *restreindre* en présence du musicien, et le musicien en présence du poète ? il dit qu'ils ne doivent pas se restreindre l'un l'autre, "mais éveiller les pouvoirs de chacun au plus haut pouvoir, par l'amour..." "... Si le *but du poète* - en tant que tel - est toujours à portée de main et visible, alors il n'a pas encore été atteint. mais si l' *expression du musicien* - en tant que telle - est encore apparente, alors elle, à son tour, n'a pas encore été inspirée par le but poétique. Dans la *Zukunftsmusik,* il formule la même idée en d'autres termes : le texte idéal ne peut être réalisé que par « ce poète qui est pleinement conscient de la tendance de la musique et de sa faculté d'expression inépuisable, et qui rédige donc son poème de telle manière qu'il puisse pénétrer le les fibres les plus fines du tissu musical et la *pensée parlée* se dissolvent entièrement dans le *sentiment* . »

(2) En deuxième lieu, les circonstances nouvelles doivent sanctionner une forme nouvelle. Ce qui était tout à fait juste dans la symphonie, eu égard à son but particulier, sera tout à fait faux dans le drame musical, où le but est tout à fait différent. Nulle part, peut-être, Wagner ne se trouve-t-il sur un terrain plus sûr, ni plus éclairant dans son raisonnement, qu'ici. Il montre comment la symphonie – comme tous les énoncés musicaux purement abstraits – doit adopter certaines méthodes formelles bien définies pour pouvoir tenir ensemble. Le développement de la forme sonate au XVIIIe siècle n'a pas été déterminé par les désirs arbitraires d'individus ici et là, mais par une logique sous-jacente profonde – une logique des émotions – qui parcourait inconsciemment les individus et leurs auditeurs. C'est cette logique obscure et intuitive qui a fait sentir le besoin d'un deuxième sujet en contraste avec le premier, d'un exposé de ces deux sujets, de leur élaboration et de leur récapitulation finale ; c'est cette logique qui déterminait le contraste de caractère entre les différents mouvements. Le kaléidoscope devait perpétuellement présenter le tableau sous de nouveaux aspects ; l'essence du travail dramatique est *le développement* ; l'essence de « toutes les formes nées de la marche ou de la danse » est *le changement* . Ainsi, la nouvelle forme de la musique dramatique doit être recherchée dans la nature de ce *genre* , et non dans la nature d'un *genre tout à fait étranger* . Dans l'essai *Sur les poèmes symphoniques de Franz Liszt* , Wagner souligne, comme nous l'avons vu, à quel point les lois du drame et les lois de la symphonie sont en contradiction. Permettez-moi de reprendre l'essentiel de ses propos. "Il sera évident que,

dans le conflit d'une idée dramatique avec cette forme (symphonique), la nécessité doit surgir immédiatement de sacrifier soit le développement (l'idée) à l'alternance (la forme), soit cette dernière à la première. " ; après quoi suit la critique de la *Leonora* ouverture que j'ai déjà citée. Lorsqu'il atteint le point où une nouvelle forme aurait été nécessaire pour permettre un jeu libre et cohérent des idées de Beethoven dans la *Leonora* , il demande : « Quelle serait, maintenant, cette forme ? » et répond : « Nécessairement une forme dictée par le sujet de la représentation et son développement logique. »

Après avoir brièvement esquissé les deux principes directeurs de la théorie de Wagner, laissons maintenant le second, parfaitement clair en lui-même et dans toutes ses implications, et revenons au premier, dont les implications ne sont peut-être pas aussi claires. Wagner lui-même estimait qu'à mesure qu'il grandissait en sagesse artistique, ses poèmes d'opéra se rapprochaient de plus en plus de la forme idéale, dans laquelle il devrait y avoir autant de musique que la poésie l'exigeait, et autant de poésie que la musique l'exigeait. Il a admis que les poèmes de *Rienzi* , *Le Hollandais volant* , *Tannhäuser* et *Lohengrin* n'étaient pas tout à fait tout à fait ce qu'ils devraient être ; ce n'étaient que des étapes dans son évolution. Mais il était prêt à soumettre le poème de *Tristan* à l'épreuve la plus sévère possible de conformité à son idéal. « Sur ce travail, dit-il, j'accepte que vous fassiez les affirmations les plus sévères déductibles de mes prémisses théoriques : non pas parce que je l'ai formé sur un système quelconque, car toute théorie était purement oubliée de moi ; mais depuis ici, j'ai évolué avec la plus grande liberté. et le mépris le plus total de tout scrupule théorique...."

Quel est maintenant le grand avantage, selon la théorie de Wagner, du dramaturge musical sur le poète ou le romancier ? Simplement ceci, qu'il peut écarter toute la matière plus ou moins banale dont ils ont besoin pour rendre clair leur but, et plonger d'emblée au cœur de son sujet. Prenons, comme exemple, ce poème même de *Tristan et Isolde* . Le poète ou le romancier, avant de pouvoir commencer à vous émouvoir, doit descendre à un niveau relativement calme afin de familiariser votre entendement avec certains faits positifs qu'il est essentiel qu'il connaisse. Il doit vous dire qui étaient Tristan et Isolde, quand et où ils vivaient, quelles étaient leurs relations avec les autres personnages du drame, et une vingtaine d'autres choses qui peuvent difficilement être émotives en elles-mêmes. Un long poème ou un long drame est tenu, par la nature du cas, d'avoir une certaine quantité de scories éparpillées parmi son or ; les beaux appels au sentiment ne sont transformés en une histoire ou une image cohérente que par l'utilisation de ce tissu moins émotionnel. De cette difficulté, le dramaturge musical échappe ; en musique, il dispose d'un moteur puissant qui lui permet de se passer de tous ces simples emballages de son Sentiment et d'atteindre directement et immédiatement le Sentiment lui-même. Il évite l'arbitraire et se place d'emblée au centre du «

purement humain ». Ainsi Wagner n'a pas besoin de tâtonner au préalable pour *sa* tragédie ; la première mesure de l'ouverture vous transporte à la fois dans le monde et dans l'ambiance dans laquelle le poète doit vous entraîner à travers vingt pages explicatives. "Toute cette description détaillée et cette exposition de l' historico -conventionnel qui sont nécessaires pour nous faire comprendre clairement les événements d'une époque historique donnée et lointaine, et que le romancier historique ou le dramaturge historique de notre temps doit donc exposer de manière si exhaustive - tout cela, je pourrais passer dessus. Il ne s'intéresse pas aux sujets historiques mais au simple mythe ou à la légende, car « la légende, quelle que soit l'époque ou la nation où elle se produit, a le mérite de ne voir que le contenu purement humain de cette époque et de cette nation, et de donner naissance à ce contenu ». Contenu sous une forme qui lui est propre, aux contours les plus nets, et donc rapidement compréhensible. Le musicien, en effet, doit rejeter tout ce qui n'est pas purement humain ; il doit prendre un sujet poétique dont c'est le noyau, puis l'allumer jusqu'à l'incandescence au moyen de la musique. Dans *Tristan* , dit Wagner, « j'ai plongé dans la profondeur intérieure des événements de l'âme et, à partir de ce centre le plus intime du monde, j'ai construit sans crainte sa forme extérieure. Un coup d'œil au volume de ce poème vous montrera immédiatement que le Travail de détail exhaustif qu'un poète historique est obligé de consacrer à éclaircir les contours extérieurs de son intrigue, au détriment d'une exposition lucide de ses motivations intérieures, je me suis désormais confié à ces dernières seules la vie et la mort, la vie et la mort. toute l'importance et l'existence du monde extérieur ne dépendent ici que des mouvements intérieurs de l'âme. » Le but, bien entendu, était – pour revenir à un ordre d'imagerie antérieur – de réduire la quantité d'écume dans l'ouvrage et d'augmenter la quantité d'or pur ; tout l'espace disponible doit être consacré non pas à des démonstrations ou à des récits de faits, mais à l'évocation de sentiments, à « la démonstration des ressorts intérieurs de l'action, de ces motifs intérieurs de l'âme qui sont finalement et seuls à marquer l'action comme étant *nécessaire* . "

Tout cela est donc clair. Sans remettre en question l'une des affirmations de Wagner – en acceptant sa théorie comme vraie, sans être en désaccord avec ses données ou son raisonnement – nous arrivons à ces positions :

a.   La poésie sans musique manque d'expression, d'appel au sentiment : la musique sans poésie manque du pouvoir de donner une direction définie au sentiment.

b.   Il faut donc rechercher une forme d'art qui soit un amalgame des deux, avec les avantages de chacun et les défauts d'aucun des deux.

c. Dans la mesure où les avantages seront conservés et les défauts éliminés, la nouvelle forme d'art se rapprochera de la perfection idéale.

d. Le défaut musical dont il faut se prémunir est la tentative de soumettre la musique dramatique aux lois de la musique symphonique : cela se surmonte facilement, et il ne reste plus que le défaut poétique à éviter, *c'est-à-dire*

e. Tout matériau poétique ou verbal qui ne peut être « musicalisé » ou assimilé à l'esprit de la musique, est superflu et nuisible ; c'est pourquoi, à mesure que la musique dramatique se perfectionne, ce genre de matériau tendra à disparaître.

Jusqu'ici, tout va bien. Le point qui reste à considérer est le suivant : pourra-t-on *un jour* éliminer totalement ce matériau non musical de l'opéra ? Disons, par exemple, en termes d' esthétique wagnérienne , qu'un bon opéra sur le thème de Roméo et Juliette sera plus proche de la perfection artistique que la pièce de Shakespeare, car il dispense de toutes les méthodes maladroites du poète pour atteindre le sentiment à travers le eaux visqueuses de l'Entendement — qu'il ne s'occupera que du « purement humain », des « ressorts intérieurs d'action » des âmes des personnages, et qu'il les suscitera — pour employer un terme emprunté à la science électrique — au potentiel le plus élevé, à l'incandescence la plus élevée. Cela étant posé, poussons donc notre question un peu plus loin. Il y aura, admettons-le, moins de matière non émotionnelle dans l'opéra que dans le drame, moins de matière dure, incalcitrante, impossible à émotivité , mais qui doit être là car sans elle la structure ne peut pas tenir. En admettant qu'il y en aura moins, osera-t -on dire qu'il n'y en aura *pas* dans l'opéra ? Je crois que non. Au-delà des considérations *a priori* , le recours à l'expérience pratique ne tardera pas à nous désillusionner . Parmi les milliers d'opéras qui ont été écrits depuis les débuts de l'opéra, aucun, en dehors des œuvres de Wagner, ne traversera avec succès cette épreuve. Parmi les opéras de Wagner, *Rienzi* , *Le Hollandais volant* , *Tannhäuser* et *Lohengrin* sont, de son propre aveu, comme je l'ai déjà montré, mis hors cour. *Le Ring* ne résistera certainement pas à l'épreuve ; *Parsifal* ne le fera certainement pas ; *Les Mastersingers* ne le feront certainement pas. Il ne reste que *Tristan* , dont il était lui-même fier, à juste titre, de la forme et du fond. Il passera devant les juges avec une peine plus légère que toutes les autres ; mais sera-t-il rejeté sans entacher son caractère ? En aucun cas. Même dans le métal pur, éblouissant et magnifique de *Tristan* lui-même, on trouve incrusté, ici et là, un morceau réfractaire de minerai extraterrestre, de matière première non encore soumise à la subtile alchimie qui doit la diviniser . Si donc cette dernière goutte nous fait défaut, où chercherons-nous le salut ? La seule réponse peut être que *le salut selon ces lignes est impossible* . Réduisez la matière la plus grossière , explicative et sans émotion de l'opéra - la substance purement utilitaire, la pâte qui lie les choses les plus précieuses ensemble - réduisez-la comme vous le voudrez, vous êtes toujours obligé d'en conserver *une partie* dans l'opéra, car sans elle l'opéra ne peut pas avoir assez de cohérence intellectuelle et dramatique pour que nous puissions nous en emparer. Et si (1) en accordant les prémisses , le raisonnement par lequel le théorème wagnérien est soutenu a été sans faille, et (2) le cerveau qui s'est efforcé d'incarner ce théorème dans l'art pratique était un organe plus puissant que tout ce que les fils des hommes sont susceptibles de réaliser. nous verrons pendant très longtemps – alors, je suppose, il n'y a qu'une seule conclusion possible, que l'échec se produit en essayant de réaliser la théorie sur le mauvais support. Pour le dire autrement, la logique de l'affaire n'est pas appliquée avec suffisamment de rigueur au dernier stade, lorsqu'il s'agit de la pousser jusqu'à sa conclusion ultime. En gardant toujours à l'esprit que, selon Wagner, le point fort du drame musical, par rapport à toute autre forme d'art poétique, est de pouvoir réduire au minimum la matière non émotionnelle qu'il contient , demandons-nous si un on ne trouve aucune forme dans laquelle même ce minimum puisse être supprimé. La réponse sera que les conditions nécessaires sont réunies dans le poème symphonique, qui est donc le véritable héritier de la théorie de Wagner et a été trop longtemps tenu en dehors de son héritage légitime.

Deux points doivent maintenant être examinés : (1) l'affiliation du poème symphonique à la théorie wagnérienne peut-elle être correctement établie et la supériorité de ses droits de succession sur ceux de son demi-frère l'opéra être pleinement démontrée ; et (2) n'y a-t-il pas de défauts, suggérés par Wagner lui-même, qui empêchent le poème symphonique de dominer l'opéra ?

Le premier point ne doit pas nous retenir longtemps ; Et surtout, le wagnérien convaincu a ici le droit de protester. Si le raisonnement de Wagner est juste, sa conclusion doit être acceptée : moins vous avez de déchets dans votre musique poétique, mieux c'est. Or, il attribuait lui-même l'échec de la « musicalisation » complète du sujet poétique à cette cause : au lieu d'aborder le sentiment, nous étions trop enclins à nous adresser à l'entendement. Il nous dit aussi que *les mots* sont le canal par lequel opère la compréhension. Ainsi, dans tous les cas où les mots sont employés, il y a une forte probabilité qu'ils nous entraînent avec eux plus loin sur le chemin de la simple compréhension que ne l'exige l'art idéal ; et diminuez cette fonctionnalité autant que vous le pouvez, une partie est vouée à persister . De sorte que votre seul recours est de trouver une forme qui exploite tous les avantages de la musique poétique et évite ce seul défaut. Cette forme est incontestablement le poème symphonique. Il *élimine* les défauts qui accompagnent l'usage des mots, car il se passe de mots ; il répond à l'exigence de Wagner selon laquelle la musique ne doit pas chanter simplement pour elle-même, mais dans un but poétique ; il peut ordonner sa structure sur le même modèle que l'opéra, *c'est-à-dire que* les thèmes sont conçus à la fois en termes de beauté musicale et en termes de pertinence poétique, et ils suggèrent, par les modifications qu'ils subissent, l'aspect changeant des personnages et des scènes de l'opéra. le drame. Un poème symphonique est l'essence concentrée de l'opéra ; il est à l'opéra ce que Bovril est au bœuf.

Mais Wagner lui-même, peut-on dire, nous a expressément mis en garde contre la musique à programme , considérée comme une erreur artistique. C'est tout à fait vrai. L'argumentation de Wagner est cependant ici exceptionnellement faible. Il est clair qu'il n'avait pas de principes bien réfléchis pour le guider à ce stade. Pour commencer, sa distinction entre la musique à programme et le poème symphonique est tout à fait fallacieuse. Si la musique à programme est une musique basée sur un programme , *c'est-à-dire* sur un sujet littéraire, alors tout poème symphonique, voire même tout opéra, appartient nécessairement à cette catégorie. La vérité est probablement que Wagner s'accrochait à cette fausse distinction parce qu'il pensait qu'elle l'aiderait à se sortir d'une situation embarrassante. Il se vit obligé de dire publiquement quelque chose sur les poèmes symphoniques de Liszt ; et je crains que son essai sur ce sujet ne soit guère un modèle pour les naïfs. Condamner Liszt était évidemment impossible pour de nombreuses raisons. Il fallait à tout prix le féliciter ; mais si nous examinons d'un œil critique cet essai de dix-huit pages, nous constaterons qu'étonnamment, peu de choses traitent réellement de l'œuvre de Liszt. Il y a beaucoup de déclamations et beaucoup de théories esthétiques , la plupart très bonnes ; mais étonnamment peu de critiques rationnelles des poèmes symphoniques de Liszt. Pratiquement tout ce que Wagner fait, c'est (1) admettre la proposition *a priori* selon laquelle il est tout aussi sensé d'écrire un poème symphonique qu'une symphonie - il se demande "si la Marche ou la Danse... peuvent fournir un motif de forme plus digne que, pour par exemple, une image mentale des ... traits caractéristiques des actes et des souffrances d'un Orphée, d'un Prométhée, etc. », et s'il n'est pas plus noble pour la musique de prendre sa forme « à partir d'un motif imaginé d'Orphée ou de Prométhée », que d'un motif de marche ou de danse imaginaire" ; et (2) opposer de manière désobligeante la procédure de Berlioz à celle de Liszt. Mais l'impression finale que me laisse cet essai est qu'il s'agit d'un devoir que Wagner a accompli plutôt à contrecœur. Il ne voulait pas en dire trop sur la musique de Liszt ; ainsi, d'une part, il affirmait que le poème symphonique était en tout cas permis, et d'autre part, qu'il était préférable à la musique à programme de Berlioz.

Ici, ses distinctions et son raisonnement ne tiendront pas. Il s'oppose chez Berlioz, comme nous l'avons vu, à la façon dont le musicien suit les indices littéraires de son sujet, sans les refondre pour les inscrire dans un schéma musicalement *logique* . Or, il est absurde de condamner *en masse* la musique à programme parce que tel homme s'y trompe ; Berlioz peut très bien avoir tort [34] et la musique à programme a toujours raison. Mais prenons la critique de Wagner telle qu'elle est et corrélons-la avec les arguments précédents de cet article, et quelle est la conclusion à tirer ? Simplement, si Wagner ne pouvait pas, comme il le dit, « retenir des motifs scéniques qui ne se présentaient pas » sous ses yeux, il n'écoutait pas la musique de la manière appropriée. Il *n'est pas* nécessaire, pour la plupart d'entre nous, d'avoir visiblement devant nous une scène poétique ; nous pouvons facilement le reconstituer en imagination ; et ce que fait le poème symphonique, c'est de nous donner le sentiment musical que l'opéra vise à nous donner, et de nous dire d' *imaginer* l'occasion de tout cela, au lieu de mettre cette occasion sur scène devant nous. Le prélude et le finale de *Tristan* constituent un poème symphonique rudimentaire, à l'écoute duquel on ne demande jamais à entendre une parole ni à voir un acteur. Un poème symphonique plus explicite fait la même chose à plus grande échelle. Nous pouvons, si nous le voulons, faire de *Roméo et Juliette un opéra en trois actes* , mais selon les principes mêmes de Wagner, l'essence de la chose est contenue dans l'ouverture de concert de Tchaïkovski . Et si l'on me dit que ce thème doit être associé aux amants, celui-ci à frère Laurent, etc., alors pendant l'ouverture, tout le drame se joue dans mon cerveau et est pour moi tout aussi réel que si J'ai vu des hommes et des femmes artificiels agir artificiellement dans un décor artificiel. Il en va de même pour *Ein Heldenleben* . Rien de plus facile que de faire un opéra sur ce sujet ; mais qui veut de l'opéra, avec ses parties qui comptent vraiment et un certain nombre de parties qui n'ont vraiment pas d'importance, avec toutes ses absurdités scéniques, ses acteurs posant ? Nous avons les émotions diffuses de trois ou quatre heures concentrées dans les riches émotions de quarante minutes. Nous avons toute la vie du héros telle que nous l'aurions dans l'opéra ; mais le petit panier de fraises contient moins de morceaux de gravier que le plus grand panier. [35]

J'espère qu'on ne me laissera pas entendre que l'opéra est une forme fausse et inutile, et que les compositeurs devraient désormais tous travailler avec frénésie à la fabrication de poèmes symphoniques. Ma position est que, dans certains cas, nous *devons* avoir de l'opéra ; c'est par elle seule que certains besoins de notre âme peuvent être satisfaits, tout comme, bien que Wagner ne le sache pas, pour la satisfaction d'autres besoins, nous devons recourir à la poésie pure et à la musique pure. Mais pour certaines autres satisfactions, il faut recourir au poème symphonique ; et cette forme, je le soutiens, est la seule qui puisse être déduite logiquement de la propre théorie esthétique de Wagner . Comme j'ai essayé de le montrer, c'est seulement dans le poème symphonique que l'on peut obtenir une musique fécondée par un dessein poétique, et pourtant, en éliminant les mots eux-mêmes, éviter l'intrusion même du minimum de substance non émotionnelle. Dans *The Ring and the*

Book , Browning décrit comment l'artisan doit façonner une bague en or. Afin de rendre son matériau exploitable, il doit mélanger un alliage avec l'or ; mais quand le cercle est bouclé, il chasse l'alliage avec un esprit d'acide, ne laissant que le métal pur. C'est le poème symphonique ; l'opéra est l'anneau dans lequel il reste l'alliage. Si nous voulons la perfection de la forme – la transfusion consommée et intime de la matière et de la forme, la forme « véritablement unitaire » à laquelle aspirait Wagner – alors c'est dans le poème symphonique qu'il faut la chercher, et non dans l'opéra.

Une seule objection que Wagner pourrait opposer à cela n'a, je crois, pas encore été examinée. Il a expressément posé, on peut le remarquer, qu'il ne suffit *pas* de porter dans notre tête les aspects extérieurs, émouvants et concrets du drame ; il faut les mettre en scène devant nous, dans la plénitude de la vie réelle. « Pas un programme » , dit-il dans ^{Zukunftsmusik}, *« ce qui* soulève plutôt la question troublante « Pourquoi » ? de l'action dramatique elle-même. C'était une opinion qu'il a toujours soutenue ; mais après tout, est-ce autre chose qu'une simple *remarque incidente* ? Wagner avait une passion de voir tout et n'importe quoi sur scène, passion qui devient parfois un peu enfantine, car il était tout à fait inconscient d'un certain nombre d'absurdités de ses personnages et de ses situations qui sont douloureusement évidentes pour le public. À vrai dire, ses notions de scène étaient parfois un peu grossières ; en tout cas, il ne voyait pas que même le meilleur acteur d'opéra est *en soi* forcément inférieur au meilleur acteur de théâtre : les gens ne peuvent pas chanter et en même temps avoir un comportement tout à fait naturel . Je suppose donc que sa prédilection pour les décors était purement personnelle ; cela n'a aucun rapport logique avec sa théorie esthétique générale ; et nous pouvons refuser d'y être liés. Nous aimons tous l'opéra, et nous tolérons ses absurdités et ses déficiences intellectuelles parce que nous savons qu'elles en sont indissociables ; mais encore une fois il faut dire que de ces absurdités scéniques le poème symphonique se libère. M. Arthur Symons a récemment souligné la pression exercée sur notre sens du ridicule lorsque ce qui devrait être simplement un symbole est visiblement présenté sous nos yeux. L'Étranger de *La Dame de la mer d' Ibsen* est très impressionnant en tant que symbole de l'appel de la mer au sang d'Ellida Wangel ; mais lorsqu'un être humain ordinaire en costume de touriste entre sur scène et prétend être le symbole incarné, notre sens de la poésie de la chose est mis à rude épreuve. Ainsi en est-il de la scène où Wotan tente d'empêcher la progression de Siegfried avec sa lance, et Siegfried la brise avec son épée. Tout cela est très beau comme symbole de « la dernière position inefficace de l'autorité constituée contre la jeune individualité libre de toute entrave du futur » ; mais ce que l' œil franc voit sur scène, c'est un jeune homme coupant en deux un morceau de bâton tenu par un vieillard, qui ramasse les morceaux, s'en va avec eux et dit : « Avance ! Je ne peux pas t'arrêter ! Ce qui est très impressionnant, simplement conçu de manière imaginative comme un symbole, devient peu impressionnant lorsqu'on le réduit à des hommes ordinaires avec des jambes et des bras, tenant des épées et des lances « de propriété ».

L'opéra, en effet, ne manque pas d'absurdités, et cela l'empêchera toujours de passer au rang de la forme la plus élevée de l'art dramatique ; et Wagner, comme je l'ai dit, doit être considéré comme ayant pris certaines de ses propres absurdités et puérilités de scène avec un sérieux tout à fait anormal. Il va de soi également que le poème symphonique ne souffre pas de tels handicaps. Si la théorie de Wagner est exacte, alors un poème symphonique sur un sujet donné peut suivre, quant à sa forme musicale, les lignes qui lui sont imposées par l'impulsion poétique, tout aussi efficacement que pourrait le faire un opéra sur ce sujet ; tout en évitant le « rembourrage » indissociable de l'opéra en nous donnant simplement, dans notre programme , une ébauche du sujet poétique, au lieu de barbouiller le sujet, de la tête aux pieds, d'une pseudo-poésie qui s'élève rarement au-dessus du niveau de prose rimée ou rythmée. Quant à l'incapacité de suivre les motifs poétiques du sujet à partir du programme , eh bien, j'imagine que nous ne sommes pas tous aussi imparfaitement dotés d'imagination que Wagner semble l'avoir été ici. J'admets bien qu'il y a des esprits comme le sien à cet égard, auxquels la musique poétique ne transmet que peu ou rien sans la parole et l'action, et qui sont incapables, pendant qu'ils écoutent, par exemple *Ein Heldenleben* , de maintenir tous les détails de l'histoire en mouvement égaux. rythmez avec la musique; mais la réponse suffisante à ces personnes est que d'autres personnes *peuvent* le faire. En résumé, le poème symphonique est théoriquement déductible de l'esthétique propre à Wagner ; tandis qu'en pratique, si nous y manquons certains des éléments qui rendent l'opéra intéressant, nous sommes compensés par l'absence d'autres éléments qui rendent l'opéra fastidieux et absurde.

XI

Un point reste encore à discuter, même s'il suffit de l'effleurer très brièvement. Dans quelle mesure la musique peut-elle représenter des choses extérieures – devrait-elle, en effet, essayer de représenter des choses extérieures ? C'est Schopenhauer, je pense, qui a dit que la musique n'était pas un art représentatif mais un art présentatif. Mais c'était une psychologisation très superficielle , même à son époque, et c'est encore plus superficiel à notre époque. Tout le problème serait extrêmement simple si les gens, dans leur souci de prouver que la musique ne peut pas « imiter », ne la confondaient pas inutilement. Dieu seul sait combien d'esthétique bâtarde est née de cette remarque malheureuse de Beethoven sur la Symphonie Pastorale, que nous avons déjà eu l'occasion d'examiner. A titre d'exemple, regardez cette citation de Victor Cousin, destinée à démontrer, à sa manière, que la musique ne doit pas être une « peinture », mais seulement une « expression d'émotion ». "Donnez au plus sage symphoniste une tempête à rendre. Rien n'est plus facile que d'imiter le sifflement des vents et le bruit du tonnerre. Mais par quelle combinaison de sons ordonnés pourrait- il présenter à nos yeux les éclairs qui déchirent soudain le voile de la nuit, et ce qui est l'aspect le plus terrible de la tempête, le mouvement alternatif des vagues, tantôt s'élevant jusqu'aux montagnes, tantôt s'enfonçant et semblant tomber tête baissée dans des abîmes sans fond, si l'auditeur n'a pas été informé à l'avance de quel sujet il s'agit ? il ne le devinera jamais, et je le défie de distinguer une tempête d'une bataille. Malgré l'habileté scientifique et le génie, la musique, bien conseillée, refusera de se lancer dans une lutte désespérée ; exprimera la montée et la descente des vagues et autres phénomènes semblables ; il fera mieux ; avec des sons il produira dans notre âme les sentiments qui surgissent successivement en nous au cours des diverses scènes de la tempête. C'est ainsi que Haydn deviendra le rival. , même conquérant du peintre, parce qu'il a été donné à la musique d'émouvoir et d'influencer l'âme encore plus profondément que la peinture. [37]

Le fait est, remarquons-le, qu'à moins d'être informé à l'avance, vous ne pouvez pas dire si une pièce orchestrale donnée est censée représenter une tempête ou une bataille ; Il est donc conseillé au compositeur de ne pas chercher à peindre une tempête, mais de « produire dans notre âme les sentiments qui surgissent successivement en nous au cours des différentes scènes de la tempête ». Pourquoi, en quoi, au nom de toute innocence esthétique , cela nous aide-t-il ? Comment distinguer, en l'absence d'indication verbale, « les sentiments qui surgissent successivement en nous au cours des diverses scènes de la tempête » des sentiments qui surgiraient en nous au cours des diverses scènes d'une bataille ? Nous n'entendons qu'une certaine masse sonore ; comment pouvons-nous savoir, par le simple

« sentiment » que cela suscite en nous, qu'il s'agit d'une bataille ou d'une tempête ou de quoi que ce soit d'autre ? Quel homme, par exemple, en écoutant une musique solennelle, peut savoir si elle est censée décrire la mort de Napoléon, les funérailles de M. Gladstone, la contemplation poétique de la nature, l'ouverture de l'Exposition de Saint-Louis, la vie... œuvre de John Stuart Mill, ou autre chose sous le soleil ? Les « sentiments » sont parfaitement incapables de percer le ton indéfini jusqu'à la scène précise qui l'a inspiré. Ce que le compositeur doit faire, c'est nous dire quelle est cette scène définie ; Personne, par exemple, n'aurait deviné que le quatrième mouvement de la symphonie *rhénane de Schumann* avait son origine dans l'intronisation de l'archevêque de Geissel comme archevêque de Cologne, si le compositeur lui-même ne nous l'avait dit. Personne n'aurait su qu'une certaine partie de la Symphonie pastorale représente la gratitude d'un paysan après une tempête, si Beethoven ne l'avait pas dit lui-même. Les « sentiments » ne sont pas des guides plus fiables dans des cas de ce genre que la « peinture ». Et si le compositeur doit nous donner un indice verbal pour nous faire savoir avec certitude quels sentiments il représente, il n'a qu'à nous donner un indice verbal pour nous faire comprendre clairement ce que son tableau est censé représenter ; et il n'y a pas plus d'odieux à avoir besoin d'un indice verbal dans ce dernier cas que dans le premier.

Personne sensé n'a jamais prétendu que la musique seule pouvait représenter les choses extérieures avec une telle précision que nous puissions les reconnaître infailliblement immédiatement, sans aucune aide de la vue, comme dans l'opéra, ou d'un accompagnement verbal. Comme le dit M. Alfred Ernst : « Il ne s'agit pas de peindre un objet — la musique ne pourrait y parvenir ; il ne s'agit pas non plus de reproduire exactement les sons de la nature, tels que le murmure de l'eau qui coule, le grondement du tonnerre, chant des oiseaux ; mais, lorsque ces phénomènes sont dans le sujet traité, de les rappeler à l'esprit au moyen du ton... Ainsi conçue, la musique ne se matérialise pas en devenant descriptive ; il serait plus juste de dire qu'elle spiritualise les phénomènes de la nature... » Et il montre comment Mozart, par exemple, emploie la description. "Dans son *Don Juan,* il a plus d'une fois traduit le geste, la mime de ses personnages. On peut citer, par exemple, les gammes ascendantes de l'orchestre dans le duel entre le commandant et Don Juan. Les figures de la basse renvoient au vieillard, ceux d'en haut à Juan ; chaque fois que l'un des deux adversaires s'avance vers l'autre et attaque, cette figure sort, stridente, rapide comme un coup d'épée, et au moment où Don Juan presse le commandant. , se jette sur lui à maintes reprises, le frappe et le tue, les gammes de violon se succèdent sans laisser à l'auditeur le temps de respirer... Au début du sextuor, lorsque Leporello tente de s'éclipser, craignant d'être pris pour Don Juan, l'orchestre reproduit ses mouvements furtifs ; on voit le malheureux avancer prudemment, le dos courbé, cherchant une issue. [38] Il n'est pas non plus nécessaire de rappeler les nombreux éléments de « description », d'« imitation » chez Wagner – la musique de l'eau, la musique du feu, le bruissement de la lance de Klingsor , les voix de la forêt, et ainsi de suite. Tout écrivain dramatique, ou même vocal, est plein de passages de ce genre ; cela ne peut tout simplement pas être évité dans une musique qui vise quelque chose au-delà du jeu de notes abstrait.

Mais dans tous les cas, comme nous pouvons le constater, la musique n'est pas seule à raconter son histoire ; nous ne sommes pas obligés de deviner le sujet représenté simplement à partir des tons eux-mêmes. Le sujet nous est raconté d'une manière ou d'une autre : nous voyons Don Juan frapper le commandant, ou la lance voler sur la tête de Parsifal, ou le feu lécher le lit de Brynhilde ; ou bien il y a, dans les paroles de la chanson ou de l'opéra, une suggestion de la chose extérieure illustrée dans la musique. Et dans le poème symphonique, tout ce dont nous avons besoin pour que tout soit parfaitement clair, c'est l'énoncé, dans le programme , de l'image sur laquelle est basée la musique. Je ne suis pas censé savoir, simplement à partir des tons, ce que le motif « géant » de l' *Or du Rhin* est censé représenter ; mais quand on me dit qu'il s'agit des géants, je peux me réjouir de l'expressivité de ses mouvements lourds et encombrants. De même, il faut me dire que les premières pages d' *Aussi sprach Zarathustra* sont censées être une représentation de la majesté et de l'espace de la nature. Et – encore une fois pour s'appuyer sur l'argumentation des pages précédentes – il n'y a rien qui puisse être fait dans ce vers dans la chanson ou dans l'opéra qui ne puisse être fait avec autant d'efficacité dans le poème symphonique, si seulement les compositeurs voulaient donner à leurs auditeurs la même chose. un aperçu complet de leurs intentions littéraires, comme le fait l'auteur d'une chanson ou d'un opéra, et si seulement les auditeurs prenaient la peine de maîtriser ces intentions avant d'écouter la musique qui en est basée. S'ils le faisaient, leur plaisir dans le poème symphonique serait énormément accru ; tout ce qui s'y trouverait serait vivant pour eux. Pour moi, en tout cas, écouter *Till Eulenspiegel* ou *Ein Heldenleben* ou *Don Quichotte*, ce n'est pas seulement apprécier la musique, mais voir toute l'action aussi clairement que si je la lisais dans un livre ou si je la regardais sur scène. Je ne ressens ni l'ennui, ni les malheureuses provocations au rire, indissociables de cette forme d'art artificielle et scénique qu'est l'opéra. Bien sûr, certains des facteurs qui rendent l'opéra si glorieux me manquent : le frisson inexprimable communiqué par la voix humaine, l'accélération du pouls que donnent les mouvements des acteurs et les catastrophes de la scène ; mais d'un autre côté, bien des choses m'échappent, et j'ai la satisfaction de savoir que mon sens de la forme reçoit le plaisir le plus pur et le plus pur qu'il lui soit possible de recevoir dans la musique poétique. Les arguments en faveur de la musique à programme sont tout aussi solides que ceux de l'opéra ou de la symphonie. Que de nombreuses bêtises aient été faites en son nom, que de nombreux imbéciles et faibles aient combattu sous sa bannière, cela ne compte pour rien ; que de symphonies, que d'opéras que le monde laisserait volontiers mourir ! La justesse de la forme n'est pas affectée par le tort des personnes qui choisissent d'y travailler ; et que la forme elle-même est essentiellement correcte, j'en ai, je l'espère, donné une preuve suffisante. Enfin, à la question de savoir dans quelle mesure la musique est justifiée à tenter de suggérer des choses extérieures, nous pouvons seulement dire qu'il vaut mieux ne pas être trop dogmatique. Des choses qui auraient semblé impossibles il y a cent ans sont réalisées aujourd'hui avec facilité. Qui croirait qu'un moulin à vent puisse être représenté en musique ? Pourtant, le moulin à vent de Strauss dans *Don Quichotte* est vraiment extraordinairement intelligent et satisfaisant ; il suggère aussi à merveille le caracolage du cheval pendant que le chevalier le met à l'épreuve. Sa faculté picturale est, en effet, quelque chose d'unique dans l'histoire de la musique ; A côté de lui, celui de Wagner n'est qu'un instrument imparfait. Le pouvoir représentatif de la musique grandit de jour en jour. Le seul fait esthétique dont nous puissions être sûrs est qu'aucune représentation ne sera tolérée si elle n'est pas en même temps *de la musique* . C'est le test ultime ; les passages imitatifs qui nous font sourire sont des passages purement imitatifs, sans charme musical suffisant pour nous les faire vivre. Mais ici, bien sûr, nous revenons simplement à la position déjà avancée dans cet article : dans toute musique poétique, il doit y avoir une satisfaction aussi complète que possible non seulement du sens littéraire ou pictural mais du sens musical.

NOTES DE BAS DE PAGE :

[19] Voir un article intéressant de Max Vancsa — *Zur Geschichte der Programm -Musik* — dans les n° 23 et 24 de *Die Musik* (1903).

[20] Bien entendu, le lecteur ne comprendra pas que cela signifie qu'un morceau de musique à programme devrait sonner aussi bien lorsqu'il est joué que de la musique absolue, *c'est -à-dire qu'il* devrait être aussi intéressant pour celui qui ne connaît pas le programme que pour celui qui le connaît. . C'est contre cette erreur actuelle que je discute plus loin.

[21] Le terme « poétique » est utilisé comme une sorte de raccourci verbal. Un morceau de musique peut être suggéré par un drame, un roman, un événement historique, un poème, un traité philosophique (comme *Also sprach Zarathustra*), ou toute autre chose. L'expression « musique poétique » couvrira commodément les faits esthétiques impliqués dans tous ces modes de suggestion.

[22] C'est-à-dire le son *en tant que* son (musique), *plus* le son figé en symboles définis (mots).

[23] Bien entendu, je ne présente pas cela comme la manière dont la musique s'est développée réellement et historiquement. Je me dégage simplement des faits historiques, pour faire ressortir davantage l'élément psychologique qui les sous-tend ; tout comme en économie, nous essayons de comprendre quel a été le cours réel des événements en isolant des autres facteurs de la nature humaine les facteurs qui concernent le désir de gain et en argumentant de manière déductive à partir de ceux-ci.

[24] Il y a bien sûr de l'émotion au dos des notes ; le lecteur ne me laissera pas entendre que le plaisir est simplement physique, comme un goût ou une odeur . Mais la vague émotive est relativement petite et très vague ; il ne vient ni ne suggère directement une existence extérieure.

[25] Je tire certains de ces faits historiques de l'article de Max Vancsa, déjà cité.

[26] Voir *Géographie* de Strabon , édition Bohn, vol. ii. p. 120.

[27] Les Sonates bibliques, ainsi que les autres œuvres pour piano de Kuhnau et ses écrits en prose, peuvent être obtenues dans le vol. iv. du *Denkmäler Deutscher Tonkunst* , soigneusement édité par Karl Päsler . M. Shedlock, dans son livre sur *La Sonate pour pianoforte* , donne un récit assez complet de Kuhnau ; mais il est dommage qu'il n'ait pas pu trouver la place pour une traduction complète de la préface des Sonates bibliques.

[28] "Il était et resta", dit Wagner, "un officier musical du prince, chargé de pourvoir aux divertissements de son maître frappé par la pompe.... Docile et dévot, la paix de son caractère bon et joyeux est restée imperturbable jusqu'à un âge avancé ; seul l'œil qui nous regarde depuis son portrait est imprégné d'une douce mélancolie.

[29] Voir Ambros : *Die Grenzen der Musik und Poesie* (1885), iv. v.

[30] Il est significatif que même Gluck, robuste et indépendant, ait lui aussi été victime du patronage princier au milieu même de sa carrière. Après s'être illustré dans *Telemacco* (1749) et *La Clemenza di Tito* (1750), et apparemment en bonne voie vers la réforme de l'opéra, il devint, en 1754, maître de chapelle à Vienne. De cette date jusqu'en 1762, date à laquelle fut produit *Orfeo* , il écrivit, non pas comme Gluck, mais comme un serviteur de la cour. Voir un paragraphe concis sur le sujet dans le livre de M. Hadow, *The Viennese Period* (vol. v. of the Oxford History of Music), p. 90.

[31] Le développement de l'opéra a également été un facteur important. Ce n'est que lorsque les hommes eurent maîtrisé l'expression musicale dramatique en association avec des mots qu'ils purent véritablement viser le même type d'expression sans mots.

[32] Même Berlioz, dans un moment de faiblesse, dit qu'il espérait que la musique de la *Symphonie fantastique* elle-même « aurait un intérêt musical, indépendant de l'intention dramatique », tout en insistant sur le titre, en tout cas, de chaque mouvement. étant remis au public. Voir sa Préface à la Symphonie.

[33] Ici, et ailleurs dans cet article, je me permets de citer la traduction par M. W. Ashton Ellis des œuvres en prose de Wagner.

[34] Je ne suis bien sûr pas d'accord avec la critique de Berlioz par Wagner ; cela me semble assez superficiel et peu éclairant , mais en discuter serait étranger à notre objectif actuel.

[35] Le lecteur comprendra que je ne fonde pas mon argument sur la valeur musicale réelle d' *Ein Heldenleben* ; Je n'utilise cet ouvrage que comme illustration d'une théorie esthétique . Dans le *Heldenleben* actuel, il y a plus de courage que je ne le souhaite ; mais il n'est pas vraiment nécessaire qu'il soit placé là. Dans l'article sur Strauss du présent volume, j'ai essayé de montrer comment il a inutilement affaibli son projet en ne s'en tenant pas toujours au seul portrait.

[36] *c'est-à-dire* la question troublée de savoir ce que la musique « signifie » poétiquement.

[37] *Du Vrai, du Beau et du Bien*. Je fais la citation du petit livre de M. Basil Worsfold sur *le jugement en littérature* .

[38] *L'Œuvre dramatique de Berlioz* , pp. 30-34, etc.

À ALFRED WILLIAMS

HERBERT SPENCER ET L'ORIGINE DE LA MUSIQUE

I

Cela fait maintenant près de cinquante ans que Spencer a publié pour la première fois son célèbre essai sur « L'origine et la fonction de la musique ». Cet essai a été minutieusement attaqué de plusieurs côtés ; on lui a reproché son caractère insuffisant du point de vue de la psychologie esthétique et son désaccord avec certains faits connus de l'histoire de la musique. Néanmoins Spencer, conformément à son habitude intellectuelle générale, s'accrocha toujours avec ténacité à sa théorie et, sans la modifier du tout, n'y revint plus tard que pour réaffirmer sa doctrine et repousser les assauts critiques qui lui étaient adressés. faite dessus. Il n'eut aucune difficulté à affronter la contre-théorie de Darwin – selon laquelle la musique naissait de la rivalité amoureuse des mâles en présence des femelles de certaines espèces – car la brève incursion de Darwin dans le domaine étranger de l' esthétique musicale était tout aussi humoristique et peu rentable. comme l'aurait été une discussion sur le bimétallisme par Tchaïkovski . Spencer a ensuite traité des objections redoutables de feu Edmund Gurney et de celles du Dr Wallaschek, se prononçant sans aucun doute parfois contre eux lorsqu'ils avaient inutilement exagéré leur propre argument, sans pour autant, me semble-t-il, supprimer l'impression qu'ils avaient réussi à attaquer le point central de sa théorie. Vers la toute fin de ses jours, il revint encore sur le sujet, dans ses *Faits et commentaires* , et me fit l' honneur de combattre la brève critique de sa théorie que j'avais formulée dans mon *Étude sur Wagner* , affirmant que je faisais preuve d'un « confusion entre l'origine d'une chose et ce qui en découle », et que certaines de mes critiques « allaient jusqu'à admettre » ce que je niais. Je peux seulement dire que, même si je considérais que Spencer passait sous silence certains des points les plus forts que j'avais invoqués contre lui, visant ici et là une victoire purement dialectique en interprétant mes paroles dans un sens différent de celui que j'entendais, j'étais encore peu convaincu, même par ses arguments ultérieurs, de la véracité de sa théorie originale. J'essaierai de montrer que cette théorie repose sur une mauvaise compréhension de la nature réelle de la musique et sur une hypothèse trop facile d'un lien causal entre des phénomènes qui ne sont en réalité que similaires, et qu'elle est aidée par des erreurs involontaires quant à certains de ces phénomènes. les principaux facteurs du problème. La question a un intérêt qui va bien au-del du lien que Spencer entretient avec elle. La théorie de la parole sur l'origine de la musique a été adoptée ici et là comme un fait esthétique établi , et des déductions esthétiques en ont été faites qui doivent affecter notre vision des développements actuels de l'art. Wagner — travaillant bien sûr sur ses propres lignes — affirmait que le chant n'est « qu'un discours suscité par la plus haute passion », et d'innombrables commentateurs admiratifs l' ont suivi dans son erreur. Il vaut donc la peine , pour contribuer à un point assez obscur de l' esthétique musicale , d'essayer de démontrer la fausseté de la théorie de la parole, et en même temps de lui opposer une théorie de l'origine et de la nature de la musique qui s'accorde mieux avec les faits de l'histoire et de la psychologie ; et la meilleure façon d'y parvenir est d'examiner la théorie de la parole entre les mains de son plus fervent défenseur.

En bref, la théorie de Spencer est la suivante : « Les variations de la voix sont les résultats physiologiques des variations des sentiments », puisque « tous les sentiments... ont cette caractéristique commune qu'ils sont des stimuli musculaires ». Ainsi, selon l'intensité et la qualité du sentiment, les tons dans lesquels il s'exprime varieront en intensité, en *timbre* , en hauteur, en largeur d'intervalles et en rapidité. "Ces particularités vocales, qui indiquent un sentiment d'excitation, sont celles qui distinguent particulièrement le chant du discours ordinaire." En d'autres termes, la parole excitée se fond dans le récitatif, et le récitatif à son tour se fond dans le chant ; et la chanson « s'est à l'origine divergée du discours émotionnel d'une manière progressive et discrète ». Contre ce point de vue, j'ai soutenu, dans mon *Étude sur Wagner* , que « c'est une erreur de supposer que, parce que le chant présente certaines des caractéristiques de la parole, l'une est nécessairement issue de l'autre. Les ressemblances entre les caractéristiques externes de la parole et ceux du chant ne sont que ce à quoi on pouvait s'attendre, étant donné que tous deux sont des phénomènes sonores, et que le son ne peut varier que de la manière indiquée par Spencer... La simple ressemblance du chant et de la parole dans leurs caractéristiques les plus externes n'est pas une preuve que l'un est le résultat de l'autre, mais simplement qu'ils ont certains phénomènes causals en commun ; alors que les différences internes entre eux sont plus grandes que leurs ressemblances. » Le lecteur attentif remarquera en fait que Spencer a inconsciemment sophistiqué son argument dès le début. Il est bien vrai que « les variations de la voix sont les résultats physiologiques des variations du sentiment » ; il est également tout à fait vrai que les « particularités vocales qui indiquent un sentiment d'excitation » – telles que l'intensité sonore, le ton aigu, la résonance accrue, etc. – sont plus prononcées dans le chant que dans le discours ordinaire. Mais il ne s'ensuit pas du tout que le *chant ait emprunté ces particularités à la parole* , que la parole les ait d'abord acquises, puis les ait développées en récitatif, et ensuite encore plus en chant. Réaliser une telle chaîne symétrique mais artificielle, c'est se poser d'emblée la question. Spencer ne s'est jamais présenté à l'alternative évidente : « La chanson n'aurait-elle pas pu et n'aurait-elle pas eu toutes ces particularités même si la parole n'avait jamais été inventée ? Étant donné, c'est-à-dire, la capacité des hommes à ressentir des émotions à des degrés divers, un une émotion forte s'exprime naturellement sur des tons plus forts, plus variés, plus résonants qu'une émotion faible - et cela même si l'homme n'avait pas encore de langage ? Spencer, en fait, détaille simplement les caractéristiques du *ton* en tant qu'expression du sentiment, puis les approprie de manière illégitime, en premier lieu, à un ordre de ton, à savoir la parole. Personne ne songerait à contester les faits physiologiques qu'il a établis dans son essai avec sa patiente et sa scrupuleuse exactitude habituelle. Il est incontestable que, dans l'ensemble, un ton fort en parlant et un ton fort en chantant indiquent tous deux une émotion accrue ; et qu'à tous les autres égards qu'il a énumérés, le chant et la parole présentent précisément les mêmes caractéristiques. Mais cela ne nous autorise en aucune manière à affirmer que le chant est « sorti » de la parole. Spencer a argumenté trop hâtivement d'une simple analogie à une cause. Nous sommes prêts à admettre – pour exprimer l'argument précédent d'une autre manière – que dans les moments d'excitation émotionnelle, le discours ordinaire des hommes devient plus rythmé, acquiert un *timbre plus prononcé* et varie généralement selon les manières énumérées par Spencer. Ce que nous ne sommes *pas* prêts à admettre, c'est qu'il s'agit soit d'une forme inférieure de musique, soit de l'essence à partir de laquelle la musique est issue. Notre argument est que si la différence entre la parole et la parole excitée n'est qu'une différence de degré, *la différence entre la parole et la musique n'est pas seulement une différence de degré, mais de nature :* nous avons affaire à des phénomènes physiologiques similaires mais largement séparés ; et que cela est vrai non seulement de la musique moderne, comme Spencer semble l'admettre, mais aussi de cette musique primitive à partir de laquelle notre art moderne complexe est né.

De plus, Spencer a ignoré la nouvelle lumière que la recherche physio-psychologique moderne a jetée sur la question, et dont j'ai parlé en partie dans l' *Etude de Wagner*. Stricker, dans son *Du Langage et de la Musique* (1885), a, parmi un grand nombre d'affirmations et de conclusions qui doivent être prises avec prudence, en tout cas, a présenté de bons arguments pour croire que les organes de la parole et les organes de le chant est contrôlé par différentes sphères cérébrales. Les conclusions de Wallaschek, encore une fois, sont trop importantes pour être passées sous silence par tout partisan de la théorie de la parole. J'ose citer intégralement mon *Wagner* le passage dans lequel j'ai condensé l'argumentation de Wallaschek : « En outre, il est maintenant non seulement incontestable que la faculté de parler articulé a son centre cérébral distinct , mais elle a été localisée dans le troisième centre frontal. convolution de l'hémisphère gauche du cerveau ; et le Dr Wallaschek, dans un article brillant, s'est efforcé de montrer qu'il doit y avoir un autre centre qui contrôle la pensée et la parole musicales. [39] Sans entrer dans les détails de la théorie du Dr Wallaschek, il suffira peut-être ici de noter certains de ses faits et conclusions : (*a*) « la formation des concepts se déroule dans une partie différente du cerveau, et les concepts voyagent le long d'autres canaux que l'expression des sentiments et les processus simplement automatiques ;" [40] (*b*) les enfants aphasiques (*c'est-à-dire* destruction ou perturbation de la faculté d'articuler la parole) sont pourtant capables de chanter ; [41] (*c*) les patients aphasiques, qui ne peuvent pas parler de manière connectée dans des occasions ordinaires, peuvent parfois articuler les mots lorsqu'ils chantent une chanson – les mots étant ramenés à la conscience par association avec la mélodie ; [42] (*d*) la troisième circonvolution frontale gauche (qui contrôle la parole articulée) est très petite chez les idiots et les races inférieures, qui sont pourtant très sensibles à la musique ; [43] (*e*) la faculté de mémoire musicale peut être détruite sans perturber les autres facultés mentales; [44] (*f*) par conséquent « nous nous exprimons et entendons d'une manière tout à fait différente quand nous chantons et quand nous parlons ». [45] Spencer a ignoré toutes ces preuves jusqu'au bout.

Il ne semble pas non plus qu'il lui soit venu à l'esprit d' analyser l'état d'esprit d'un musicien au moment de la composition, et d' utiliser le résultat ainsi obtenu pour éclairer l'origine de la musique. S'il l'avait fait, il aurait vu la force — que sa critique à mon égard montrait qu'il n'avait *pas* vue — de la remarque de M. Combarieu selon laquelle « M. Spencer néglige ou ignore tout ce qui donne à l'art qu'il étudie son caractère spécial et unique ; il ne semble pas avoir compris ce qu'est une composition musicale , quelles sont les règles auxquelles elle obéit, quelle est la nature du charme et de la beauté qu'on y trouve. Bref, on peut lui reprocher un fait fondamental, en comparaison avec. laquelle tout le reste n'a qu'une valeur tout à fait secondaire : c'est l'existence d'une pensée musicale . Le musicien pense avec les sons, comme l'homme de lettres pense avec les mots. [46]

C'est là, en effet, le nœud du désaccord entre Spencer et ceux qui rejettent la théorie de la parole comme explication absolument inadéquate de l'origine de la musique. Quelle a été sa critique de cette critique ? « Ici, dit-il, nous avons un exemple frappant de la façon dont une hypothèse apparaît intenable en la représentant comme étant quelque chose qu'elle ne prétend pas être. J'ai rendu compte de l' *origine* de la musique, et maintenant, on me blâme parce que ma conception de l'origine de la musique n'inclut pas une conception de la musique comme pleinement développée. Qu'est-ce que tout processus d'évolution, sinon l'acquisition progressive de traits qui n'étaient pas possédés à l'origine ? On verra, je pense, que Spencer n'a pas compris le véritable point de l'objection de M. Combarieu . Nous ne pensons pas qu'à partir d'une théorie sur l'origine de la musique chez les hommes primitifs, nous puissions prévoir toutes les *formes ultérieures* dans lesquelles la musique s'est ramifiée ; mais nous espérons que, puisque l'évolution est un processus continu , la théorie de la musique antérieure ne devrait pas être en désaccord avec toutes les principales caractéristiques psychologiques de la musique ultérieure. Nous disons à Spencer : « Prenez votre théorie, et nous sommes incapables de la développer en détail. Vous affirmez que l'expression de la pensée et de l'émotion musicales a pris trois formes successives : la parole excitée, le récitatif et la musique. Eh bien, nous le trouvons. Il est impossible de tirer cette conclusion, comme vous l'avez fait, simplement parce qu'il existe certaines ressemblances, dues à des causes physiologiques, entre la parole et le chant. Nous ne pouvons pas retracer historiquement un tel processus — car votre propre esquisse du processus historique supposé est manifestement inexacte. et nous ne pouvons même pas *imaginer* le processus psychologiquement, pour nous, il existe un grand fossé psychologique et esthétique entre la parole excitée et le chant — *non seulement entre le discours et le chant d'aujourd'hui, mais entre les plus grossiers. la parole et les chants plus grossiers de l'homme primitif*. D'un autre côté, nous avons une théorie qui ne nous impose aucune telle contrainte, ni historique ni psychologique. Cette théorie est que la musique naît d'un ensemble particulier de stimuli et d'organes d'expression particuliers. la sienne, avec laquelle la parole non seulement n'a plus rien à voir maintenant, mais n'a jamais rien eu à voir, comme *fons et origo* . En tenant compte de toutes les différences entre notre musique et celle du sauvage qui souffle dans son roseau et frappe son tam-tam, et de toutes les différences de structure mentale générale entre lui et nous, nous pouvons encore voir que les mêmes causes qui nous incitent à la musique l'incitait. Or, personne ne prétendra un seul instant qu'il n'y a qu'une ressemblance infinitésimale entre une fugue de Bach ou un poème symphonique de Strauss et un discours excité ; nous ne pouvons pas non plus percevoir qu'il y ait jamais eu si ce n'est la plus faible ressemblance entre les causes qui ont poussé le sauvage à parler excité et celles qui l'ont poussé à son genre de musique grossière. Mais *votre* théorie, tout en ignorant le fait évident qu'aucune démonstration ne pourrait déduire une fugue de Bach à partir d'une parole excitée, et en négligeant les éléments mentaux de l'homme primitif à partir desquels la fugue de Bach *pourrait* se développer étape par étape, nous invite à croire que la musique est née de quelque chose avec lequel nous ne pouvons pas le corréler ni maintenant ni dans les temps les plus primitifs. »

« Mais, objectera-t-on, tout cela n'est qu'une pure affirmation. Vous prenez simplement la musique telle qu'elle est écrite aujourd'hui, vous l'attribuez à quelque chose que vous appelez une « faculté musicale » ou une « manière de penser musicale ». et puis, après avoir inventé cette faculté commode, supposez simplement que c'est d'une faculté semblable qu'est née la musique grossière de l'homme primitif. Ce qu'il vous reste à prouver l'existence de cette faculté musicale, de cette manière spécifiquement musicale de concevoir et d'exprimer. des choses qui, selon votre hypothèse, sont innées dans l'esprit humain et n'ont besoin d'aucune aide de la parole, même dans les premiers jours de la race. Eh bien, je pense que personne ne mettra en doute l'existence en nous, à l'heure actuelle, de quelque chose que l'on pourrait bien appeler, en termes généraux, la faculté musicale. Pour le musicien tel que nous le connaissons aujourd'hui – et d'ailleurs depuis plusieurs siècles – la musique est un moyen d'expression émotionnelle qui peut fonctionner sans l'aide de la poésie ni même de la parole. Il prend son origine dans son propre ordre de sentiments ; il a sa propre manière autonome de les exprimer ; il raconte sa propre histoire à l'esprit de l'auditeur ; et ni le sentiment, ni sa manière d'expression, ni son effet sur l'auditeur, ne suggèrent une quelconque dépendance à l'égard de la parole. Le musicien, pour commencer à composer, n'a pas besoin de recevoir un stimulus préalable ni de la poésie, ni d'aucun concept ou sentiment qui pourrait un instant être exprimé par des mots. (Il peut, bien sûr, mettre de la poésie en musique ; mais d'un autre côté, il ne le peut pas ; et c'est de l'ordre musical existant en lui-même dont nous discutons maintenant.) Le musicien, sous l'influence d'un stimulus intérieur de quelque nature très genre obscur, peut prendre trois ou quatre tons — par exemple ceux du sujet initial d'une sonate ou d'une fugue — et construire avec eux une structure ordonnée et contrôlée par certaines lois qui lui sont purement propres, ayant pour objet de susciter dans notre esprit un série de sentiments dont toute pensée de parole est absente. Le musicien se réjouit de construire ainsi des sons ensemble ; nous, à notre tour, nous réjouissons à la fois du processus de construction et de l'édifice terminé lui-même.

« Jusqu'ici, tout va bien », peut dire l'adversaire ; "C'est ce qu'est la musique aujourd'hui, comme le résultat d'une longue évolution depuis son germe originel. Mais affirmerez-vous que l'homme primitif a été poussé à *sa* musique grossière par le fonctionnement de quelque faculté similaire - qui, sans aucune confiance, même dans les premiers jours, dès la parole, et sans aucune étape intermédiaire de récitatif, il *produisait de la musique* , ayant le même rapport avec ses émotions que la musique de Bach et de Beethoven avec les leurs ? » Eh bien, c'est précisément ce que nous affirmons ; Je ne vois pas non plus de difficulté à admettre la théorie selon laquelle l'homme primitif en est venu à s'exprimer dans sa musique grossière par les mêmes processus psychologiques par lesquels nous nous exprimons dans la nôtre aujourd'hui. La parole n'avait pas plus à voir avec l'impulsion de sa musique qu'elle n'en a avec l'impulsion de la nôtre. La théorie de Spencer voudrait que l'homme ait d'abord parlé, puis qu'il soit passé à la parole excitée, que celle-ci soit devenue plus rythmée et plus précise et se soit ainsi développée en récitatif, et que de là ait émergé le chant « d'une manière graduelle et discrète » - si graduelle et si graduelle. si discret, j'en ai peur, que nous ne pouvons ni suivre son émergence, ni l'imaginer en train de le faire. N'est-il pas plus raisonnable de croire que la musique est apparue pour la première fois au monde lorsque le sauvage prenait plaisir à n'importe quel son, celui de la voix humaine, d'un roseau ou d'un tambour, uniquement *comme* son, et commençait à prendre un autre plaisir simple. dans les relations entre les tons ? Devons-nous nous soucier de la parole, excitée ou engourdie ? Ne pouvons-nous pas commencer par un simple sentiment qui s'exprime dans un simple son - comme nous savons qu'il a dû le faire au début - et tracer une ligne à partir de cela à travers toute la musique du monde entier ? Pourquoi devrions-nous supposer que pour que l'homme puisse exprimer ses sentiments par le ton, il doit d'abord avoir inventé la parole, puis en avoir développé le côté émotionnel jusqu'à ce qu'il soit capable de se libérer et de commencer sa vie pour son propre compte, par un processus qui lui est propre. vraiment inimaginable ? Nous savons que le sentiment s'exprime par le son, et que les vagues de sentiment s'expriment par le son, comme on peut l'observer dans le vague chant d'un enfant sur ses jouets, ou dans le gémissement d'un homme souffrant. C'est un fait fondamental à l'origine de la musique. Un autre est le fait incontestable que les hommes, qu'ils soient civilisés ou sauvages, et que beaucoup d'animaux, en fait, sont susceptibles d'avoir un ton *uniquement en tant que ton* ; et un autre fait est que l'organisme primitif prend plaisir aux relations entre les tons, comme on peut le voir chez le garçon qui continue de frapper deux boîtes de conserve qui émettent des sons différents. Il n'est sûrement pas nécessaire d'insister sur le fait que les deux tons et les relations entre les tons intéressent et charment *en eux-mêmes* , dans une moindre mesure, les sauvages comme nous. C'est de ce phénomène, j'imagine, et non d'un discours excité, que la musique est née ; et les preuves tirées de la musique des tribus primitives, sur lesquelles Spencer s'est appuyé pour étayer sa théorie, ne font rien pour invalider la mienne. Dans son essai original, il citait, tiré de sa propre *Sociologie descriptive* , un certain nombre de passages relatifs aux coutumes musicales de diverses races sous-développées. Je n'en vois pas, parmi toutes ces citations, une seule qui suggère que la musique de ces gens était simplement une forme de discours surexcitée. Au contraire, il ressort clairement de ses propres citations que leur plaisir était dans la musique purement en tant que musique ; que leurs sentiments se déversaient spontanément, comme le nôtre, dans un système de tons et de relations entre les tons qui existait en lui-même et par lui-même, avec seulement le même genre de dépendance à l'égard des paroles que l'on retrouve dans une chanson de Brahms ou un chœur de Haendel. [47] Il ne fait aucun doute que le cours général des paroles contrôle dans une certaine mesure le cours général de la musique, comme c'est le cas dans notre propre écriture de chansons ; mais rien ne contredit l'idée selon laquelle la musique sauvage, tout comme la nôtre, naît spontanément d'une émotion non verbale et cherche une expression soit absolument indépendante de la parole, soit seulement influencée de loin par elle. L'Africain de l'Est, dit Spencer, « en chantant, se contente d'improviser quelques mots sans sens ni rythme, et les répète jusqu'à en avoir la nausée ». Si cela ne dénote pas un état d'esprit fondamentalement analogue à celui du musicien absolu, il est difficile de dire ce que signifient ces mots. De toute évidence, ce qui définit le chant est-africain, ce qui détermine qu'une note en succède, ce qui le rend si indifférent au sens ou au non-sens des mots, c'est simplement le plaisir du ton *en tant que* ton, des relations de tons *en tant que* relations de tons. , simplement le besoin que ce qu'il ressent s'exprime précisément de cette manière et d'aucune autre, en un mot, la *pensée musicale primitive* , la « manière musicale de penser » primitive. [48] De nombreuses preuves peuvent être obtenues pour corroborer cela, et j'en ai cité certaines dans mon *Wagner*. « Parlant des Iroquois, le Dr Morgan dit que leurs chants de guerre sont dans une langue morte, ou, en tout cas, qu'ils sont incapables de les interpréter... M. Baker a également observé l'absurdité du chant indien. ". [49] Il n'y a pas beaucoup de traces ici d'un discours excité devenant d'abord un récitatif puis un chant musical. [50]

Les conclusions du Dr Wallaschek, quant à la musique des sauvages, sont les suivantes :

(1) "Dans les temps primitifs, la musique vocale n'est pas du tout une union de poésie et de musique. On trouve au contraire de la musique vocale chez des tribus qui, en raison du développement insuffisant du langage, ne peuvent avoir aucune sorte de poésie. Ainsi la position de la musique vocale est tout à fait indépendante de tout autre art. (2) Il est impossible que dans ces cas la musique soit née comme une imitation directe des accents naturels prêts à l'emploi dans la parole. (3) Parce que ces textes ne sont ni eux-mêmes un langage, ni un langage. la mélodie *seule* n'aurait pas non plus pu être tirée d'une langue développée, car dans un tel cas, les mots auraient été empruntés avec la musique. Des mots totalement dénués de sens serviraient simplement à faciliter la vocalisation . En outre, « un autre trait frappant de ces chants sauvages est *la liberté avec laquelle le compositeur traite la structure grammaticale de la phrase et l'ordre logique des mots* . Ainsi, dans de nombreuses chansons andamanaises, les mots dans leur forme poétique sont tellement mutilés pour s'adapter au mètre au point d'être à peine reconnaissable ... Si les nègres chantent, ils respectent une mesure stricte et ne se laissent gêner par aucun obstacle dans l'utilisation des mots. On pourrait apporter d'autres preuves du même genre, d'où il apparaîtrait clairement que nous nous trouvons en face d'un phénomène sur lequel la théorie de Spencer n'apporte aucune lumière. Il ne semble y avoir aucun doute qu'il existe chez le sauvage, bien que sous une forme relativement peu développée, le même sens musical que chez nous, quelque chose qui a toujours volé directement, pour son expression, vers un mode d'énonciation qui lui est propre. composé de tons, de rapports de tons et de rythme, qui est le langage naturel de ce sens, et qui n'a jamais eu besoin de passer par le stade intermédiaire de l'imitation ou de l'exagération des accents de la parole. [51]

Examinez un instant les deux théories et leurs implications côte à côte. Nous savons que l'homme primitif, comme l'animal, [52] est sensible au ton, aux séquences de tons, à la couleur des tons et au rythme ; et que, pour des causes purement physiologiques, un certain nombre de ses sentiments tendent à s'exprimer par des sons vocaux. Voilà tous les éléments dont nous avons besoin pour construire une musique moderne. Le compositeur ressent une forte émotion et est poussé à trouver un exutoire à ses émotions dans le ton. Selon la ligne de son émotion, pour ainsi dire, est la ligne de sa musique : le sentiment pur s'empare des sons par lesquels seul il peut s'exprimer et les façonne, en forme, en couleur , en séquence, en intensité. , après sa propre image. Nous avons chez l'homme primitif, à un stade grossier et sous-développé, tous ces éléments à partir desquels le musicien moderne construit ses somptueux palais. Selon l'intensité de l'émotion du sauvage sera la largeur des intervalles de sa voix, la résonance, la couleur de celle-ci ; selon la nuance de son sentiment sera la nuance de sa mélodie grossière ; et à partir de l' *ensemble* des qualités des sons dans lesquels il s'exprime, ses auditeurs pourront deviner quelle était l'ambiance qui animait sa chanson. Voici donc tous les éléments à partir desquels la musique *pourrait* naître, même si l'homme n'avait jamais appris à prononcer trois mots liés entre eux. Pourtant Spencer nous demande de croire que ces éléments, *suffisants à eux seuls pour donner naissance à la musique* , sont restés en sommeil dans le sein humain pendant des siècles incalculables, jusqu'à ce que l'homme ait développé un système de parole assez élaboré - car il faut se rappeler que la théorie de Spencer ne présuppose pas le discours grossier et simplement utilitaire de l'homme à une certaine distance de la bête, mais un langage relativement hautement organisé , capable d'exprimer de manière connectée les pensées d'un sauvage sur quelque chose de plus que ses besoins physiques quotidiens. Nous sommes obligés de postuler une telle forme de parole abstraite, esthétique et réfléchie si nous voulons accorder la probabilité que la musique naisse, comme Spencer le dit, de la parole excitée de l'homme. Puis, lorsque l'homme a appris lentement et péniblement à parler, et qu'il a eu beaucoup d'habitude de parler avec enthousiasme, nous sommes invités à croire que, par un processus mystérieux, est née *la musique* , l'expression des sentiments dans un ton organisé , le plaisir du ton *comme* du ton, dans séquences et relations *quâ* séquences et relations. Et pendant tout ce temps, les éléments à partir desquels ce système sonore organisé *pouvait* se développer, qui étaient innés chez l'homme dès le début, du fait qu'il possédait des nerfs, des muscles et des organes vocaux, n'ont absolument rien fait ! Même s'ils n'avaient besoin que du stimulus du sentiment pour les appeler à l'existence, et bien qu'ils recevaient ce stimulus jour après jour, heure après heure, ils durent se priver d'eux-mêmes pendant des siècles et des siècles, jusqu'à ce qu'ils puissent recevoir exactement le même genre de stimulus *après* l'homme avait appris à parler ! Est-ce crédible ?

II

Si la théorie de Spencer est esthétiquement et psychologiquement inconcevable, il n'est guère plus satisfait des preuves pseudo-historiques par lesquelles il cherche à la soutenir. Son idée semble être que toute la musique ancienne, ainsi que la musique orientale et sauvage d'aujourd'hui, représentent l'art au deuxième stade ou stade récitatif de développement – une sorte de intermédiaire entre la parole excitée et le chant épanoui. Ainsi les Chinois et les Hindous « semblent n'avoir jamais avancé » au-delà du récitatif. « Les chants de danse des tribus sauvages sont très monotones et, en vertu de leur monotonie, se rapprochent plus du discours ordinaire que ne le sont les *chants*. [53] des races civilisées » – ce qui est sûrement une comparaison tout à fait illégitime. Encore une fois, « il s'ensuit que le récitatif primitif (grec) était plus simple que notre récitatif moderne et, en tant que tel, beaucoup moins éloigné du discours commun que le nôtre. "Ces citations typiques serviront à montrer à quel point Spencer assume avec douceur ce qu'il doit prouver. Les chants de danse des sauvages ne sont pas aussi hautement organisés que nos chansons européennes; mais cela indique-t-il qu'il n'y a pas la même psychologie différence entre le chant et le discours du sauvage comme il y a entre le chant et le discours de l'Européen ? La musique grecque antique n'était pas aussi complexe que la nôtre, mais Spencer aura-t-il l'audace de dire qu'un homme d'Athènes l'écoutait ; la musique contemporaine, n'y éprouvait pas exactement le même genre de plaisir esthétique que celui que nous éprouvons lorsque nous écoutons une chanson de Brahms ou une symphonie de Beethoven — un genre de plaisir différent, par son essence et par sa température, de tout ce que peut donner la parole. ? Le Grec, c'est-à-dire écoutant de la musique grecque, ressentait-il ce que je ressens lorsque j'écoute un prédicateur éloquent ou un quaker entêtant, ou ce que je ressens lorsque j'écoute de *la musique* au vrai sens du terme ? Il ne peut certainement y avoir aucun doute à ce sujet. Mis à part la différence due à l'énorme développement de notre art sur le plan formel et technique, il ne fait aucun doute que le Grec prenait plaisir à sa musique *en tant que* musique, et non *en tant que* « récitatif ». [54] Et comme pour les Grecs, ainsi pour les Orientaux et les sauvages. Comment Spencer peut-il imaginer que la musique orientale dans son ensemble, et en particulier celle de la Chine et de l'Inde, soit pour l'essentiel restée stationnaire au niveau du récitatif, est un mystère pour moi, face à la masse de preuves que l'on peut tirer de toute histoire de la musique orientale. musique ou toute collection de voyages. Il y a, en effet, dans beaucoup de musique orientale, cette question d'échelle (selon nos notions) qui a induit les voyageurs imprudents en erreur en leur faisant croire que le chant indigène ne peut pas être une vraie musique, parce qu'il est si différent du nôtre. Mais rien de mieux établi que le fait que les mélodies pures et simples, les airs écrits et chantés uniquement pour exprimer cette *pensée musicale* dont j'ai déjà parlé, sont communs dans la musique de toutes les nations orientales. La déclaration de Spencer "que la musique des races orientales est non seulement sans harmonie, mais a plus le caractère de récitatif que de mélodie", et que "le chant du premier poète grec était un récitatif accompagné à l'unisson sur sa lyre à quatre cordes ", est un bon exemple de la manière non critique avec laquelle il a supposé tout ce qui serait susceptible de confirmer sa théorie. Sa confusion de deux ou trois choses distinctes en les qualifiant toutes de « récitatif » est une des principales sources de ses erreurs sur cette question. Quant à sa tentative de limiter la musique harmonique à l'Europe moderne, je dirai seulement, avec Naumann, que partout où nous avons, comme dans les anciennes peintures égyptiennes, la représentation d'un concert avec de nombreux instruments de formes et de tailles diverses, il est incroyable que les interprètes auraient dû tous jouer les mêmes notes. Le résultat, bien sûr, n'aurait pas pu être une harmonie dans notre acceptation du mot, car son développement dépend dans une large mesure de la théorie ; mais c'était peut être l'une des racines à partir desquelles l'harmonie pouvait naître. Et comme Spencer a admis que sa théorie ne contenait aucune explication de l'harmonie, cette théorie est évidemment affaiblie par tout fait indiquant que le désir d'harmonie est inné dans le sein humain, comme l'amour des tons, des séquences de tons et des relations entre les tons. Nous devons chasser de notre esprit toutes les connotations trompeuses du terme « harmonie », comme nous devons le faire avec le terme « récitatif » ; et lorsque nous faisons cela, il existe de nombreuses preuves démontrant que le sens harmonique – la joie d'entendre deux tons résonner ensemble – est aussi inné et aussi indépendant du stimulus de la parole que le sens mélodique. Le simple mouvement des cordes de la harpe pendant le chant n'est pas ce que *nous* appellerions l'harmonie ; mais si cela n'indique pas un sentiment rudimentaire selon lequel les tons combinés sont plus agréables que les tons isolés, il est difficile de dire ce que cela indique. Partout, en vérité, nous arrivons au fait vraiment fondamental, qu'il existe même chez l'homme primitif un *sens musical réel*, indépendant de la parole à l'origine et, autant que nous pouvons le voir, bien antérieur à la parole dans l'ordre du temps. , car l'homme exprimait certainement ses sentiments par des sons purs et indéfinis bien avant d'avoir appris à s'entendre avec ses semblables pour attacher certaines significations à certains sons stéréotypés.

III

La musique des tribus sauvages est pourtant le dernier bastion de Spencer ; et si sa théorie ne trouve pas de soutien adéquat dans ce domaine, elle peut difficilement résister à tout le poids des preuves qui peuvent être opposées à elle par d'autres. Ici, dit-il, il a à ses côtés Sir Hubert Parry, « qui adopte le point de vue que j'ai ici réexpliqué et défendu » et qui « a, dans son chapitre sur la musique populaire, illustré les premières étapes de l'évolution musicale, depuis les chants hurlants des sauvages — Australiens, Caraïbes, cannibales polynésiens, etc. — sur les mélodies grossières de nos propres ancêtres. Je ne vois pas comment un lecteur impartial, après avoir examiné les preuves placées par lui dans son ordre naturel, peut refuser d'y souscrire. la conclusion tirée." Eh bien, la réfutation finale de Spencer peut être obtenue de la bouche de Sir Hubert Parry lui-même. Quelle peut être la propre théorie de Sir Hubert sur l'origine de la musique , je l'ignore ; mais certainement ni les faits ni les arguments qu'il a avancés dans son *Art of Music* ne donnent aucune couleur à la théorie selon laquelle la musique est apparue à l'origine comme une modification des attributs de la parole émotionnelle. Examinons le témoignage de Sir Hubert Parry.

Nous commençons au début par le hurlement chromatique descendant des Caraïbes qu'il cite à la page 49 de son livre – le « chant hurlant » auquel Spencer fait référence ; et si, comme le prétend le philosophe, cela représente « les premiers stades de l'évolution musicale », son cas est immédiatement passé à la trappe. Il ne pourrait y avoir de témoignage plus concluant du fait que la musique a son origine non pas dans la parole, mais dans l'expression d'une simple émotion vague dans un simple son vague ; car je ne peux pas imaginer où Spencer voit l'influence antérieure de la parole dans ce hurlement des Caraïbes. Autant supposer que la parole est antérieure au hurlement d'un chien ou au rugissement d'un lion. Sur quels fondements trouve-t-il ici un soutien à sa théorie ? Simplement qu'un hurlement de ce genre, comme le chant des Indiens Omaha, se distingue par des intervalles indéfinis ! « Ceci, dit-il, n'est qu'un des traits auxquels on peut s'attendre si la musique vocale est développée à partir d'un discours émotionnel ; puisque les intervalles du discours sont également indéfinis. » Y a-t-il jamais eu un *non-sequitur plus palpable* ? Parce que A possède l'une des caractéristiques de B, A doit donc être issu de B ! Voici une justification complète de ma remarque précédente selon laquelle Spencer a transformé une simple ressemblance en cause. La véritable raison pour laquelle la musique présente certains des traits de la parole est que, la musique et la parole étant l'expression d'ordres alliés de sentiments, et trouvant toutes deux leur voix à travers le même appareil musculaire, elles ne peuvent tout simplement pas s'empêcher d'avoir un grand nombre de caractéristiques en commun. Mais il nous faut en réalité quelque chose de plus qu'une démonstration que les intonations de la musique, étant affectées par les mêmes organes physiques, indiquent à peu près les mêmes phénomènes mentaux et physiques que les intonations de la parole, pour nous convaincre que la musique *a son origine* dans discours.

Prenons maintenant les autres exemples donnés par Sir Hubert Parry, et découvrez en eux, si vous le pouvez, toute preuve qui ne puisse démontrer qu'ils sont nés directement d'une *pensée musicale primitive* , sans aucun signe de l'intervention préalable de la parole. En effet, il y a sur chacun d'eux une preuve concluante que lorsque l'homme primitif chante, ou même chantonne, pour lui-même, il est inconsciemment guidé par un sens musical rudimentaire. Les sauvages inventent, dit Sir Hubert, « de petites figures fragmentaires de deux ou trois notes, qu'ils réitèrent sans cesse encore et encore. Quelquefois une seule figure suffit. Quand ils sont assez habiles pour en imaginer deux, ils les alternent, mais [naturellement] sans beaucoup sens ou ordre" ; et il montre plus tard comment, même chez les sauvages, ce sens primitif du dessein connaît une croissance continue. Or tout cela est conforme à la théorie de l'origine de la musique déjà avancée dans cet essai ; et ces phénomènes de musique sauvage expliqueront facilement tous les développements modernes les plus complexes de cet art, dont Spencer admet à moitié que sa théorie ne tiendra *pas* compte. L'homme sauvage, simplement parce qu'il est un organisme physique, s'exprime par le son. Encore une fois, simplement parce qu'il est un organisme physique et psychique, il prend plaisir aux sons, aux successions de sons et aux corrélations de sons ; et, pour compléter la liste des éléments nécessaires pour constituer toute la musique qui ait jamais été écrite dans le monde, Sir Hubert Parry montre que, même chez le sauvage dont la rude tentative de chant n'est guère plus qu'un hurlement, il existe un sens rudimentaire. sens de la forme, de l'équilibre, du design. "Lorsque de petits fragments de mélodie [55] deviennent stéréotypés", dit Sir Hubert, "comme c'est le cas dans toute communauté sauvage suffisamment avancée pour les percevoir et se souvenir, des tentatives sont faites pour les alterner et les contraster d'une manière ou d'une autre ; et l'excitation de la sympathie avec un cri expressif se fond dans un plaisir grossièrement artistique dérivé de la contemplation de quelque chose qui ressemble à un motif. Y a-t-il ici un support pour la théorie de la parole ? N'est-il pas en effet un intrus pur et simple, obscurcissant une piste parfaitement dégagée et ouverte si on le laisse tranquille ?

Le seul fait sur lequel Spencer semble toujours s'appuyer est que les intervalles du discours et les intervalles du chant le plus primitif sont tous deux indéfinis. Cependant, même ici, le livre de Sir Hubert Parry ne lui est pas propice, car Sir Hubert insiste sur le fait évident que le caractère indéfini des intervalles dans la musique ancienne est entièrement dû au manque d'instruments permettant de fixer les différentes notes d'une gamme. "Il est extrêmement difficile de déterminer avec certitude quels intervalles les sauvages ont l'intention de prononcer, car ils sont très incertains de pouvoir frapper des notes exactes avant d'être suffisamment avancés pour avoir des instruments sur lesquels sont plus ou moins indiquées des relations régulières de notes." Passer d'un hurlement indéfini à une série définie de notes, quand on a inventé un instrument qui guide la voix et fixe ses tons, peut être l'œuvre d'une journée. D'où vient alors la fonction de la parole et du récitatif, qui sont censés occuper les stades intermédiaires de l'évolution entre le hurlement et le chant – car je suppose que Spencer soutiendrait difficilement que l'homme a appris à parler *avant d'* apprendre à hurler ? Et à quel stade apparaît ce sentiment élémentaire de conception musicale dont fait preuve le sauvage ? Peut-on concevoir que cela naisse de l'habitude de parler ? Sinon, s'il est indépendant de la parole, s'il s'agit de quelque chose qui ne concerne que le son pur, que faisait-il à toutes les époques où l'homme faisait des sons, mais ne s'était pas encore fait un langage ? "Les efforts les plus grossiers des sauvages", dit Sir Hubert Parry, "mettent en lumière la véritable nature de la conception musicale et la manière dont les êtres humains se sont efforcés de s'y attaquer." Encore une fois, « l'état sauvage indique un goût pour le design, mais une incapacité à rendre les dessins cohérents et logiques ; au stade intelligent le plus bas, la capacité à disposer de courtes figures contrastées de manière ordonnée et intelligente est démontrée ». Une fois de plus, la parole peut-elle être logiquement conçue comme jouant le rôle principal dans ce drame long mais continu de l'évolution ?

Enfin, dans les propres pages de Sir Hubert Parry, Spencer aurait pu trouver la preuve d'un autre élément de pur plaisir musical dans l'esprit sauvage – rien d'autre qu'un désir naissant d'harmonie. Parlant de l'essor de l'harmonie au Moyen Âge et de la curieuse technique consistant à faire coïncider deux airs totalement différents en « atténuant les angles et en adaptant les points où la cacophonie était trop intolérable pour être supportée », Sir Hubert montre l'existence de cette même pratique chez les sauvages. "Cela", dit-il, "peut paraître une manière très surprenante et même risible d'obtenir un effet artistique, mais en réalité la pratique actuelle consistant à combiner plusieurs airs ensemble n'est en aucun cas rare. Plusieurs races sauvages et semi-civilisées adoptent cette pratique. , comme, par exemple, les Bushmen à l'extrémité inférieure de l'échelle humaine, et les Javes , les Siamois, les Birmans et les Maures vers le milieu. Dans ces cas, le processus consiste généralement à chanter ou à jouer simultanément des figures musicales courtes et simples, telles que. comme les sauvages le répètent habituellement, avec l'ajout dans certains cas d'une longue sorte de mélodie de lamentation indéfinie qui se poursuit indépendamment de tout le reste de la représentation. Les Javes poussent ces procédés à l'extrême, produisant une sorte de contrepoint instrumental imprudent, incohérent. tout à fait comme un certain nombre de personnes jouant différents airs à la fois, avec juste assez de sensibilité pour un principe central défini pour s'adapter aux éléments discordants. La pratique consistant à combiner des airs semble être devenue universelle tout à coup, et elle a conduit très rapidement à de nouveaux développements. Et il convient de noter que l'un de ces développements était exactement le même en principe que celui adopté par les Bushmen et les Javes , et d'autres expérimentateurs semi-sauvages dans ce domaine ; qui devait accompagner la combinaison principale de deux mélodies par une courte figure musicale qui pouvait être sans cesse réitérée en accompagnement. » Des phénomènes comme ceux-ci sapent la conclusion grossière et hâtive selon laquelle les Orientaux et les sauvages n'ont aucune notion d'harmonie ; ils prouvent que, aussi faible Plus bas dans l'échelle humaine, au fur et à mesure que nos investigations nous mèneront, l'homme essaie de créer de l'harmonie parce que cela plaît à son sens musical. La mesure dans laquelle il réussit dépend d'autres choses que de son simple désir.

De sorte qu'en résumé, nous pouvons écarter complètement la parole de notre hypothèse sur l'origine de la musique, puisque, même si personne ne peut nous représenter les processus psychologiques ou historiques par lesquels la musique s'est développée ou pourrait naître de la parole, nous trouvons innés dans l'organisme humain tous les éléments à partir desquels la musique *peut* naître, indépendamment de la parole : le plaisir du ton, le plaisir des successions de tons, le plaisir des combinaisons de tons, le plaisir du rythme, le plaisir du dessin. Même Spencer lui-même, dans le chapitre sur la « musique développée » de ses *faits et commentaires* , voit que ces éléments sont suffisants pour expliquer certains types de musique, bien que son analyse globale, en particulier dans la distinction entre musique simplement symétrique et musique poétique, soit Esthétiquement incomplet et *a priori* . À la question souvent répétée de Spencer : « Si ma théorie n'explique pas l'origine de la musique, comment expliquer autrement sa genèse ? » on peut répondre que sa théorie n'explique en réalité rien ; il ne fait qu'affirmer. Il souligne certaines ressemblances entre la parole et le chant, puis pose dogmatiquement, sans la moindre preuve, que l'un est né de l'autre. *Par contre* , une analyse de la musique primitive nous montre que chez le sauvage le plus grossier nous avons, en embryon, tous les éléments qui contribuent à faire la musique la plus compliquée des temps modernes – certains de ces éléments apparaissant d'ailleurs même chez les animaux. Si nous devons croire que ces éléments ne pourraient pas en eux-mêmes se développer en musique, nous devons avoir une raison pour cela ; et si nous voulons croire qu'une imitation des accents de la parole était nécessaire avant que l'homme primitif puisse exprimer ce qu'il ressentait par un simple son indéfini, nous devons avoir non seulement une preuve que cela s'est jamais produit, mais une démonstration de la façon dont le processus est possible. ; car pour moi, du moins, c'est psychologiquement inconcevable. Lorsque Spencer dit que « le chant est né de la parole », il utilise simplement, je le soutiens, une formule verbale qui ne nous transmet rien de représentable ; elle est de la famille de ces « pseudo-idées » sur lesquelles il a lui-même vidé les fioles de son mépris dans *Premiers principes* .

NOTES DE BAS DE PAGE :

[39] *Guide de l' aphasie pour la musique Ausdruck* (Vierteljahrsschr für Mus-Wiss., septembre 1891).

[40] Article cité, p. 57.

[41] *Ibid.* , p. 60.

[42] Par exemple : « Un patient, depuis le début de sa maladie jusqu'à sa mort, ne pouvait rien dire d'autre que *Oui* et *Non* ... Un matin, un patient a commencé à chanter 'J'ai rêvé que j'habitais dans des salles de marbre.' Le patient sans voix s'est joint à nous et a chanté le premier couplet avec l'autre, puis le deuxième seul, en articulant chaque mot correctement. "- *Ibid.* , p. 61.

[43] Article cité, p. 53, *note* : "Beaucoup d'idiots, qui sont à peine capables d'autres impressions, sont extraordinairement sensibles à la musique et peuvent se souvenir d'une chanson qu'ils ont entendue une fois."

[44] "Un paysan qui, à la suite d'un violent coup porté à la tête, resta inconscient pendant trois jours, s'aperçut, en reprenant ses esprits, qu'il avait oublié toute la musique qu'il avait jamais connue, mais qu'il n'avait rien perdu d'autre. "- *Idem.* , p. 64 (extrait de Carpenter, *Mental Physiology* , 4e édition, p. 443).

[45] *Ibid.* , p. 65.

[46] Voir Jules Combarieu , *Les rapports de la musique et de la poésie , considérés au point de vue de l' expression* (1894), dans lequel il y a un examen élaboré et approfondi de la théorie de Spencer.

[47] Sans parler de la musique sauvage, soit purement non verbale, soit liée à un refrain presque dénué de sens.

[48] Aucune importance, je suppose, ne doit être attachée à des phrases telles que celles selon lesquelles les Malais « répètent dans une sorte de récitatif lors de leurs *bimbangs* ou de leurs fêtes ». Le mot récitatif n'apporte ici aucun support à la théorie de Spencer. Les voyageurs qui ont écrit sur la musique des races primitives ont toujours eu tendance à utiliser le terme de manière trop vague. Habitués qu'ils sont à la musique très développée d'Europe, avec sa fixité d'échelle et sa large gamme de tons instrumentaux, ils utilisent le

terme de récitatif comme le plus simple pour désigner, de manière grossière, un type de musique. beaucoup moins développé que le nôtre à cet égard. Mais une telle utilisation du terme n'est absolument pas scientifique. Il n'y a aucune raison de croire que ce que nous appelons leur récitatif ne soit pas réellement leur musique.

[49] Wallaschek, *Musique primitive* , pp. 173, 174.

[50] Bien sûr, Spencer aurait pu rétorquer que les chants dans leur état actuel représentent l'arbre pleinement développé, qui a dû passer, dans des temps plus reculés, par les étapes précédentes qu'il mentionne. Cependant, mises à part les objections générales que j'ai déjà formulées contre cette théorie, il est évident que Spencer ne peut pas classer la musique des races sauvages sous deux catégories – le chant *et* le récitatif – en utilisant l'une ou l'autre selon le but de son argumentation à l'époque. temps. On verra plus loin que sa théorie repose, dans une très large mesure, sur la supposition que la musique des sauvages et des Orientaux ne représente que le deuxième stade ou stade récitatif du développement à partir de la parole.

[51] Comme l'exprimait Berlioz dans les *Grotesques de la musique* : « La musique existe par elle-même ; elle n'a pas besoin de poésie, et si toute langue humaine devait périr, elle n'en serait pas moins la plus poétique, la plus grandiose et la plus grandiose. le plus libre de tous les arts. »

[52] Voir les chapitres intitulés « Orphée au zoo », dans *La vie de M. Cornish au zoo* . Quiconque a élevé des chiens ou des serpents a dû remarquer à quel point leurs perceptions musicales sont vives. Mon propre chien a en lui une faculté musicale prononcée. Il est extrêmement sensible à la voix mezzo-soprano dans la partie supérieure de son registre médian. Les sons produits là-bas - mais pas d'autres dans cette voix ou dans toute autre voix - qu'il tentera d'imiter. Il ne s'agit pas d'un hurlement, mais d'une véritable tentative de trouver la bonne hauteur et de façonner le son avec sa bouche. Le « discours excité » n'a rien à voir avec *ses* perceptions musicales. Le discours excité vient généralement plus tard, de la part du chanteur qu'il favorise par cette forme de flatterie la plus sincère.

[53] C'est moi qui souligne.

[54] Il semble tout à fait clair que les Grecs avaient des airs distincts comme nos mélodies, qui se transmettaient d'un chanteur ou d'un musicien à l'autre. "Plus tard", dit Müller, "il existait des airs écrits par Terpander, du genre appelé *nomes* ... Ces nomes de Terpander étaient arrangés pour chanter et jouer de la cithare." Il s'agissait, poursuit-il, de « compositions achevées, dans lesquelles une certaine idée musicale était systématiquement élaborée, comme le prouvent les différentes parties qui appartenaient à l'une d'elles ». Il y avait des chansons populaires et certains airs chantés lors des festivals. La musique

n'était pas non plus invariablement associée à la poésie ; il y avait de la musique purement instrumentale. Olympe (660-620 AV. J.-C.) semble avoir été uniquement un musicien. "L'Olympe n'est jamais, comme Terpander, mentionné comme poète ; il est simplement musicien. Ses nomes , en effet, semblent avoir été exécutés à l'origine à la flûte seule, sans chanter." Voir *Histoire de la littérature de la Grèce antique* de KO Müller (traduction anglaise), vol. je . type. 12. Pour un traitement expert de l'ensemble du sujet, voir *le Handbuch der Musikgeschichte* de Hugo Riemann , Erster Teil (1904), en particulier le livre I., chap. I., § 3, § 4, § 5.

[55] Il ne semble pas être venu à l'esprit de Spencer que si les sauvages ont des mélodies, aussi minuscules et primitives soient-elles, il peut difficilement être vrai qu'ils n'en soient qu'au stade récitatif. Le fait est que son utilisation du terme récitatif n'était absolument pas scientifique. Il n'a jamais vu qu'il existe une vaste distinction esthétique entre le récitatif au sens d'un discours plus sonore et plus formel – comme dans le cas d'un orateur ou d'un prédicateur – et le récitatif au sens musical. Dans ce dernier cas, l'appétit typiquement musical entre en jeu ; dans le premier cas, ce n'est pas le cas. L'une est une intensification de la parole ordinaire, mais ne devient jamais plus qu'une parole ; l'autre est la musique, même si elle est restreinte. Ils naissent de différentes facultés et font appel à différents organes de jouissance.

À BERTRAM DOBELL

MAETERLINCK ET LA MUSIQUE

On rencontre toujours de curieuses affinités littéraires et artistiques là où on les attend le moins. L'esprit humain, bien sûr, est vraiment homogène dans son ensemble. Nous devons tous construire notre univers intérieur et extérieur à partir du même type de cerveau et d'organes sensoriels : il n'est donc guère surprenant que l'on sente ici et là que le travail de tel ou tel musicien ou artiste est la contrepartie de l'œuvre de tel ou tel poète ou prosateur, ou *vice versa* . On retrouve par exemple beaucoup de Weber et des romantiques allemands dans les récits d'Hoffmann ; de Lessing et Diderot dans l'œuvre de Gluck ; de Tourguéniev et Dostoïevski dans la musique de Tchaïkovski ; de la musique de Berlioz — comme le suggérait Heine — dans les tableaux de Martin. Ce phénomène est si fréquent qu'il n'est guère étonnant. Ce qui est un peu plus curieux, c'est de constater, ici et là, que l'un des grands principes spirituels d'un certain artiste est implicite dans le système esthétique d'un autre artiste qui travaille dans un médium entièrement différent, et dont l'ensemble de l'œuvre, à première vue, semble être d'un ordre diamétralement opposé. Entre Wagner et Maeterlinck, par exemple, qui dirait qu'il existe une sympathie fondamentale d'âme et une communauté de conception artistique – entre le musicien d'une passion prodigieuse et d'une activité incessante et le mystique tranquille qui semble être sereinement posé bien au-dessus de toute activité et toute passion, accordant, dans sa haute philosophie , si peu d'importance à tout ce qui paraissait si vital, si réel, au musicien ? Il existe néanmoins , comme je vais essayer de le montrer, une curieuse similitude entre les systèmes esthétiques des deux hommes. [56] Ils partagent quelque chose des mêmes excellences ; ils s'effondrent ou trouvent leurs limites presque au même moment. Examinons rapidement les deux systèmes.

je

Si nous ne possédions pas les propres drames de Maeterlinck, nous pourrions peut-être juger, à partir de ses essais, quelle serait sa position à l'égard du drame et de la fiction. Ici, nous nous sommes révélés une manière d'appréhender la vie et de regarder le monde qui ne pouvait trouver son expression que dans une forme dramatique nouvelle comme celle qu'a adoptée Maeterlinck. Le dramaturge lui-même, cependant, nous a donné, dans ses chapitres exquis sur « Le tragique dans la vie quotidienne » et « L'éveil de l'âme », dans *Le Trésor des humbles*, une déclaration à la fois explicite et passionnée de son credo . . Il avance la théorie selon laquelle la tragédie ordinaire d'un incident surprenant est, ou devrait être, une chose du passé, un concept des époques barbares, où les hommes ne pouvaient être fascinés par le secret des forces de la vie qu'en s'approchant d'eux par des moyens grossiers et grossiers. action violente. Dans une époque plus raffinée et plus subtile comme celle-ci, nous devrions être capables de retracer la main du destin même lorsqu'il n'agit pas à travers des médias aussi grossiers et palpables. Ce n'est pas la sensation primitive de voir un homme commettre le meurtre d'un autre qui est l'essence de la tragédie. C'est le sentiment d'illumination spirituelle qui nous parvient ; le sentiment que, d'une manière ou d'une autre, le meurtre lui-même, la passion et les événements qui y ont conduit, les conséquences qui en découlent, sont tous des fils subtilement entrelacés des grandes lois intérieures des choses. En effet, la plupart des actions associées à notre notion actuelle de tragédie sont, d'un point de vue supérieur, à la fois esthétiquement superflues et une preuve de notre caractère terrestre . Nous devrions être capables d'être émus de pitié, de ressentir la douleur tragique la plus raffinée, par une pièce qui élimine les faits les plus grossiers et les plus évidents et s'appuie sur des suggestions plus douces et plus intimes de la vérité universelle. Notre époque actuelle, pense-t-il, en est capable, ou est en train de le devenir. « Autrefois, dit-il dans son essai sur L'éveil de l'âme, s'il était question un instant d'un pressentiment, des impressions étranges produites par une rencontre fortuite ou un regard, d'une décision que le côté inconnu de la raison humaine avait gouverné, d'une intervention ou d'une force, inexplicable et pourtant comprise, des lois sacrées de la sympathie et de l'antipathie, des affinités électives et instinctives, de l'influence écrasante de la chose qui n'avait pas été dite - autrefois, ces problèmes auraient été négligés ; et, d'ailleurs, ils ne s'imposaient que rarement à la sérénité du penseur. Ils semblaient surgir du simple hasard, et ils se posaient sans cesse sur la vie. et avec une force prodigieuse - cela était insoupçonné de tous ; et le philosophe s'est empressé de revenir aux études familières sur la passion et sur les incidents qui flottaient à la surface.

Cela fait clairement partie d'une philosophie de la vie et de l'art dans laquelle les brins nerveux les plus grossiers sont mis de côté, car inutiles pour l'illumination spirituelle que désire le penseur. Ils sont trop épais pour être sensibles aux courants plus fins qui les traversent ; seules les voies nerveuses les plus délicates, sensibles à chaque vague de sentiments, peuvent être stimulées par la lumière et la chaleur philosophiques. L'essence de toute l'œuvre de Maeterlinck réside bien entendu dans cette hypersensibilité. Il est doté d'autres sens que les nôtres, d'autres modes d'appréhension de l'univers. C'est un mystique, et du fait qu'il est mystique, il est à la fois déconnecté de beaucoup de choses que l'homme normal appelle réelles, et délicatement sensible à de nombreux courants dans l'atmosphère spirituelle de l'univers dont l'existence même est la condition normale. l'homme est toute sa vie inconscient. Nous devons nous rappeler que ce monde n'est après tout que ce que nos sens et notre intellect font pour chacun de nous. Le peu que nous pouvons voir et ressentir ne doit être rien comparé aux immensités que nous ne pouvons ni voir ni sentir, mais qui accompagnent toujours nos pensées, nos pas, notre respiration même, comme des spectateurs silencieux et invisibles. Même le monde animal n'est pas notre monde, car l'animal est sensible à beaucoup de choses qui ne pénètrent jamais dans notre conscience ; et il existe des êtres humains exceptionnellement constitués, sur les nerfs desquels l'univers semble écrire des messages différents de ceux qui sont communiqués à l'âme ordinaire. Le mystique capte des vibrations de la vie auxquelles les natures les plus ternes sont, sauf dans les moments d'exaltation anormale, pour la plupart insensibles. Lorsque nous lui reprochons la faiblesse apparente de son emprise sur la réalité, nous devons nous rappeler que ses réalités ne sont pas toujours les nôtres. Il a souvent du mal à s'exprimer dans notre langage ordinaire, pour la raison que celui-ci est principalement l'instrument de la cérébration normale, et non celui du sous-normal ou du supra-normal. D'où le théorème de Maeterlinck — qui n'est pas si paradoxal qu'il y paraît — selon lequel les vibrations les plus profondes de l'âme sont plus facilement communiquées par le silence que par la parole. Nous sommes assaillis par des intuitions qui ne peuvent jamais trouver une expression adéquate dans les mots. « Comme il est étrange, dit-il, de diminuer une chose dès que nous essayons de l'exprimer avec des mots ! La parole ne lui semble guère nécessaire pour poursuivre ses pensées qui, comme elles se situent dans des endroits plus profonds et plus obscurs que le langage n'a jamais visité, doivent chercher une voie plus immédiate pour passer de son propre cerveau à celui d'un autre. "Un temps viendra peut-être où nos âmes se connaîtront sans l'intermédiaire des sens... Une époque spirituelle est peut-être à nos portes..." Ainsi le moyen favori de communication entre l'âme des âmes spirituelles et L'élu n'est pas la parole, mais le silence – un silence bien plus éloquent, bien plus éclairant sur les profondeurs les plus profondes de l'être que le langage ne pourra jamais l'être. « Il est vain, écrit-il, de penser qu'au moyen des mots une communication réelle puisse jamais passer d'un homme à un autre... Ce n'est que lorsque la vie est paresseuse en nous que nous parlons. Et tout comme le mystique méprise les mots en tant qu'instruments de communication, de même il méprise les faits en tant que guides vers l'illumination. De même que la vie intérieure est trop subtile pour être exprimée dans un langage ordinaire, de même ses intérêts sont trop raffinés pour être consacrés à des faits bruts. Ce ne sont « rien d'autre que les retardataires, les espions et les partisans des camps, des grandes forces que nous ne pouvons pas voir ». [57]

II

Voilà donc une philosophie de la vie qui, entre les mains de l'artiste, vise à créer un nouveau type de drame « statique », dans lequel la parole doit céder, autant que possible, la place à la suggestion, à l'incident et à l'action au profit du révélation immédiate des états d'âme. Même si le drame doit traiter de la vie réelle d'une manière que Maeterlinck considérerait comme la plus rigoureusement réelle, il doit y avoir un retrait progressif de la plupart des points que l'homme moyen considère comme l'essence de la réalité. En premier lieu, les faits bruts et les actions violentes doivent être ignorés, comme n'étant pas nécessaires pour nous communiquer l'essentiel de ce que le dramaturge a à dire ; en second lieu, les simples mots ne doivent plus être considérés comme des intermédiaires indispensables entre la pensée et l'expression. Or, tout cela, dans ses traits principaux, trouve un parallèle très étroit dans l'œuvre et les arguments de Wagner. Examinons un instant ses théories telles qu'elles apparaissent dans la pratique réelle, sorties de la métaphysique verbeuse dans laquelle il se plaisait à les obscurcir.

Le drame et le roman représentent une tentative d'enflammer le lecteur avec une certaine émotion qui a déjà enflammé chez l'écrivain. La tragédie du *Roi Lear*, par exemple, vise à nous inspirer un sentiment de pitié pour un vieillard brisé par l'ingratitude filiale. *Othello* vise à mobiliser nos sympathies pour un homme et une femme affectueux dont le bonheur est brisé, en partie par des malentendus, en partie par des machinations diaboliques. Il y a d'innombrables autres points dans les pièces, mais ce sont là les grandes forces centrales. C'est ce qui a poussé Shakespeare à composer des drames. Ce sont les idées à partir desquelles il est parti ; et ce sont ces idées qui nous restent finalement quand nous avons vu ou lu les pièces. Mais en raison de la nature maladroite et intraitable du matériau avec lequel il travaille, le dramaturge ne peut stimuler en nous cette idée ou ce sentiment central que par un processus très détourné. Il ne peut pas se plonger d'emblée dans son sujet. Il doit commencer par un point très éloigné de celui auquel il souhaite nous conduire, puis y progresser progressivement. Il ne peut pas communiquer adéquatement une émotion sans dérouler sous nos yeux les scènes ou l'ensemble des circonstances longues et complexes qui donnent naissance à cette émotion. Il ne peut se limiter aux personnages et aux événements qui composent le véritable drame ; il doit les illustrer — pour en tirer, pour ainsi dire, des étincelles — par l'impact d'incidents et de personnes mineurs. En un mot, il doit nous remplir d'une multiplicité de sentiments plus ou moins superflus avant de pouvoir nous communiquer le sentiment réellement essentiel.

En musique, tout cela est changé. (Le lecteur se souviendra bien sûr que j'expose Wagner.) Il n'y a aucune distinction entre le sentiment et l'expression, aucune barrière entre l'émotion et la parole, le musicien peut plonger d'emblée au cœur même de son sujet. De plus, il n'a jamais besoin d'en quitter le cœur ; il peut consacrer toutes ses énergies à élucider les facteurs réellement nécessaires ; il n'a pas besoin de perdre la moitié de son temps à montrer, à partir de la description de choses étrangères, comment telle ou telle situation s'est produite, ou comment un homme en vient à ressentir telle ou telle manière. Il faut une demi-heure de lecture de la légende de Tristan, ou de n'importe quel poème sur le sujet, avant de sentir l'atmosphère de la tragédie se refermer sur nous, ou de savoir précisément pourquoi elle doit survenir. Dans l'opéra de Wagner, non seulement le fait qu'il y *a* une tragédie est suggéré dans les premières mesures de la musique, mais la teinte même et la qualité spirituelle de la tragédie nous sont immédiatement peintes. Tout au long de l'œuvre, encore une fois, nous vivons au centre même de la métropole de ce territoire d'émotion – d'amour, de chagrin et de pitié – vers lequel la légende et les poètes doivent nous guider par des chemins détournés et souvent sans intérêt. On voit Tristan et Isolde dans la première mesure et dans la dernière ; nous ne les quittons jamais un instant. Ainsi, non seulement le musicien nous entraîne d'emblée là où il veut que nous arrivions, mais son indépendance de tous les échafaudages nécessaires au poète lui donne plus de liberté de développement. Il peut extraire de l'âme de ses personnages le dernier jus amer de leurs émotions. Wagner lui-même aimait souligner à cet égard le développement progressif de son art. Dans Le *Hollandais volant*, il s'efforçait « de garder l'intrigue dans ses traits les plus simples ; d'exclure tous les détails inutiles, comme les intrigues qu'on emprunte à la vie commune ». L'intrigue de *Tannhäuser* se révèle « évoluant de manière bien plus marquée par rapport à ses motivations intérieures » ; tandis que « tout l'intérêt de *Lohengrin* consiste dans un travail intérieur au sein du cœur d'Elsa, impliquant tous les secrets de l'âme ». Le but de Wagner était de se dégager de la masse fastidieuse de détails qui, dans le drame poétique, est nécessaire pour montrer le « pourquoi » de chaque sentiment. « Moi aussi, comme je vous l'ai dit, écrit- il , je me suis senti poussé à ce « d'où et pour quoi » ; et cela m'a longtemps banni de la magie de mon art. Mais mon temps de pénitence m'a appris à dépasser cette question. Tout doute m'a finalement été enlevé lorsque je me suis livré au *Tristan* . Ici, en parfaite confiance, j'ai plongé dans la profondeur intérieure des événements de l'âme, et à partir de ce centre le plus intime du monde, j'ai construit sans crainte son extérieur. Un coup d'œil au *volume* de ce poème vous montrera immédiatement que le travail de détail exhaustif qu'un poète historique est obligé de consacrer à éclaircir la portée extérieure de son intrigue, au détriment d'une exposition lucide de ses motivations intérieures. , je me suis maintenant confié à ces derniers seuls. La vie et la mort, toute la signification et l'existence du monde extérieur, ne dépendent ici que des mouvements intérieurs de l'âme. Toute l'action affectante se produit pour la seule raison que le monde extérieur. l'âme la plus profonde le demande et s'avance vers la lumière avec la forme même annoncée dans le sanctuaire intérieur.

L'analogie avec la théorie de Maeterlinck devient ici évidente. Les deux hommes méprisent les faits plus grossiers, extérieurs, historiques et actifs sur lesquels le drame s'est senti jusqu'à présent obligé de s'appuyer ; tous deux visent une forme subtile de drame dans lequel les états d'âme seront la première et la dernière chose. Il y a plus dans la vie, disent-ils, que la raison consciente ; ce sont les processus les plus intimes de l'âme que nous désirons nous faire découvrir dans le drame. Cette réflexion a conduit Wagner à choisir le mythe comme le meilleur matériau sur lequel travailler. « J'ai donc cru, écrit-il, que je devais appeler le « mythe » l'étoffe idéale du poète – ce poème indigène sans nom du peuple, que, à travers les âges, nous rencontrons toujours de nouveaux traités par les grands poètes des périodes de culture consommée ; là *disparaît presque la forme conventionnelle des relations humaines, simplement explicables à la raison abstraite* , pour montrer à la place ce qui est éternellement intelligible, ce qui est purement humain. les choses d'un coup, sans avoir à faire un voyage fastidieux à travers une masse de détails sans importance, comme il faut le faire dans le roman et le drame poétique avant de pouvoir pénétrer au cœur de l'émotion. Et cela est tout à fait vrai, dans la mesure où. ça va. Si vous concevez la vie comme le mystique ou le frère de son âme le musicien, si vous préférez le général au particulier, le vague au précis, le suggéré au parlé, vous chercherez naturellement un médium qui laisse libre passage au votre émotion dans sa forme la plus large. Comme Wagner, vous n'aurez pas envie de vous arrêter et d'expliquer pendant une demi-heure qui étaient Tristan et Isolde, qui étaient les gens qui les entouraient, quelles étaient les causes qui ont conduit à leur fin tragique, etc. activé. Vous souhaiterez immédiatement accéder au centre de votre sujet ; vous abandonnez toute tentative de démonstration et vous vous lancez aussitôt dans l'expression. Et si, avec Maeterlinck, il semble bien peu important de connaître les noms et les histoires de deux ou trois hommes et femmes donnés, les scènes dans lesquelles ils vivent, la routine banale de leur vie quotidienne, si vous voulez seulement savoir comment se comporte le destin. avec eux, quelle émotion douce-amère se distille de leur âme dans une heure calme et pleine de signification vitale - alors vous passerez, comme le musicien, chaque détail qui vous semble sans importance, et vous concentrerez sur ce suprêmement fatidique. heure. Vous ne dépeindreez rien qui se passe, car ce n'est pas l'événement qui est l'essentiel, mais les états d'âme qui naissent de l'événement. Pour Maeterlinck, comme pour Wagner, le « purement humain » – l'homme tout entier, l'homme essentiel – est plus profond que ce qui est « simplement explicable par la raison abstraite ». « Une puissance nouvelle, indescriptible, dit-il en parlant du *Maître Bâtisseur d'Ibsen* , domine ce drame somnambulique. Tout ce qui y est dit cache et révèle à la fois la source d'une vie inconnue. Et si nous sommes parfois déconcertés, que n'oublions pas que notre âme apparaît souvent, à nos faibles yeux, comme la plus folle des forces, et qu'il y a dans l'homme bien des régions plus fertiles, plus profondes et plus intéressantes que celles de sa raison ou de son intelligence.

Pour ces perceptions obscures de l'âme, les mots seuls sont manifestement un mode d'expression inadéquat. C'est pourquoi Wagner et Maeterlinck estiment tous deux qu'une sorte d'énonciation plus directe est nécessaire, un moyen de communication plus immédiat entre le sentiment de l'artiste et celui de l'auditeur. Wagner le trouve dans la musique, qui substitue l'attrait direct à l'attrait indirect du poète ordinaire. Le poème dramatique doit être rédigé « de telle manière qu'il puisse pénétrer les fibres les plus fines du tissu musical et que la *pensée exprimée* se dissolve entièrement dans le *sentiment* ». Non pas qu'il doive y avoir un quelconque abandon de cette emprise sur la vie intérieure qui est l'essence du drame réfléchi. Au contraire, Wagner soutient, à la manière de Maeterlinck, que ce n'est que lorsque l'âme est libérée des accidents inquiétants de la vie passagère qu'elle peut voir clairement les mouvements de la vie universelle. Wagner soutient que dans la symphonie de Beethoven, par exemple, une vision du monde est présentée, tout aussi philosophique, tout aussi logiquement liée, que n'importe quelle vision du monde qui peut être rassemblée sous forme de mots. « Dans cette symphonie, les instruments parlent un langage dont le monde n'a jamais eu connaissance ; car ici, avec une persistance jusqu'ici inconnue, l'expression purement musicale enchaîne l'auditeur dans un entrelacs de nuances inconcevablement varié ; éveille son être le plus profond à un degré inaccessible par tout autre art ; et dans toute sa diversité révèle un principe d'ordre si libre et si audacieux que nous pouvons le considérer comme plus puissant que n'importe quelle logique, sans que les lois de la logique n'y entrent le moins du monde ; La marche de la pensée, avec sa trace de causes et d'effets, ne trouve ici aucune sorte de point d'appui, de sorte que cette symphonie doit nous apparaître positivement comme une révélation d'un autre monde et, en vérité, elle ouvre un schéma des phénomènes du monde tout à fait différent du précédent. schéma logique ordinaire, et dont une chose primordiale est indéniable : qu'il s'impose avec la conviction la plus écrasante et guide notre sentiment avec une telle sûreté que la raison logique en est complètement mise en déroute et désarmée.

À côté de cette vision des relations entre le drame musical et le drame poétique, Maeterlinck compare ses propres idéaux dramatiques avec ceux du poète « actif ». Ce dernier passe sous silence, sans réfléchir, bien des sentiments qui donnent à un événement tragique sa véritable signification. Pourquoi ces sentiments, qui sont le noyau essentiel du drame, ne devraient-ils pas être davantage exploités, et les simples incidents ne devraient-ils pas être considérés comme superflus ou purement accessoires ? Lui aussi, comme Wagner, veut montrer le cœur d'une situation tragique sans le fastidieux catalogage habituel de tous ses membres. Il veut l'essence spirituelle du drame, et l'essence seule, et non les faits matériels bruts à partir desquels cette essence doit être distillée. Il faut ici citer tout le magnifique passage de Maeterlinck : « Le chant mystérieux de l'Infini, le silence inquiétant de l'âme et de Dieu, le murmure de l'Éternité à l'horizon, le destin ou la fatalité dont nous avons conscience en nous, bien que par quels signes personne ne peut le dire : tout cela n'est-il pas à la base *du roi Lear*, *de Macbeth* , *d'Hamlet* ? Et ne serait-il pas possible, par un échange de *rôles* , de les rapprocher de nous et d'éloigner l'acteur ? la marque pour dire que le véritable élément tragique, normal, profond et universel, que le véritable élément tragique de la vie ne commence qu'au moment où les soi-disant aventures, chagrins et dangers ont disparu ?... Quand nous pensons n'est-ce pas la tranquillité qui est terrible, la tranquillité observée par les étoiles ? Et est-ce dans le tumulte ou dans le silence que l'esprit de vie s'anime en nous ? N'est-ce pas quand on nous le raconte, à la fin du récit ? « Ils étaient heureux », pour que la grande inquiétude s'impose ? Que se passe-t-il pendant qu'ils sont heureux ? N'y a-t-il pas des éléments de gravité et de stabilité plus profondes dans le bonheur, dans un seul moment de repos, que dans le tourbillon de la passion ? N'est-ce pas alors que nous voyons enfin la marche du temps, oui, et de bien d'autres vols, plus secrets encore, n'est-ce pas alors que les heures se précipitent ? Toutes ces choses ne font-elles pas vibrer des cordes plus profondes que le coup de poignard du drame conventionnel ? N'est-ce pas au moment même où un homme se croit à l'abri de la mort corporelle que l'étrange et silencieuse tragédie de l'être et des immensités lève bel et bien son rideau sur la scène ? Est-ce pendant que je fuis devant une épée nue que mon existence touche à son point le plus intéressant ? La vie est-elle toujours à son plus sublime dans un baiser ? N'y a-t-il pas d'autres moments où l'on entend des voix plus pures qui ne s'éteignent pas si vite ? L'âme ne fleurit-elle que les nuits d'orage ? Jusqu'à présent, c'est sans doute cette croyance qui a prévalu. C'est seulement la vie de violence, la vie d'antan, qui est perçue par presque tous nos tragiques ; et on peut vraiment dire que l'anachronisme domine la scène et que l'art dramatique remonte à autant d'années que l'art de la sculpture.

Il place les objectifs spirituels de la peinture et de la musique à un niveau supérieur ; « car ceux-ci, dit-il, ont appris à sélectionner et à reproduire ces phases plus obscures de la vie quotidienne qui n'en sont pas moins profondément enracinées et étonnantes. Ils savent que tout ce que la vie a perdu, en ce qui concerne le simple ornement superficiel , a été plus que contrebalancé par la profondeur, le sens intime et la gravité spirituelle qu'il a acquis, le véritable artiste ne choisit plus Marius triomphant des Cimbres , ni l'assassinat du duc de Guise, comme sujet convenable pour son art ; nous savons bien que la psychologie de la victoire ou du meurtre n'est qu'élémentaire et exceptionnelle, et que la voix solennelle des hommes et des choses, la voix qui s'élève avec tant de timidité et d'hésitation, ne peut être entendue au milieu du vacarme des actes de violence et sera donc entendue. il place sur sa toile une maison perdue au cœur de la campagne, une porte ouverte au fond d'un passage, un visage ou des mains au repos, et par ces images simples ajoutera à notre conscience de la vie, qui est une possession qui il n'est plus possible de perdre."

III

L'excellence et la sagesse de ces pensées n'ont pas besoin d'être soulignées. Quel est leur défaut, ou plutôt en quoi sont-ils incomplets ?

Cela peut être constaté, en premier lieu, en comparant la théorie de Maeterlinck à celle de Wagner. Il est tout à fait vrai, comme le dit Wagner, que son genre de drame musical a un grand avantage sur le drame poétique : en abandonnant certains intérêts extérieurs, il peut concentrer toute sa puissance sur l'intérêt central — en donnant pleinement jeu, comme dirait Wagner. elle, aux motivations intérieures de l'action dramatique. Mais d'un autre côté, la musique doit, de par sa nature même, ne pas toucher une vingtaine d' idées et de passions qui sont en nous et pour l'expression desquelles nous sommes obligés de recourir à une poésie qui n'est pas gênée par la musique. Il existe donc certains états mentaux avec lesquels la musique ne peut pratiquement avoir aucune communion. La jeune fille peut chanter, comme nous l'a dit Ruskin, son amour perdu, mais l'avare ne peut pas chanter ses sacs d'argent perdus. Pour étudier l'avare et toutes les nuances de caractère qui ressemblent au sien, il faut donc se tourner non vers la musique, mais vers la poésie ou la prose. Encore une fois, quiconque a vu sur scène *l'Otello* de Verdi a dû être frappé par la relative faiblesse du dessin du personnage d'Iago. Un monstre de ce genre, tout fait de ruse et de tromperie, est une conception presque entièrement étrangère à l'art musical, qui donne certes une valeur accrue aux émotions primaires, mais qui, en revanche, a du mal à aller au-delà. ces. On a souvent du mal à croire que le Mime de Wagner, qui chante une musique si agréable, soit réellement un personnage haineux, en raison de la difficulté qu'a la musique à exprimer le mesquin et le méprisable. Elle peut rendre, principalement par des moyens physiques, l'horrible et le terrible, mais le méprisable, l'avorté, échappent pratiquement à sa sphère.

De plus, même dans le domaine où la musique et la poésie se rencontrent, la musique ne couvre pas assez le terrain, comme le prétend Wagner, au point de faire de la poésie non musicale un superflu, un simple écho de ce que l'on peut entendre avec des tons plus amples dans le un drame qui mêle poésie et musique. Pour la pure beauté émotionnelle de la pitié, pour la tendresse exquise et la consolation complète, rien, dans aucun art, ne pourrait surpasser certaines parties de *Parsifal*. Mais il s'agit ici essentiellement *d'émotion et non de pensée ;* c'est totalement ésotérique ; il accomplit son miracle en retirant dans sa propre atmosphère agréable les faits bruts et durs du monde et en les transformant là. Si nous voulons une expression de pitié qui porte au plus près sur notre vie réelle, nous donne le baume émotionnel en même temps qu'elle laisse libre cours à notre pensée philosophique, il faut aller à la poésie.

Regardez le colloque des pots du Rubaiyat, dans lequel l'humaniste Omar vide les fioles de sa compassion sur les êtres gâtés et brisés de ce monde :

" L'un d'entre eux a dit : " Sûrement pas en vain

Ma substance de la Terre commune a été prise

Et à cette Figure moulée , pour être brisée,

Ou encore une fois retourné sur une Terre informe.

Puis un deuxième dit : "Ce n'est jamais un garçon maussade

Casserait le bol dans lequel il buvait avec joie :

Et Celui qui, de Sa main, fit le Vase

Je ne reviendrai sûrement pas après la destruction de Wrath.

Après un moment de silence, il parla

Un vaisseau d'une forme plus disgracieuse ;

« Ils se moquent de moi parce que je penche de travers :

Quoi! est-ce que la Main du Potier a alors tremblé ?'"

Il n'y a pas ici l'anode sensuelle de la musique de Wagner, mais il y a quelque chose d'aussi précieux ; la pensée est plus loin ; il rapporte avec lui davantage d'éléments de réalité pour les baigner et les adoucir d'émotion ; il remue les profondeurs philosophiques les plus vitales. En lisant ces versets, on pense tristement à tous les êtres meurtris et brisés du monde, aux pauvres âmes difformes qui portent en elles, sans que ce soit de leur faute, les germes de choses qui doivent les détruire ou les tuer : les les hommes affligés de vices incurables du corps, de l'esprit ou de la volonté, les criminels, souvent plus coupables que coupables, sur lesquels la société exerce sa vengeance légalisée . Nous ne sommes pas seulement parcourus par une chaude vague de pitié, comme dans le cas de *Parsifal* ; l'art exquis de la chose est renforcé par l'étroitesse de son association avec d'innombrables problèmes de théologie, de philosophie et de sciences sociales. Ainsi encore, avec ce vers que Maeterlinck lui-même place dans la bouche du vieil Arkel, après une des scènes les plus terribles de *Pelléas et Mélisande* : « Si j'étais Dieu, comme je plaindrais le cœur des hommes ! La musique, dans son discours grave et sage après une terrible catastrophe, peut presque englober une telle richesse de signification éthique comme celle-ci ; mais il y a dans le vers de Maeterlinck une plénitude particulière de divination qui ne peut nous être transmise que par des mots. D'autres exemples innombrables pourraient être cités, tous prouvant l'existence d'une sphère philosophique à laquelle même la plus grande musique ne peut, en raison de son indétermination, jamais accéder. Matthew Arnold a peut-être été un témoin prévenu, étant lui-même poète ;

pourtant on sent qu'il a raison avec lui dans ce passage, dans son *épilogue du Laocöon de Lessing*, où il souligne comment le peintre et le musicien excellent respectivement à exprimer « l'aspect du moment » et « le sentiment du moment ». ", mais que le poète traite plus philosophiquement de la vie totale et de l'entrelacement des choses : -

« Il faut que le mouvement de la vie le raconte !

Le fil qui lie tout en un,

Et pas seulement ses parties distinctes.

Le mouvement qu'il doit raconter de la vie,

Sa douleur et son plaisir, son repos et ses conflits ;

Son œil doit descendre, au maximum,

Le spectacle long et ininterrompu ;

Avec une force fidèle et sans relâche

Assistez-le depuis sa source primordiale,

De changement en changement et d'année en année,

Assistez-y à sa mi-carrière ,

Assistez-le au dernier repos,

Et le silence solennel de sa clôture."

L'expression d'Arnold aurait peut-être été un peu plus artistique, mais il est incontestable que la vérité générale qu'il exprime est que la poésie regarde l'avant et l'après d'une manière que la musique ne peut pas faire ; est plus large dans sa portée philosophique que la musique, plus claire dans sa vision, compensant son idéalisme plus faible par son évocation sympathique de cent notes refusées à la musique.

IV

Et de même qu'on passe de la musique à la poésie pour atteindre certaines émotions qu'on ne retrouve pas dans l'art plus généralisé , de même on passe du monde esthétique de Maeterlinck à celui du réaliste plus grossier, à la recherche de certaines satisfactions artistiques ultérieures. Le mysticisme a cela en commun avec la musique : il donne la parole aux sentiments plus larges et plus généralisés de l'humanité et hésite à entrer en contact avec les facultés moins extatiques qui s'exercent sur les faits les plus difficiles de la vie. Maeterlinck, comme Wagner, tente de s'emparer de l'universel dans l'art ; mais il le fait simplement parce que, comme Wagner, il est relativement insensible aux autres stimuli. Et comme l'esthétique de Wagner ne vaut pour la plupart que pour ceux qui, comme lui, appréhendent le monde à travers la musique, de même la théorie du drame de Maeterlinck n'est pleinement valable que pour ceux qui partagent son attitude générale envers la vie et la connaissance. Si ce sont bien les mystiques qui détiennent la clé de la connaissance des choses ; si, comme le dit Maeterlinck lui-même dans son introduction à l'ouvrage de Ruysbroeck *L'Ornement des Noces Spirituelles* , " toute certitude est fr eux seuls », et que « les vérités mystiques ont sur les vérités ordinaires un privilège étrange — elles ne peuvent ni vieillir ni mourir " ; si dans le demi-évanouissement hypnotique des facultés devant l'abîme de l'universel nous nous rapprochons le plus du secret réel des choses, alors il n'y a rien à ajouter ni à retrancher de l'énoncé de Maeterlinck sur l'essence du drame. Si, d'un autre côté, l'évolution des perceptions les plus spécialisées en nous montre que l'homme a besoin d'un système mental qui embrasse toujours plus de phénomènes du monde, alors devons-nous avoir un art qui puisse également façonner ces perceptions. une beauté qui leur est propre. Avons-nous tous appréhendé l'univers comme le font Maeterlinck et les mystiques - à travers une sorte de sixième sens qui est un mélange instantané des cinq ordinaires, pourrions-nous tous arriver à sa vision philosophique sereine et nous en contenter ? beaucoup de compréhension du monde qui nous est venue dans des intuitions immédiates - nous devrions alors voir dans son genre d'art un mode d'expression co-extensif avec tout ce que nous pouvons connaître ou ressentir. Mais comme nous ne regardons pas tous la vie avec le semi. -Le fatalisme oriental de Maeterlinck, dans l'âme duquel les éléments passifs semblent l'emporter sur les actifs, nous devons nous tourner vers d'autres types d'art dramatique pour la satisfaction de nos envies. « Le poète, dit-il quelque part, ajoute à la vie ordinaire quelque chose — je ne sais quoi — qui est le secret du poète : et nous vient soudain une révélation de la vie dans sa prodigieuse grandeur, dans sa soumission à l'inconnu. puissances, dans ses affinités infinies, dans sa misère effrayante. » Eh bien, pour beaucoup d'entre nous, il y a des moments où « la soumission aux puissances inconnues » n'exprime pas l'essence et la fin de la vie – des moments plus vifs de révolte, de lutte contre les incertitudes, d'affirmations passionnées de la personnalité. , qui ont peu de parenté avec la résignation grise du mystique. Si la vie est laide et amère, il existe un art qui peut nous intéresser profondément dans cette amertume et cette laideur, car il répond à notre besoin profond de ne laisser aucun coin de la vie et de la nature inexploré. Cet art du réel impitoyable n'est peut-être pas aussi « philosophique » que celui de Maeterlinck ; il ne nous parle peut-être pas aussi clairement du « chant mystérieux de l'infini, du silence menaçant de l'âme et de Dieu, du murmure de l'éternité à l'horizon », car ces voix ne peuvent se faire entendre que dans un contexte plus large et plus serein. espace moins trouble que le nôtre. Mais de même que le poète renonce en partie à la perfection formelle du musicien, trouvant sa compensation dans sa capacité à toucher un plus large éventail de choses, de même le réaliste trouve dans le contact vivifiant et toujours intéressant avec les faits les plus bruts de la vie quelque chose qui compense. lui pour avoir manqué la paix plus large du mystique – un sentiment de personnalité énergique, de lutte et de domination sur les forces hostiles, que la langueur du mysticisme ne peut pas fournir. « Aucune raison humaine », dit Maeterlinck à propos de nos actions, « aucune raison humaine ; rien que le destin ». Eh bien, la pensée et l'action, pour le mystique, ne sont peut-être que les enfants de l'illusion ; mais ne peut-il pas y avoir autant d'illusion dans la passivité, dans l'effondrement extatique de l'intellect sous la pression d'un monde incompréhensible ? Dans le drame de Maeterlinck, aussi beau soit-il, nous ne pouvons pas tous trouver une entière satisfaction. Pour citer les mots qu'il a lui-même utilisés dans un autre contexte : « Nous ne sommes plus ici dans les vallées bien connues de la vie humaine et psychique. Nous nous trouvons à la porte de la troisième enceinte, celle de la vie divine des mystiques. . Nous devons tâtonner timidement et nous assurer de chaque pas lorsque nous franchissons le seuil. Et lorsque nous *avons* franchi le seuil, nous nous retrouvons affamé et assoiffé de la vie plus troublée mais en tout cas plus vaste que nous avons laissée derrière nous ; tout comme le drame wagnérien, aussi puissant soit-il, nous fait comprendre qu'il existe des besoins naturels que la musique ne peut satisfaire. La perfection formelle, l'homogénéité absolue ne peuvent être obtenues dans un art que lorsque nous l'abstrayons de l'incident extérieur et d'une longue réflexion. À cet égard, la musique précède la poésie, la poésie avant le drame, le drame avant la fiction. Prenons, chez un maître de la réticence, un exemple d'apparente dissipation de la force artistique que Wagner aurait retenu pour prouver ses propres théories. C'est la scène de *Madame Bovary* où Léon, attendant de voir Emma, est retenu au dîner par Homais . " A deux heures, ils étaient encore à table, l'un en face de l'autre. La grande salle se vidait ; le tuyau de poêle, en forme de palmier, étendait ses feuilles dorées sur le plafond blanc, et près d'eux, par la fenêtre, sous le grand soleil, une petite fontaine gargouillait dans un bassin blanc, où, au milieu du cresson et des asperges, trois homards engourdis s'étendaient jusqu'à des cailles entassées en tas sur le côté. " Du cresson ! des asperges ! des cailles ! trois homards engourdis ! " Wagner aurait dit : « Qu'est-ce que cela a à voir avec l'art ? La manière musicale de décrire l'impatience de deux amants séparés est celle du prélude fou au duo de *Tristan* . Nous avons ici tous les états d'âme essentiels, sans le mélange de réalités extérieures grossières. Il y a pourtant quelque chose dans l'impatience de Léon que la musique ne peut exprimer : l'ennui morne que lui inflige son compagnon, l'errance impuissante de l'esprit devant les laideurs insignifiantes de son environnement. Cela fait également partie de la psychologie humaine et une partie qui ne peut s'exprimer que par des mots. Compte tenu de la portée plus large du réseau artistique, nous réduisons volontiers nos exigences en matière de perfection de qualité dans le rendement ; car les phénomènes de l'extensif et de l'intensif sont censés être compensatoires, l'un prenant sur lui le fardeau là où la force de l'autre échoue. Wagner s'est trompé en pensant que l'union de tous les arts dans la musique-drame pouvait rendre chaque art séparé superflu ; Maeterlinck se trompe en pensant que le mystique, dans son retrait au centre de la conscience, peut nous dire tout ce que nous désirons savoir sur le cercle extérieur. [58]

NOTES DE BAS DE PAGE :

[56] Je me dois d'attirer l'attention sur les mots « æsthetic *systèmes* " parce que, lors de la parution de cet article dans *The Atlantic Monthly* , un critique non méchant m'a reproché d'avoir affirmé, comme il le pensait, que l'œuvre *de* Wagner s'apparentait à celle de Maeterlinck ; il a souligné, à juste titre , que l'œuvre de César Franck est plus proche de celle de Maeterlinck que celle de Wagner. Mais bien sûr je n'avais jamais affirmé que Wagner et Maeterlinck nous parlaient du même langage ou des mêmes choses, je me souciais seulement de prouver ce qui se cache derrière une pratique si différente. Il y avait entre les deux hommes une curieuse similitude de théorie esthétique .

[57] Comparez le dicton d'Amiel : « L'action n'est qu'une pensée grossière ».

[58] Il est intéressant de noter que beaucoup de choses chez Maeterlinck soit nous émeuvent, par leur flou même, tout comme la musique, soit semblent être un fragment de livret, qu'il faudrait mettre en musique avant de pouvoir atteindre toute leur signification. De la première classe, le lecteur se souviendra de choses telles que la conclusion d' *Alladine et de Palomides* . À cette dernière catégorie appartiennent beaucoup de ces scènes curieuses dans lesquelles les personnages ne cessent de répéter des mots apparemment insignifiants, au grand mécontentement de l'homme de la rue, qui ne peut pas en comprendre le sens. Il y a dans *Aglavaine et Selysette* de nombreux passages qui semblent, sans musique, n'être que le squelette, l'échafaudage d'un effet émotionnel. Il y a un exemple frappant de la même chose chez *Joyzelle* :

Joyzelle. Je t'embrassais la nuit , quand j'embrassais mes reves ....

Lancéor. Je n'ai pas eu de doute.... *Joyzelle.* Je n'ai pas eu de crainte ....

Lancéor. Et tout m'est accordé ....

Joyzelle. Et tout me rend heureux !...

Lancéor. Que tes yeux sont profonds et pleins de confiance !...

Joyzelle. Et que les tiens sont purs et pleins de certitudes!...

Lancéor. Comme je les reconnais !...

Joyzelle. Et comme je les retrouve !...

Lancéor. Tes mains sur mes épaule ont le geste qu'elles avaient quand je les attendais sans oser m'éveiller ....

Joyzelle. Et ton bras sur mon cou reprend la même place....

Lancéor. C'est ainsi qu'autrefois tes les paupières se fermaient au souffle de l'amour .

Joyzelle. Et c'est de même aussi que les larmes montaient dans tes yeux qui s'ouvriraient ....

Lancéor. Quand le bonheur est tel....

Joyzelle. Le malheur ne vient pas tant que l'amour l'enchaine .

Lancéor. Tu m'aimes ?...

Joyzelle. Oui ....

Il se lit presque exactement comme un livret sans sa musique.

À SIR EDWARD ELGAR

RICHARD STRAUSS ET LA MUSIQUE DU FUTUR

I

Il y a deux ou trois ans, Richard Strauss était pratiquement inconnu dans ce pays. Quelques personnes avaient entendu ses œuvres à l'étranger ; quelques autres avaient acheté ses partitions complexes et les parcouraient du mieux qu'ils pouvaient, n'en tirant pour la plupart que l'impression que Strauss devenait de plus en plus en colère chaque année. D'autres climats plus heureux, où la demande de musique est presque aussi grande que l'offre, sont arrivées d'étranges histoires sur ce nouvel art. Une chose était universellement admise comme indiscutable : Strauss était un maître de l'effet orchestral tel que le monde n'en avait jamais vu ; mais tout le reste n'était que pure légende. En 1897, *Also sprach Zarathustra* fut joué au Crystal Palace ; Le vieux Sir George Grove, dans une lettre privée, a exprimé ce qui était probablement l'opinion de la plupart des personnes qui ont assisté à l'audience : « Qu'est-il arrivé à faire tomber la musique du haut niveau de beauté, d'intérêt, de sens, de force, de grâce, cohérence et toute autre bonne qualité, à laquelle elle s'élève chez Beethoven et aussi (pas si haut) chez Mendelssohn, jusqu'au faible niveau de laideur et de manque d'intérêt que nous avions pour le farrago absurde de Strauss... *Bruit* et *effet* ? Cela semble être tellement le but maintenant. " C'était la vieille, vieille histoire . L'homme qui écoute un art nouveau et qui en est momentanément révolté ne pense jamais que les défauts ne peuvent pas être dans l'art mais en lui-même ; avec une arrogance sublime. il dispose en une demi-heure d'un ouvrage qui a peut-être nécessité un cerveau trois fois plus lourd que le sien en une demi-décennie. Il y avait une excuse pour Grove, il avait près de quatre-vingts ans, et *aussi. Le discours de Zarathoustra* a peut-être sonné à ses vénérables oreilles comme si le chaos revenait. D'autres personnes n'avaient pas la même excuse. Quoi qu'il en soit, l'exécution isolée d'une œuvre aussi complexe n'était guère le moyen d'éduquer les masses musicales au nouvel évangile. La fleur de Strauss a décidément langui pendant quelque temps en Angleterre. Il est vrai qu'on pouvait parfois entendre, soit à Londres, soit en province, *Till Eulenspiegel* , *Don Juan* , *Tod und Verklärung* , et une chanson ou deux, mais c'était tout. De temps en temps, il y avait une petite querelle dans la presse sur les mérites et les tendances de Strauss. Un groupe de critiques courageux a osé dire qu'il s'agissait là d'un compositeur susceptible de devenir la prochaine grande figure de l'histoire de la musique après Wagner ; un autre groupe, tout aussi courageux, s'occupait sans relâche de préparer le rire des générations futures. Certains de ces derniers messieurs avaient déjà solidement assuré leur place dans l'histoire en s'opposant, il y a vingt ou trois décennies, à Wagner. Maintenant, avec un zèle et une énergie intacts, soucieux d'atteindre une immortalité plurielle, ils battaient assidûment leurs vadrouilles contre la marée océanique de Strauss. Un troisième groupe a suivi la bannière de l'ingénieux gentleman qui « s'est protégé » en déclarant que la musique de Strauss était toujours *soumise à la justice* — comme si *tous* les musiciens n'étaient pas continuellement *soumis à la justice* . Mais s'il était très gratifiant d'assister à ce combat – tous les combats étant un témoignage de la vie –, quel était l'objet de tous ces conflits ? Simplement, en grande partie sur *Don Juan* , une œuvre relativement ancienne de Strauss, qui n'est en rien représentative des possibilités de ses méthodes ni du stade d'évolution auquel il était déjà parvenu. Le véritable Strauss ne se voyait pas dans *Don Juan* mais dans *Don Quichotte* . *Sprach Zarathoustra* et *Ein Heldenleben* . Pourtant la fleur de l'intelligence anglaise se disputait bruyamment autour de trois œuvres de la jeunesse du compositeur : *Till Eulenspiegel* , *Tod und Verklärung* et *Don Juan* ! C'était comme si, en 1881, juste avant la production de *Parsifal* , les champions anglais des écoles rivales s'étaient entretués sur la question de savoir si Wagner n'était pas allé un peu trop loin dans *Tannhäuser* et *Lohengrin* . En vérité, l'Angleterre dormait.

Ensuite, Strauss lui-même est venu deux fois dans la métropole, d'abord pour diriger quelques œuvres diverses, puis pour produire son dernier poème symphonique *Ein Heldenleben* , pour la première fois en Angleterre. Maintenant l'intérêt, ou du moins la curiosité, de Londres était un peu éveillé. Une passion abstraite et désintéressée pour la musique elle-même, un désir cultivé de nouveautés, par opposition à l'intérêt purement circassien pour les nouveaux artistes, semble au-delà des forces de presque quelques âmes dans cette vaste population. Une discussion organisée sur un nouveau compositeur ne commence que lorsque lui -même se trouve en ville. Comme le dit Sir Thomas Browne, « Certains croient qu'il est préférable de voir le sépulcre du Christ ; et lorsqu'ils ont vu la mer Rouge, ils ne doutent pas du miracle. » Dans l'état actuel des choses, on peut se demander si un public aussi nombreux se serait rassemblé pour entendre – ou pour voir – Strauss à l' occasion *de Heldenleben* , si ce concert n'avait pas aussi été le premier auquel M. Henry Wood se produisait après une longue maladie. . Lorsque, environ six mois plus tard, un festival Strauss de trois jours fut donné au St. James's Hall, avec le bel orchestre d'Amsterdam qui le joue si intelligemment, et avec Mengelberg et Strauss lui-même comme chefs d'orchestre, mais cette fois sans M. Wood en convalescence. , le grand public a montré honteusement peu d'intérêt pour la chose. Cependant, la graine avait été semée et sa croissance a été assez rapide. Nous n'avons pas encore entendu en Angleterre la dernière œuvre de Strauss, la *Symphonia domestica* , ni *de Don Quichotte* . [59] n'a pas été répété depuis sa seule représentation en anglais au Festival. Mais *Ein Heldenleben* – le terrible *Ein Heldenleben* , l'épouvantail, le croque-mitaine d'il y a quelques années – est devenu étonnamment populaire. On y joue assez fréquemment ; des jeunes filles à peine adolescentes étudient la partition et discutent de la musique d'amour avec appréciation. *Jusqu'à Eulenspiegel* , *Tod und Verklärung* , *Don Juan* , — on les entend si souvent qu'on n'est plus choqué quand on les voit sur les billets ; même *Sprach Zarathustra est également* parfois donné. *Aus Italien* a été joué à plusieurs reprises et la jeune Symphonie en fa mineur (op. 12) a été jouée au moins une fois. Le concerto pour violon, la sonate pour violon, la sonate pour violoncelle et le quatuor pour piano peuvent tous être entendus de temps en temps. De sorte qu'enfin, le reproche d'ignorance totale de Strauss nous est enlevé, même si nous n'entendons pas autant parler de lui, notamment de ses toutes dernières œuvres, qu'on le souhaiterait.

Il est dommage que nous ne puissions pas obtenir plus d'interprétations de ses plus grandes œuvres, car l'amateur qui ne l'entend pas souvent à l'orchestre et qui essaie de le connaître à partir des choses plus faciles qu'on peut jouer à la maison, risque de le découvrir. avoir une très fausse impression de lui. Il a traversé tellement d'étapes de développement artistique qu'il suffit de retrouver ici et là l'une de ses premières œuvres pour être capable d'un dogmatisme à son sujet ridiculement faux. Je ne me souviens d'aucun exemple dans l'histoire de la musique d'un homme doté d'une telle force native et d'une individualité aussi prononcée qui suggère, dans ses œuvres de jeunesse, tant d'autres musiciens de renom qui l'ont précédé. Vous trouverez dans les Strauss antérieurs d'abondantes traces de Mozart, de Haydn, de Beethoven, de Wagner, de Schumann, de Brahms, de Liszt. Et pourtant, ce qui est curieux, c'est que nulle part nous n'avons l'impression que Strauss ait été, même pendant un court laps de temps, entièrement sous l'influence de l'un d'entre eux ; il est toujours lui-même, même s'il retombe parfois inexplicablement dans les réminiscences les plus distinctes des mœurs des autres hommes. Personne d'autre que lui n'aurait pu écrire la vigoureuse Sonate pour piano (op. 5) ; dans le premier mouvement, par exemple, non seulement le *mâle tristesse* de l'ambiance, mais la conduite ferme et flexible est indubitablement la sienne. Pourtant, dans ce même mouvement, avec son atmosphère moderne, sa force moderne et son audace moderne, il lui faut insérer ici et là des passages qui remontent jusqu'au XVIIIe siècle, dans leur forme, leur discours et leur psychologie. Quelque chose du même phénomène se retrouve dans sa Symphonie en fa mineur (op. 12). Ce qui est singulier, c'est qu'il n'a jamais eu de véritable époque Beethoven, ni de véritable époque Schumann, ni de véritable époque Wagner ; mais qu'il semblait parfois tomber tout naturellement dans des modes de sentiments et d'expression passés, comme un homme dont le style de prose avait une tendance inexplicable à retomber, de temps en temps, dans les réminiscences des auteurs qu'il avait le plus lu dans sa jeunesse. Le *Guntram* (op. 25) avait peut-être un aspect très wagnérien lors de sa première parution ; mais tel que nous le lisons maintenant, à la lumière des œuvres ultérieures de Strauss, il est clair que Wagner n'entre pas dans la vingtième partie de l'opéra. On pouvait repérer les passages qui ressemblaient à Wagner – en particulier cette extraordinaire réminiscence de *Tristan* que Strauss semble utiliser si inconsciemment – et résumer l'ensemble de l'opéra comme l'œuvre d'un simple disciple de Wagner. Il était difficile à cette époque de saisir la signification des parties les plus individuelles de *Guntram*, ou de se forger un schéma cohérent de ce qu'était les processus psychologiques du compositeur. Mais nous pouvons tout voir maintenant, après *Also sprach Zarathustra*, *Don Quichotte*, *Enoch Arden* et les chants ; et il est évident que *Guntram* n'a jamais dû son origine à Wagner, mais à un esprit d'un type tout à fait différent du sien. Ce n'est pas la texture de Wagner, ce n'est surtout pas la vision du monde de Wagner ; il vient d'un cerveau d'une vision différente, créant sa propre terminologie au fur et à mesure et ne tombant qu'occasionnellement dans l'idiome du grand précurseur de Strauss. Il en va de même pour l'influence tant citée de Liszt sur lui. Que la fleur de l'œuvre de Strauss ait poussé à partir du sol arrosé par Liszt est incontestable. Mais on ne peut citer aucune œuvre, aucune section d'une œuvre qui semble provenir directement de Liszt. À l'exception d'une demi-douzaine d'écrits de jeunesse, il n'y a rien de Strauss qui, malgré ses suggestions de tel ou tel prédécesseur, ne lui appartienne aussi complètement qu'Orfeo *à* Gluck ou *Lohengrin* à Wagner ; tandis que dans l'œuvre de ces dernières années, années de maturité et de pleine conscience de soi, il se tient fièrement, haut et seul, unique parmi les musiciens, bien avant d'avoir atteint sa quarantième année. Pourtant, la tradition selon laquelle il n'est qu'un mélange artificiel de Wagner et de Liszt tiendra probablement le coup pendant encore longtemps.

Encore une fois, la distance entre ses œuvres antérieures et ses œuvres ultérieures est si grande que celui qui ne le connaît que grâce aux efforts de son adolescence est certain de se méprendre sur lui. Le Strauss actuel impose le respect même à ceux qui pensent qu'il utilise simplement ses grands dons pour atteindre la perversité et la laideur ; mais nous pouvons parcourir page après page de ses premiers travaux et pourtant, à peine une fois, nous trouvons quoi que ce soit qui nous fasse croire que nous sommes face à face avec un génie. Certains d'entre eux, comme le *Fünf Klavierstücke* (op. 3) et *Stimmungsbilder* (op. 9), sont parfois assez médiocres, banals dans le rythme, faibles dans la structure et résolument bon marché dans la mélodie. Même là où ses premières œuvres étaient les plus excellentes – et certaines d'entre elles étaient admirables – il était impossible d'en dire que le compositeur était l'un des esprits prédestinés de la musique, destiné à déplacer des repères, à explorer des pays inconnus. Ce n'était évidemment pas un talent commun ;

même à cette époque, il était généralement vigoureux, audacieux, sûr de lui ; mais il devenait rarement incandescent. Au cours de ces années d'apprentissage, Strauss développait tranquillement et presque inconsciemment un parti pris musical qui devait remodeler l' esthétique de la musique – douteux encore quant à savoir où ses propres idéaux l'entraînaient, et sans doute parfois perplexe devant son incapacité à comprendre précisément le tableau qu'il aurait souhaité, mais en restant autonome, une force nouvelle et vigoureuse visant un idiome qui lui est propre. Nous voyons maintenant combien il est désespérément absurde de juger le compositeur d' *Aussi sprach Zarathustra* selon l'une quelconque des normes du passé - que l'esprit tout entier de l'homme est unique, qu'il voit dans la musique des choses que personne n'a jamais vues auparavant et qu'il prend le plus direct : même s'il est le plus périlleux, chemin vers leur expression. Il lui fallut beaucoup de temps pour apprendre qu'il n'avait pas de grande faculté pour créer une beauté abstraite, pour tisser l'étoffe impalpable d'une vision en quelque chose qui vit et sera immortel, comme l'œuvre du sculpteur, en vertu de la pure harmonie de chaque élément de l'image. C'est être. Le grand test de l'existence de cet ordre de beauté chez un musicien se trouve dans ses mouvements lents. La simple vigueur du rythme et l'intensité des couleurs ont ici moins d'importance que partout ailleurs : dans ce monde idéal et abstrait, où l'âme écoute sombrement, ruminant le mystère des choses comme la colombe sur les eaux, le sentiment d'existence en soi du musicien. la beauté doit être à son meilleur ; et l'absorption complète du ton pur qu'exige une telle humeur est la qualité de l'absolu plutôt que celle du musicien poétique. Bien entendu, je ne nie pas un seul instant que Strauss ait écrit quelques passages lents et chargés de beauté émotionnelle, comme le thème de la « Rédemption » à la fin de *Tod und Verklärung*, le noble *mit Section Andacht* au début d' *Also sprach Zarathustra*, la pathétique death-music de *Don Quichotte*, ou à la fin de *Ein Heldenleben*. Ce que je veux dire, c'est que ce n'est pas l'ordre d'esprit musical auquel le formalisme étendu de la symphonie, avec son souci d'effet architectonique, est le plus propice. Son génie est littéraire plutôt que architectural ou sculptural.

Regardez par exemple ses chansons. Si son don était la pure beauté musicale, la mélodie qui chante avec pure joie en elle-même, elle apparaîtrait certainement ici, voire ailleurs. Pourtant, parmi toutes ses chansons, je ne peux en retenir qu'une ou deux qui semblent écrites à partir du simple cœur du lyrisme lui-même ; tandis que dans tous les très grands, la magie et la puissance ne viennent pas de la pure beauté mélodique ou harmonique, mais du sentiment qu'ils nous donnent d'une véracité émotionnelle absolue - comme s'il s'agissait d'un homme parlant d'un sujet élevé très gravement et avec une intense conviction. et parvenant ainsi, non pas à l'abandon ravissant de la poésie, mais à une prose éloquente, passionnée et introspective.

Strauss n'est peut-être pas un grand mélodiste, si l'on restreint ce terme au sens qu'il a acquis dans la musique absolue du passé. Une seule fois, je crois – dans le mouvement lent du Quatuor avec piano (op. 13) – il se chante dans ce monde idéal d'extase et d'enchantement dans lequel les musiciens plus âgés passaient leurs heures les plus dorées. Ici, en effet, il perd de vue ce monde réel des hommes et des choses qu'il a eu la gloire de rendre musical pour nous dans ses œuvres ultérieures ; ici, en effet, il se contente de chanter avec une absorption ravie, se contentant de déverser un flot de sons qui sera tout ce qu'il est censé être s'il est divin, simplement « une merveille et un désir sauvage ». Ce mouvement est unique dans l'œuvre de Strauss, tant par sa pure beauté que par sa finalité esthétique . Pour une fois dans sa vie, en tout cas, le grand réaliste a eu son heure mielleuse d'idéalisme. Mais les qualités mêmes de vigilance, d'intérêt vif pour la vie, qui ont fait de Strauss, dans sa musique ultérieure, le symbole d'une nouvelle ère esthétique , l'ont empêché de tomber souvent dans cet évanouissement extatique et clairvoyant d'où la musique des grands rêveurs est né. Une mélodie, chez lui, n'est pas quelque chose d'irresponsablement beau, aussi pur délice pour l'oreille que le vol d'un oiseau ou le jeu du soleil sur l'eau le sont pour les yeux, mais un commentaire sur un personnage ou une situation, visant à la véracité en premier lieu plutôt que la beauté existante en soi. D'où cette impression de dessin tortueux et serré qu'on a parfois dans une œuvre comme *Guntram* , où sa main n'a pas encore appris à suivre la vision intérieure avec une entière fidélité. D'où aussi le sentiment que nous donnent parfois, dans certaines de ses mélodies, qu'elles frisent dangereusement le lieu commun ou l'évidence — comme dans la cadence de la charmante petite chanson populaire par laquelle se termine *Till Eulenspiegel* , ou dans une ou deux portions de le final de *Tod und Verklärung* . Plus un musicien se rapproche de la pure simplicité, plus il lui est difficile d'atteindre la vraisemblance sans tomber dans le bathos. Si Strauss nous a parfois fait sentir qu'il n'y a qu'un pas entre le sublime et le ridicule, il nous faut aussi nous rappeler qu'aucun musicien n'a jamais été aussi triomphal dans son maniement du matériau le plus simple - comme dans certains passages de *Aussi Sprach Zarathustra* , la fin d' *Ein Heldenleben* , la musique de Sancho Panza dans *Don Quichotte* ou la musique des enfants dans *Feuersnot* . Si Tchaïkovski a apporté le dernier frisson nouveau à la musique, Strauss l'a dotée d'une nouvelle simplicité. C'est bien cela qui fait de lui Strauss ; car aussi paradoxal que cela puisse paraître, ce constructeur de poèmes symphoniques colossaux, ce porteur du langage orchestral le plus puissant jamais parlé, ce mollah fou de l'harmonie, est ce qu'il est parce qu'il a osé bousculer presque toutes les conventions qui se sont regroupées. autour de l'art au cours des deux cents dernières années. Il est complexe parce qu'il est simple ; il paraît si follement artificiel parce qu'il est absolument naturel ; on l'appelle sophistiqué parce qu'il rejette tout artifice et parle comme l'homme musical naturel. Pour établir quelle position, passons un instant à une discussion sur l'esthétique .

II

De tous les arts, la musique est celui dont l'idéal de forme est le plus élevé, le plus exigeant, le plus impératif ; l'art dans lequel nous sommes le moins disposés à tolérer toute défection du plus haut que nous puissions concevoir. Ceci, en effet, a été la cause à la fois du développement rapide de la musique par rapport aux autres arts, et de la guerre frénétique des écoles, génération après génération. L'intensité du désir du grand musicien d'une perfection idéale dans son art l'amène, en quelques années, à parcourir une courbe d'évolution qu'il faut un siècle aux autres arts pour décrire. Cette concentration esthétique nous a donné la symphonie de Beethoven et le drame musical de Wagner, chacun étant la chose la plus parfaite en son genre, chacun l'expression la plus parfaite des besoins musicaux de la génération qui lui a donné vie. En même temps, ce principe d'évolution a amené le monde, lorsqu'il a découvert à quel point l'accomplissement par le musicien de l'objectif particulier qu'il avait visé était absolument complet, à désirer se reposer en permanence dans cette forme, à la considérer comme le dernier mot de la musique. . Il en fut ainsi de la symphonie selon Beethoven et de l'opéra selon Wagner. Or, ce qu'il faut reconnaître dans le cas de Richard Strauss, c'est qu'il est le destructeur — ou en tout cas, le symbole de la destruction — de toutes les valeurs antérieures, comme dirait Nietzsche, et le créateur à la fois d'une expression nouvelle et d'un nouvelle forme.

La musique ne pouvait pas plus s'arrêter à Wagner qu'elle ne pouvait s'arrêter à Bach, Gluck ou Beethoven. Il convient de noter que l'expansion de la manière dont la musique a subi entre les mains de chacun de ces hommes était le fruit d'une expansion corrélative du monde mental du musicien – non pas du musicien individuel, mais du type. Le grand intérêt de Wagner pour beaucoup d'entre nous est que, pour la première fois, la musique visait à devenir coextensive à la vie humaine. (Tant de choses, je pense, peuvent être postulées de manière générale sans entrer dans des terrains très controversés, si nous complétons la proposition en disant que Berlioz et Liszt – le Liszt des douze poèmes symphoniques, la symphonie *de Dante* et la symphonie *de Faust* – doivent être compris comme englobé sous Wagner.) Mais l'élément même dans son œuvre qui a fait de Wagner une évolution incontestable de Beethoven - la perception claire que dans la symphonie pure et simple, vous ne pourrez jamais, faites ce que vous voudriez, passer entièrement du décoratif à l'humain. , que pour s'intéresser plus précisément à l'homme et au monde, la musique doit faire appel à la poésie, avec ses associations plus larges et plus profondes avec la vie humaine - c'était en même temps, assez curieusement, l'élément qui marquait les limites de la opéra et prédit sa disparition définitive. L'opéra, c'est désormais évident, n'est *la* forme ni du présent ni du futur. C'était autrefois la forme révolutionnaire, et sous sa bannière rouge, les hommes s'imprégnaient des mains du sang de leurs semblables ; maintenant c'est un classique, et dans vingt ans nous aurons une école qui cite son Wagner contre les nouveaux perturbateurs de nos conventions musicales comme une ancienne école citait Mozart et Beethoven contre Wagner. Et pourquoi l'opéra commence-t-il désormais à être reconnu comme une forme limitée, au lieu de la forme universelle que Wagner espérait tendrement en faire ? Tout simplement parce qu'il nous est désormais apparu clairement que le mélange de la voix humaine dans la musique limite en réalité l'étendue de l'art autant que son absence limitait autrefois la symphonie. Ce dont la musique ancienne avait besoin, c'était d'une fécondation par la parole, comme Wagner ne se lassait pas de nous le répéter ; ce dont la musique a aujourd'hui besoin, c'est d'être émancipée de la tyrannie de la parole. Un coup d'œil sur l' esthétique de l'art rendra cela moins paradoxal qu'il n'y paraît à première vue.

Comme j'ai essayé de le montrer dans un autre essai de ce volume, ceux qui méprisent la musique à programme comme une dérogation à la haute nature et à l'origine pure de cet art travaillent dans l'illusion. La musique, disent-ils, devrait pouvoir subsister seule, dans un splendide isolement pour ainsi dire ; et ils considèrent comme un signe de faiblesse musicale qu'un compositeur , s'associant à l'élément littéraire de la poésie, « appelle à son aide un art étranger », comme ils disent. Tout cela repose sur une mauvaise compréhension de l'essence réelle de la musique et sur une analyse erronée des états psychologiques dont elle est issue. Depuis les débuts de l'art, deux impulsions principales ont stimulé le musicien : l'abstrait et l'humain, le décoratif et le poétique. Le fait que ces deux éléments soient presque toujours mêlés, dans une proportion ou une autre, dans la musique même que nous connaissons, ne bouleverse en rien l'analyse. D'une manière générale, la révolution opérée par Wagner était précisément l'infusion d'une plus grande préoccupation humaine dans un art auparavant trop tourné vers l'architecture ou la décoration. Il a compris qu'il était impossible pour un homme moderne de dire tout ce qu'il voulait dire sous une forme qui attribuait relativement trop d'importance à la propriété du modèle et laissait trop peu de possibilités pour le suivi de pensées aussi fluides que celles d'un détective. complexe, aussi évasif que la vie elle-même. D'une part, il fallait passer d'un ton inarticulé à un ton articulé, de la musique comme expression généralisée à la musique comme expression particulière de la vie ; et cela ne pouvait se faire qu'en conquérant pour elle, par la parole, un nouveau territoire d'intérêts humains dans lequel elle devait être suprême. D'un autre côté, il fallait un démantèlement général de l'ancienne forme officielle et un abandon général des vêtements inutiles afin que les membres de ce jeune art puissent bouger plus librement. Nous savons quelle a été la réalisation de Wagner . En dehors de ses prodigieux dons musicaux, il vivra grâce à la proximité de sa pensée avec la vie réelle ; car il était étrangement réel, quoique à sa manière semi-romantique.

Mais l'élan donné à la musique par Wagner ne pouvait pas s'arrêter là où il souhaitait qu'il s'arrête. Déjà, de son vivant, Berlioz et Liszt avaient découvert une forme de poème symphonique qui, sans la vogue écrasante des opéras de Wagner, aurait probablement été reconnue comme la forme prééminente du XIXe siècle. . Il ne faut jamais oublier que Liszt n'était pas un simple imitateur de Wagner, mais qu'ils ont travaillé séparément pendant de nombreuses années sur les mêmes lignes esthétiques générales – Liszt étant, en fait, celui des deux qui a vu le premier les nouvelles possibilités de la musique moderne. . Maintenant que l'œuvre de Wagner est terminée et appartient au passé – la forme d'art qu'il a perfectionnée étant morte avec lui, autant que nous pouvons le constater aujourd'hui – la trace longtemps submergée de Liszt fait sa réapparition. Méprisé en tant que compositeur à son époque, il trouve désormais une justification posthume et indirecte en la personne de Richard Strauss. Comme la rivière Aréthuse, perdue ici et réapparue ailleurs, la psychologie particulière du poème symphonique selon Liszt réapparaît dans *Tod und Verklärung* et *Also sprach Zarathustra*, après avoir été cachée pendant un demi-siècle par l'art plus lyrique, moins « représentatif » de *Tristan* et les *Maîtres Chanteurs*. Le point fort de Strauss est justement d'avoir montré combien de fois la parole peut être avec le plus grand avantage être écartée en musique, car la parole, bien qu'elle soit un élément fécondant jusqu'à un certain point, devient une obstruction positive une fois ce point dépassé. Là où il y a des mots, il y a nécessairement une voix humaine, et là où il y a une voix, vous êtes nécessairement liés par les limitations de la voix et exclus de la moitié du cercle de la vie. On peut bien entendu accepter ces limitations en ce qui concerne la voix elle-même et laisser à l'orchestre le soin de représenter des choses trop vastes, trop mystérieuses ou trop terribles pour être chantées – ce qui était la méthode de Wagner. Mais le succès de ce système dépend de la qualité de votre sujet ; et lorsque vous aborderez le grand sujet moderne et désirerez examiner, à travers la musique, la vie et la philosophie de votre propre époque, vous découvrirez que la voix est, le plus souvent, un obstacle. Un sujet comme *Also sprach Zarathustra*, par exemple, n'exige ni ne tolérerait la voix humaine dans une mise en musique de celui-ci. Le livre de Nietzsche n'est ni lyrique, ni dramatique ; c'est – ou prétend être – un morceau de philosophie, une réflexion sur le cosmos tel qu'il apparaît à un homme moderne amer et désillusionné. En intégrant la musique dans un gigantesque projet comme celui-ci, le minuscule tintement égoïste de la voix humaine serait une ridicule descente dans le bathos. [60] Il suffit de regarder autour de soi la musique des cent dernières années pour voir que, à mesure que sa psychologie s'étendait, elle avait d'abord besoin de la parole pour accéder à un nouveau territoire, et qu'elle devait ensuite abandonner la parole pour pouvoir accéder à un nouveau territoire. pour sécuriser l'entrée dans un territoire encore plus reculé et plus mystérieux. C'est dans cet environnement que Strauss a dû se frayer un chemin à travers une expérience après l'autre.

Or, de même que la musique de Wagner, bien que plus complexe que l'art ancien à certains égards, était plus simple que l'ancien en ce sens qu'elle substituait une forme naturelle au discours lyrique guindé - une révolution semblable à celle opérée dans la poésie anglaise par les auteurs lyriques de la fin du XVIIIe et le début du XIXe siècle — Strauss représente donc un autre mouvement vers le naturel, par rapport aux musiciens contemporains comme Brahms ou même Tchaïkovski . La preuve en est largement présente dans presque toute sa musique, à partir de l'opus 5 ; elle est visible partout, dans ses mélodies, ses rythmes, ses harmonies, sa *facture* . De temps en temps, bien sûr, il y a une erreur dans les formalités polies qui sont si fatalement faciles au musicien de tous les artistes. Mais dans l'ensemble, Strauss donne l'impression d'un tempérament singulièrement frais et non conventionnel, dont le nouveau mode de vision génère spontanément sa propre manière d'exprimer. La qualité particulière de son style mûr est sa *Selbstständigkeit absolue* , son entière indépendance, dans toute sa texture, de toute loi autre que la sienne. Je n'ai pas besoin de parler de sa merveilleuse orchestration, car sa suzeraineté y est incontestable. Mais il suffit de regarder ses harmonies, ces harmonies qui font l'horreur d'un grand nombre de gens qui ne sont nullement académiques, pour voir combien le style est suprêmement naturel, combien infiniment éloigné du simple désir d'ébranler l'humanité. de Strauss même dans ses moments les plus provocants. [62] Ce qu'on disait autrefois des harmonies de Wagner, on le dit maintenant des harmonies de son successeur. J'avoue franchement qu'il y a parmi eux certaines choses qui nous déchirent cruellement les oreilles, des choses pour lesquelles nous ne pouvons que nous signer pieusement, comme aux grossièretés de l'homme naturel au coin de la rue, et nous dépêcher de partir. Ces écarts par rapport à la normale se manifestent principalement dans ses chansons, où il s'autorise une licence beaucoup plus large que dans aucune de ses autres œuvres. Au reste, on constatera que, à quelques excentricités mises à part, notre premier préjugé contre la plupart de ses nouvelles harmonies et progressions est dû simplement à leur caractère inattendu, et que dès que nous nous y sommes habitués, elles nous semblent tout à fait logiques et inévitables. . Sans aucun doute, notre palais de l'harmonie a été écoeuré par trop de saccharine ; la qualité tonique et astringente de la discorde n'a encore été suffisamment appréciée par aucun musicien autre que Strauss. Comme toutes les autres superstitions, la superstition harmonique ne peut survivre à l'expérimentateur audacieux. La foi dans les puissances malignes qui suivent les pas de celui qui marche sous une échelle ou qui renverse le sel à table, reçoit un choc brutal lorsque nous trouvons un homme tentant ainsi la Providence et ne subissant aucun préjudice particulier ; et beaucoup de choses en musique que nous déclarerions *à priori* impossibles paraissent tout à fait simples et naturelles lorsqu'elles sont réellement réalisées. Terminer une grande œuvre orchestrale par des successions réitérées de l'accord de si naturel suivi de la tonique de do naturel semble être une invention de Colney Hatch ; mais c'est étrangement suggestif et extrêmement impressionnant dans *Also sprach Zarathustra* . Bien entendu, l'invention et l'élaboration d'une nouvelle technique sont des choses très difficiles ; et il ne faut pas s'attendre à ce que Strauss nous donne ici et là l'impression de ne pas être tout à fait à l'aise, même sur son propre territoire. Rien ne pourrait être plus audacieux, et, en règle générale, plus réussi que sa fade persistance dans une certaine figure ou une certaine séquence alors que toutes les chances sont en faveur que la chose s'effondre comme un château de cartes bien avant qu'il puisse atteindre le but. sommet; il y a parfois quelque chose de positivement sombre et inquiétant dans la manière *nonchalante* avec laquelle Strauss guide son écorce à travers tous les dangers des profondeurs musicales. Dans la belle chanson *Ich schwebe* (op. 48, n° 2), par exemple, on s'étonne et s'amuse tour à tour de la liberté des séquences harmoniques ; on ne sait guère s'il faut être en colère contre le non-conformisme froid avec lequel nous sommes traités, ou rire avec joie devant l'impudence de la performance. Strauss semble penser que c'est une erreur de considérer les accords comme étant construits à partir d'une certaine base. D'une certaine manière, son système est un retour à la vision des vieux contrapuntiques, selon laquelle la musique est une question d'une série de lignes horizontales, et non de lignes verticales dans lesquelles les pensées de l'harmoniste moderne se fondent. Remplacez les lignes horizontales par des figures ou des groupes horizontaux, et nous obtenons la distinction entre l'harmonique Strauss dans ses moments les plus audacieux et, disons, l'harmonique Tchaïkovski . Une certaine séquence d'accords doit être exécutée, bon gré mal gré, dans une partie du piano ou de l' orchestre ; une autre séquence, tout à fait indépendante, doit être réalisée, bon gré mal gré, dans une autre partie. Ils sont entendus les uns contre les autres à chaque étape de leur carrière. S'ils se mélangent, selon les notions courantes d'harmonie, c'est bien et bien ; s'ils ne le font pas, tout aussi bien. Vous n'êtes choqué pour l'instant, dit Strauss, que parce que votre oreille est devenue sophistiquée, artificialisée , à force de s'attarder trop longtemps sur l'atmosphère harmonique conventionnelle qui a été fabriquée pour vous ; il faut apprendre à respirer une atmosphère nouvelle, à se délecter d'un nouveau type de séquence musicale, où des notes opposées ou des accords opposés vont chacun à sa fin, indépendamment d'effets harmoniques isolés ou de certaines formalités étouffantes appelées « résolutions ». " Nous devons apprendre à penser horizontalement. En matière musicale, cependant, il faut un peu de temps, même aux plus avancés d'entre nous, pour réajuster notre point de vue ; et soit que nous ne soyons pas encore tout à fait dignes de la lumière de la nouvelle dispensation, soit que la voix du prophète lui fasse parfois défaut et que son discours devienne un peu épais et sa pensée un peu incohérente, il est certain que Strauss maintenant et encore une fois, notre patience est quelque peu mise à l'épreuve. Ici et là, dans *Ein Heldenleben* et dans certaines des chansons les plus folles, nous sentons qu'aucune familiarité avec la musique ne nous fera jamais aimer certains effets - ou défauts - de l'harmonie ; et même dans une grande chanson comme *Traum durch die Dämmerung* (op. 29, n° 1), nous avons à plus d'un moment le sentiment inquiet qu'au lieu de devenir le maître, Strauss est devenu le serviteur de son matériau. On soupçonne juste ici et là qu'il travaille sa séquence prédéterminée de manière trop rigide et qu'il aurait gagné à la relâcher un peu. En tout cas, comme je l'ai déjà remarqué, c'est généralement dans ses chansons, qui, si belles soient-elles, ne constituent pas la partie la plus importante de son œuvre, que son système harmonique est le plus apte à nous couper le souffle ; bien que je ne puisse pas être d'accord avec un auteur récent selon lequel les harmonies ne sont qu'une « expérimentation sauvage ». Dans quatre-vingt-dix-neuf cas sur cent, ils me paraissent parfaitement spontanés, même lorsqu'ils sont les plus éprouvants ; Je pense que Strauss écrit exactement comme il le ressent, sans aucune simple tentative, de sang-froid, pour réaliser l'inattendu ou l' impossible. Une cause fréquente de la nouveauté de ses progressions harmoniques est qu'il résout les tons constitutifs de ses accords dans n'importe quelle partie de la gamme qu'il choisit. Ceci, bien entendu, n'est que la continuation d'une tendance qui s'est manifestée dans la musique au cours des cent dernières années ; et Wagner et Liszt nous ont rendu certaines résolutions de ce genre si familières qu'elles ne suscitent aujourd'hui aucun commentaire. Dans un demi-siècle, la majorité des nouvelles harmonies et des nouvelles résolutions de Strauss feront probablement partie du vocabulaire commun de chaque centime musical.

Quoi qu'on puisse penser, cependant, de la sincérité ou du caractère artificiel de ses harmonies, il ne fait aucun doute que dans ses mélodies et ses rythmes, il est par excellence naturel et direct. Une fois débarrassé du soupçon de médiocrité qui pesait sur lui dans ses œuvres antérieures, du fait de son engagement momentané dans la mauvaise compagnie artistique, il progressa rapidement dans une voie qui lui était propre. Personne ne peut écouter *Don Juan* , par exemple (op. 20), sans ressentir à quel point l'œuvre est délicieusement fraîche, absolument adolescente dans le meilleur sens du terme. Ici, pour la première fois, nous avons une révélation de ce que devait être le futur Strauss : l'écrivain d'une musique nouvelle, dans laquelle l'expression et la technique suivront l'idée poétique avec une fidélité inconditionnelle et inébranlable. Il se dote aujourd'hui d'un instrument de parole qui, par sa capacité à mordre l'essentiel d'un objet, rappelle le style consommé de Flaubert ou de Maupassant ; le réaliste Strauss apparaît. Toutes les œuvres précédentes de quelque importance : la Symphonie en fa mineur (op. 12), le Quatuor à cordes (op. 13), les *Wanderers Sturmlied* (op. 14), *Aus Italien* (op. 16) et la Sonate pour violon (op. 18) – avaient été des études préliminaires à cet effet. Dans ces œuvres, nous voyons Strauss émerger enfin du bourbier de l'acquiescement poli aux manières de ses prédécesseurs qui était parfois douloureusement évident dans le *Fünf. Klavierstücke* (op. 3) et les *Stimmungsbilder* (op. 9), et même parfois dans la virile et légère Sonate pour piano (op. 5). Il se forge progressivement un style musical qui lui est propre, dans lequel le langage est extraordinairement spontané et puissant. La mélodie devient plus serpentiforme, plus souplement articulée, de plus en plus indépendante, dans son rythme, des supports de quatre ou huit mesures sur lesquels les compositeurs trouvent généralement si commode de s'appuyer. Je ne parle pas tant du simple croisement ou imbrication des rythmes que les *Wanderers Sturmlied* et *Also sprach Zarathustra* exposent ici et là, car il s'agit plus ou moins d'une affaire de technique simplement consciente, qui peut, comme c'est souvent le cas chez Brahms. , existent plutôt sur le papier que dans la réalité, et font plus d'impression à l'œil qu'à l'oreille. L'intérêt rythmique des œuvres juvéniles de Strauss réside plutôt dans le sentiment croissant de parfaite liberté et de naturel dans la trajectoire des mélodies. Toutes les nouvelles qualités des œuvres qui se situent entre l'opus 12 et l'opus 18 se concrétisent dans *Don Juan* , qui est la première œuvre de Strauss qui montre dans son intégralité la véritable psychologie, esthétique et morale, de l'homme.

III

J'ai déjà évoqué quelques traits de cette psychologie, sa sincérité, son originalité, son intrépidité artistique. Strauss, cependant, est un homme qui a fait époque, non seulement en raison de son expression et de sa technique, mais aussi en raison de la diversité et de la qualité de ses sujets. Il est le premier réaliste complet en musique. Le mouvement romantique a atteint son paroxysme un peu tardivement avec Wagner, qui avait été le principal maître des cérémonies lors des funérailles prolongées de l'esprit classique. Le mouvement romantique a persisté plus longtemps dans la musique que dans aucun autre art ; et même de nos jours, il fait encore de temps à autre un effort inefficace pour relever sa vieille tête, ridicule maintenant avec ses guirlandes de fleurs fanées surplombant ses joues ridées. Mais il a fait son œuvre, et l'avenir appartient aux hommes qui ne vivent pas dans ce monde ancien et quelque peu artificiel de forêts sombres, de châteaux enchantés, d'hommes qui ressemblent à des dieux et de dieux qui ressemblent à des hommes, de jeunes filles impossibles et de professeurs de sciences surannées. magique, [63] mais dans un monde reconnaissablement similaire à celui dans lequel nous évoluons nous-mêmes de jour en jour. Nous aimons que notre art ait un goût un peu plus âcre et se rapproche davantage de la réalité. Même le dispositif de l'opéra wagnérien nous paraît aujourd'hui un peu *vieux jeu* . Strauss a sagement reconnu que la forme lyrique, au pire une ridicule parodie de la vie, n'est au mieux qu'un compromis, limité dans le choix de ses sujets autant que dans sa structure. Une bien plus grande liberté est offerte dans le poème symphonique, ou dans d'autres formes modernes purement instrumentales, parce que nous avons ici à la fois un plus large éventail de sujets qui s'offrent à nous et un moyen d'expression dans lequel la voix, avec ses associations limitées, n'entre pas. Seules les formes les plus libres et les plus expansives pourraient convenir au tempérament particulier d' un réaliste comme Strauss, et si belle que soit son propre œuvre d'opéra, bouillonnante, comme *Feuersnot* , de vie et d'humour , ce n'est pas là que nous voyons l'incontournable Strauss.

Car c'est en tant que réaliste qu'il est le plus remarquable. Il n'est ni un rêveur, ni un philosophe, sauf dans la mesure où la philosophie – au sens du terme de M. Meredith – est au centre de la vision de la vie de tout grand artiste. Il est à son meilleur dans les études de personnages en action, comme dans *Till Eulenspiegel* et *Don Quichotte* ; et il suit sa trace avec le mépris le plus joyeux quant à savoir si son œuvre est ou non de la musique formelle dans les anciennes acceptions du mot. De plus, son intérêt porte sur la vie humaine dans son ensemble, et non sur le seul épisode fastidieux de l'éternel masculin et de l'éternel féminin. La musique de Strauss est la musique la plus propre, la plus asexuée et la plus athlétique que je connaisse. Tout comme faire l'amour est la chose au monde la plus facile, faire de la musique d'amour est la partie la plus facile du métier de musicien. C'est un autre signe de la mort de l'esprit romantique et du renouveau du réalisme chez Strauss que celui-ci ait abandonné presque toutes les vieilles étiquettes érotiques du musicien - même s'il peut être assez passionné à l'occasion - pour raconter l'histoire. , dans le véritable esprit moderne, d'autres éléments de la vie humaine qui ont aussi leur poésie et leur pathétique. Une caractéristique rafraîchissante des œuvres antérieures, telles que la Sonate pour piano, la Sonate pour violon et le Quatuor pour piano, était leur virilité sans faille, leur totale liberté par rapport à ces fantasmes sexuels qui ont plané sur une si grande partie de notre musique au cours du siècle dernier. . L'œuvre adolescente de Strauss est fière, vigoureuse, intacte, de qualité grecque. Même dans *Don Juan* , on peut le noter, son intérêt porte sur un autre aspect de l'histoire que celui ouvertement érotique ; et la musique elle-même n'est manifestement pas l'œuvre d'un romantique mais d'un réaliste et d'un humaniste. Les thèmes amoureux de *Don Juan* ne sont pas sexuels comme l'auraient fait Wagner ou Tchaïkovski , par exemple. Même dans ses chansons, ses ébats amoureux sont graves et philosophiques, sans aucun élément sexuel félin qui est si important chez Wagner ; Strauss n'est pas troublé par l' *hystérie passion* des carreaux. Pour cette génération, en tout cas, le dernier mot en matière de pure musique sexuelle a été dit dans *Tristan et Isolde* ; et au lieu d'imiter ses frères les plus faibles, qui s'occupent énergiquement de vendre les déversements du vin de Wagner, Strauss a tourné son regard vers d'autres éléments que l'érotisme de la composition humaine. D'où la magnificence cosmique de conception d' *Aussi sprach Zarathustra* , l' humour graphique de *Till Eulenspiegel* et l'humanité suprême de sa plus grande œuvre, *Don Quichotte* .

J'appelle cela sa plus grande œuvre, car c'est celle dans laquelle ses qualités de réaliste et d'humaniste s'épanouissent le plus. Il y a toute la ferveur de *Don Juan* et tout l' humour de *Till Eulenspiegel* , avec une technique encore plus étonnante que celle de l'une ou l'autre de ces œuvres, et ce sentiment plus mûr qui ne pouvait lui venir qu'au fil des années. Je classerais le *Don Quichotte* plus haut encore que *Also sprach Zarathustra* , à cause de cette sensation qu'il nous donne de l'énorme fonds d'émotion sincère qui sous-tend toute l'audace et l'intelligence de Strauss, et qui ne le quitte jamais même dans ses moments d' humour le plus téméraire . Certainement *Sprach Zarathoustra est également* une œuvre merveilleuse ; aucune image aussi bouleversante de l'homme et de l'univers n'a jamais été dévoilée à nos yeux dans la musique ; en comparaison, la philosophie du monde de Wagner apparaît presque comme le bêlement de l'orthodoxie évangélique. Mais c'est dans *Don Quichotte* que Strauss est le plus véritablement lui-même et le plus profondément humain. C'est ici aussi que toute trace du style d'autres hommes a définitivement disparu, car même dans *Also sprach Zarathustra,* il semble parfois que l'on perçoive la voix de Liszt. Le *Don Quichotte* marque la rupture définitive entre les écoles musicales réaliste et romantique. Je ne dis rien ici de sa technique, mais cela suffit à se demander s'il est possible à la musique de se développer plus loin. Nulle part, en dehors de l'œuvre du glorieux vieux Bach, on ne trouve une telle combinaison dans la musique d'une fertilité inépuisable d'imagination et de l'austérité la plus rigide dans le choix des matériaux. La description ne servirait à rien à ces aspects de *Don Quichotte* ; chaque étudiant doit se délecter des richesses de l'ouvrage pour son propre compte. Mais si l'on considère ses qualités plus humaines, le *Don Quichotte* doit être considéré comme une œuvre qui fait époque, tant dans sa forme que dans sa psychologie. Ce n'est pas un poème symphonique, mais une série de variations sur pratiquement trois thèmes : Don Quichotte, Sancho Panza et Dulcinée ; et pour l'esprit, l'humour , le pathétique et l'humanisme, il n'y a rien de tel dans toute la bibliothèque musicale. Certes, pour quiconque connaît la musique de *Don Quichotte de Strauss* , l'histoire de Cervantes est désormais inconcevable sans elle ; l'histoire elle-même, en effet, n'a pas la moitié de l' humour et de la profonde tristesse qui lui sont insufflées par Strauss. Ce qu'il a fait dans cet ouvrage, c'est inaugurer la période du roman en musique. Nous avons eu nos paroliers immortels, nos sculpteurs, nos dramaturges, nos bâtisseurs de temples exquis ; nous arrivons maintenant aux écrivains de fiction, à nos Flaubert, Tourgéniev et Dostoïevski . Et nous voyons ici l'adéquation subtile des choses qui a privé Strauss de ces qualités purement lyriques, dont l'absence, comme je l'ai soutenu précédemment, lui rend impossible d'être un créateur absolu de formes d'une pure beauté autonome. Son type de mélodie est désormais considéré non pas comme un défaut mais comme un cadeau magnifique. C'est la prose musicale, une prose grave, souple, éloquente, le seul instrument au monde qui convienne à la fiction en prose musicale que Strauss est destiné à développer. Son style est nerveux, compact, sinueux, comme devrait l'être une bonne prose qui, comme on le raconte, à travers son sujet, plus responsable de la vie que ne l'est la poésie, doit abandonner une partie du bel abandon du chant et trouver sa compensation. dans un mélange parfait, un compromis parfait, de logique et de ravissement, de vérité et d'idéalité. « Je puis concevoir, dit Flaubert dans une de ses lettres, un style qui soit beau ; que quelqu'un écrira un de ces jours, dans dix ans ou dans dix siècles ; qui soit rythmé comme le vers, précis comme le langage de la science, et avec des ondulations, des modulations comme celles d'un violoncelle, des éclairs de feu ; un style qui entrerait dans l'idée comme un coup de stylet ; un style sur lequel nos pensées navigueraient comme sur des surfaces luisantes, dans un bateau avec un bon vent à l'arrière. Il faut dire que la prose est née d'hier ; le vers est la forme *par excellence* des littératures anciennes. Toutes les combinaisons prosodiques ont été faites mais celles de la prose sont encore à faire.

Il me semble qu'il n'existe pas de meilleure description du style musical de Strauss, avec son adaptation constante à l'atmosphère émotionnelle et intellectuelle du moment, et son adéquation à la suggestion réaliste du caractère et du *milieu* qui est sa mission en musique. . Ses qualités sont homogènes ; il n'est pas un Wagner *manqué* ni un fils illégitime de Liszt, mais le créateur d'un nouvel ordre des choses en musique, le fondateur d'un nouveau type d'art. Le seul test pour qu'une littérature soit vivante est, comme le dit le Dr Georg Brandes, de savoir si elle suscite de nouveaux problèmes, de nouveaux questionnements. A en juger par ce test, l'art de Strauss est le signe principal d'une vie musicale nouvelle et indépendante depuis Wagner ; car cela nous incite perpétuellement à poser de nouveaux problèmes d' esthétique , de psychologie et de forme.

IV

Il n'est pas difficile de comprendre l'attitude des puristes musicaux à l'égard de Strauss, et de bien d'autres qui ne sont pas tout à fait puristes. Il y a quelque chose de provocateur, de provocant, presque de répulsif, dans le pouvoir du génie de cet homme. Il est si extrêmement fort, si fier de lui, qu'il se plaît à bafouer le monde en face comme il ne l'a jamais été auparavant. Toute sa carrière témoigne de jusqu'où le courage et les ressources peuvent mener un homme. Selon tous les précédents connus, il aurait dû lutter pendant des années, s'efforçant en vain d'obtenir une simple audition ; lorsqu'il a été exécuté, il aurait dû être écrasé sous le ridicule critique et empoisonné par un venin critique ; il aurait dû se battre sans relâche contre les chanteurs, les musiciens, les opéras, les éditeurs, les concertistes, et périr misérablement, martyr d'un idéal impossible. Par pure indifférence à l'égard de l'opinion des autres, par pure détermination à suivre sa propre voie sans égard à toutes les conventions consacrées par le temps , il n'y a tout simplement rien de comparable à lui dans l'histoire de la musique. Pourtant, sa carrière a été marquée par un triomphe ininterrompu. A quarante ans, non seulement il est reconnu comme le plus étonnant des musiciens européens, mais il n'y a aucune exigence de sa part, si impérieuse soit-elle, qu'on ne s'empresse de satisfaire. Dans *Zarathoustra*, il atteint apparemment les limites de ce qu'on peut exiger d'un orchestre humain ; pourtant, dans *Don Quichotte* et encore dans *Ein Heldenleben* , il tend leurs tendons brisés à une tension encore plus élevée ; tandis que dans la *Symphonia domestica,* il les traite, ainsi que nous, avec une insolence superbe et tyrannique. Jamais auparavant un orchestre de soixante-deux cordes, deux harpes, un piccolo, trois flûtes, deux hautbois, un hautbois d'amour , un cor anglais , cinq clarinettes, cinq bassons, quatre saxophones, huit cors, quatre trompettes, trois trombones, un tuba basse, quatre timbales, un triangle, un tambourin, un glockenspiel, des cymbales et un gros tambour, ont dû décrire une journée dans la vie d'un bébé ; jamais auparavant les énergies de plus d'une centaine d'hommes valides n'avaient été consacrées à une telle tâche. Il accorde ses cordes en dessous de la limite normale, comme il l'entend ; il emploie des instruments désuets et d'autres qui ne servent jamais dans les orchestres de concert ; il multiplie les difficultés et, en raison des nombreuses répétitions nécessaires, rend les représentations de ses œuvres extrêmement coûteuses. Et pourtant, il fait tout cela dans une impunité sublime. Un potentat oriental chevauchant son cheval avec mépris sur les corps prostrés d'une population mi-adoratrice, mi-irritée, est la seule image qui décrira à juste titre sa carrière puissante et irrésistible. Les dieux ont en effet souri à Strauss. Une grande partie de son succès, ou de sa capacité à commander le succès, peut sans aucun doute être due à des causes financières ; il n'a jamais eu à combattre le monde avec un sac à main vide et un estomac vide. Mais il reste néanmoins le phénomène le plus remarquable que le monde musical ait jamais connu ; aucun compositeur ne nous a jamais autant insulté sans se faire arracher la vie.

C'est évidemment un homme doté d'une énorme énergie nerveuse. Cela se voit notamment dans le style de ses mélodies. Ils sont remarquables par leurs sauts énormes, les grands arcs qu'ils parcourent, les grandes distances entre leurs parties, tout cela indiquant de grandes vagues d'énergie nerveuse qui ne peuvent être confinées dans les limites étroites de la mélodie ordinaire. Parfois, cela ne lui rend pas service ; il devient son maître au lieu de son serviteur. Il n'y a vraiment pas besoin de cet empilement incessant de sons toujours plus nombreux dans l'orchestre ; la seule condamnation suffisante est que, bien souvent, aucun résultat n'est à la hauteur des moyens énormes qui doivent être employés. Des milliers de pages de notre musique moderne seraient tout aussi formidables, tout aussi émouvantes, avec une dépense d'effort bien moindre. Un homme comme Strauss éprouve une joie exubérante, la joie d'un athlète en bonne santé accomplissant des exploits difficiles, à tisser une texture musicale qui est une merveille de technique ingénieuse. Cela a l'air, et c'est vraiment merveilleux sur le papier ; mais il est indéniable que le même effet pourrait souvent être obtenu par des moyens beaucoup plus simples. De temps en temps, nous nous retrouvons à dire que ligne après ligne aurait pu être supprimée de la partition sans que l'effet final ne soit perdu. Bien plus, l'absorption de Strauss par la pure joie de marquer le conduit parfois à commettre des erreurs techniques auxquelles un homme plus petit aurait échappé. Dans la danse de *Zarathoustra* , par exemple, la subdivision excessive des cordes fait que le thème de la valse ressort beaucoup trop faiblement. Sa propre spécification au début de la partition concerne seize premiers violons (pour considérer cette seule section). Dans la valse, il les divise en (1) premier pupitre, (2) deuxième, troisième, quatrième et cinquième pupitre. Puis il divise à nouveau le premier pupitre, en donnant à une partie une figure d'arpège et au reste un thème en deux parties, entraînant une nouvelle subdivision de ce petit reste. Le résultat est que la mélodie est dépouillée de toute sa puissance. Il l'a marqué *forte* , mais un *forte* est impossible, même avec une atténuation appropriée du reste des cordes. Il n'y a aucun besoin terrestre pour une telle page. Toute la force des cordes est gaspillée sur des choses qui ne sortent pas, et qui seraient sans importance si elles sortaient ; et le thème vraiment important est dépourvu de tout son caractère impressionnant. Il n'est vraiment pas nécessaire d'avoir recours à une grande complexité orchestrale dont Strauss se délecte de temps à autre. Ce n'est pas essentiel à la bonne présentation de ses idées ; cela met inutilement à rude épreuve le temps et les nerfs de l'orchestre ; et cela incite les jeunes admirateurs à faire de même, avec des résultats absolument fatals à leurs chances d'obtenir une représentation d'un chef d'orchestre.

Il se peut que nous ne faisons que battre l'air en attirant l'attention de Strauss sur des faits comme ceux-là ; il se peut que sans ses défauts nous n'aurions pas ses qualités, que le flot turbulent d'énergie qui le conduit à des extravagances occasionnelles de composition n'est qu'une partie du flot plus vaste qui fait de son inspiration la chose colossale et écrasante qu'elle est. Dans tout le cerveau de l'homme règne une touche de désordre, une tension de quelque chose d'anormal, qui lui rend difficile de travailler sur quoi que ce soit pendant dix minutes sans qu'un désir irrésistible ne surgisse en lui de le dégrader. Il travaille le tableau comme l'âme de l'inspiration elle-même ; puis tout à coup un caprice saturnien lui parcourt les nerfs, et il exécute un long coup de pinceau irrégulier qui faillit dangereusement détruire l'harmonie de l'ensemble. Un critique compétent m'a dit un jour, après une interprétation de *Ein Heldenleben*, que Strauss en tant que compositeur était un peu comme Rubinstein en tant que pianiste : il ne peut pas écrire quoi que ce soit de quelque manière que ce soit sans y faire au moins une bêtise. En gros, il avait raison. Dirons-nous que chez tout grand musicien il y a un défaut dans la structure mentale qui doit se manifester d'une manière ou d'une autre, et que ceux-là ont de la chance chez qui cela ne se voit pas dans leur musique ? Autrement dit, tant de folies sont données à chacun d'eux, et il faut qu'elles ressortent quelque part. Chez Wagner, cela se manifestait dans les œuvres en prose ; c'était un plan bienfaisant de la Providence pour débarrasser le cerveau de ses toiles d'araignées et laisser l'instrument purifié dans un meilleur état pour sa musique. La folie de Beethoven s'est manifestée dans sa vie privée, laissant là encore le cerveau travailler en musique dans une aisance et un équilibre parfaits. Strauss n'écrit pas d'œuvres en prose comme Wagner et, comme Beethoven, ne se verse pas d'eau partout lorsqu'il se lave les mains, ni n'utilise les éteignoirs de bougies d'une dame comme cure-dent. Il est terriblement normal à ces égards ; et faute de telles soupapes de sécurité, le peu de folie qu'il y a en lui, cela transparaît malheureusement dans sa musique. Autrefois, il pouvait laisser libre cours à son humour , à son pouvoir de caractérisation , avec le minimum de désir d'irriter son auditeur pour le pur amour de la chose ; dans *Till Eulenspiegel*, par exemple, c'est presque tout un pur délice, un flux d'esprit et d'humour qui n'est interrompu que pendant un instant ou deux par les pitreries de l'écolier espiègle. Mais après cela, la tendance s'est sérieusement développée chez Strauss à gâcher son tableau par quelque folie malveillante, à passer la tête à travers la toile et à sourire au public, ou à placer son pouce sur son nez et à leur tendre les doigts d'un air moqueur. fleurir.

C'est à *Ein Heldenleben* que cette tendance se manifeste à son paroxysme. Malgré toutes ses grandes beautés et ses pouvoirs titanesques, il reste finalement moins satisfaisant qu'il aurait facilement pu l'être. Tout n'est pas baigné d'une seule lumière ; l'image a été vue de manière déconnectée ; c'est une tentative de mariage des contraires. La grande question est : que prétend représenter *Ein Heldenleben ?* S'agit-il d'une peinture purement objective d'un héros – une représentation, pour ainsi dire, du héros *en soi* – ou est-il destiné, au moins en partie, à attirer l'attention de l'auditeur sur la personnalité de Strauss lui-même ? L'explication officielle de l'œuvre — autorisée , nous dit-on, par le compositeur — est qu'Ein *Heldenleben se* veut une sorte de pendant de *Don Quichotte* . Il y avait dessiné un personnage individuel, « dont la vaine recherche d'héroïsme mène à la folie ». Ici, il souhaitait présenter « non pas une seule figure poétique ou historique, mais plutôt un idéal plus général et plus libre d'un héroïsme grand et viril » ; et l'idée que le héros du poème se trouve n'importe où chez Strauss lui-même est vigoureusement explorée.

Maintenant, en ce qui concerne le traitement général de la musique, c'est, je pense, parce que Strauss a eu cette image généralisée en tête qu'il a ici rencontré un problème. *Don Quichotte* est un tel chef-d'œuvre de l'humanisme, précisément parce que Strauss s'est limité à une figure strictement humaine. Vous pouvez psychologiser à la fois largement et minutieusement un caractère humain, mais il est extrêmement difficile de rendre intéressante une pure abstraction. À chaque étape, vous risquez de tomber soit dans le grandiloquent, soit dans le banal. En musique notamment, une abstraction doit être traitée de la manière la plus large possible ; le seul espoir de salut consiste à éviter une opposition absurde entre le particulier et le général. C'est précisément ce que Strauss, malgré tout son génie, n'a pas réussi à éviter ; et quand nous examinons son projet d'un peu plus près, nous avons toutes les raisons d'être mécontents de la version autorisée de son contenu. En premier lieu, ce héros abstrait, ce représentant d'« un idéal plus général et plus libre d'un grand et viril héroïsme », devient de moins en moins un type généralisé à mesure que l'on avance, et finalement, malgré ce que le des commentateurs inspirés diront peut-être – cela frappe beaucoup d'entre nous comme n'étant ni plus ni moins qu'un musicien – plutôt un singulier rétrécissement, sûrement, de la conception d'un héros ; et ce musicien a une curieuse ressemblance avec Strauss lui-même. Aucun avertissement officiel ne peut faire disparaître ces vingt ou vingt-cinq citations des œuvres antérieures de Strauss qui figurent dans l' analyse autorisée comme « les œuvres de paix du héros ». La remarque ingénieuse de l'analyste, selon laquelle « en citant des traits saillants de ses œuvres les plus importantes, il nous laisse voir que les expériences du héros ont aussi été les siennes », est en réalité des plus insignifiantes. Lorsqu'un homme entreprend de décrire un héros typique, un « idéal général et libre d'un héroïsme grand et viril », il ne donne pas, en règle générale, comme exemples de l'activité de ce héros universel, un ensemble de citations de presque toutes les œuvres qu'il a lui-même écrites. a déjà écrit. Avoir fait cela sérieusement aurait démontré chez Strauss un égoïsme ridicule ; et, malgré la version officielle, je préfère croire qu'il n'était pas aussi absurde que cela. Nous sommes ici face à ce curieux brouhaha de propos, cette envie perverse de se mettre la tête à travers la toile, qui le caractérise parfois tant.

Il ne peut résister à l'envie d'exposer immédiatement sa merveilleuse technique et de jeter un pot de peinture au visage du public, comme Ruskin disait de Whistler ; et le résultat est cette rhapsodie merveilleusement intelligente mais psychologiquement injustifiable sur lui-même, insérée au milieu de ce qui se veut un portrait purement objectif d'un héros. Il n'est pas facile, encore une fois, de comprendre la signification ou de voir l'opportunité de la section intitulée « Le champ de bataille du héros ». S'il y a jamais quelque chose dans la musique dont on puisse dire qu'il vise à suggérer, de manière crue et mélodramatique, l'horreur et l'excitation nerveuse d'un conflit physique entre hôtes armés, c'est bien cette section, avec son vacarme épouvantable et hideux, qui sonne comme un affrontement intense. rivetage en chaudière. Mais *les musiciens* ne mènent certainement pas des batailles de ce genre ; et un schéma qui représente un héros dont les « œuvres de paix » sont purement intellectuelles devient absurde lorsqu'il le représente combattant comme un voyou parmi des hooligans, matraquant et étant matraqué.

Tout cela est dû, bien sûr, à cette confusion des deux plans, celui d'un héros très précis que Strauss connaît très bien, et celui d'un héros généralisé et indéfini qu'il se voit obligé de décrire dans les plus grands superlatifs. Les deux conceptions ne s'assimileront pas, ne se confondront pas ; l'un cherche toujours à détruire l'autre. Tout au long de l'œuvre, on est vaguement conscient d'une absence d'homogénéité, de l'incapacité à rendre le schéma général aussi cohérent et convaincant qu'il pourrait l'être ; mais le génie de l'homme est si titanesque qu'il tue presque notre critique pendant que nous écoutons l'œuvre. Il est dommage aussi qu'il sacrifie un instant la noblesse du projet général pour s'en réserver à un *jeu d'esprit insignifiant*, dans la fameuse section qui traite des antagonistes du héros. Il y a de l'ingéniosité dans la caractérisation ; Strauss dresse le portrait de certains critiques qui l'ont ennuyé, et ceux qui l'ont vu, en répétition, suggérer aux yeux des interprètes les différents types dont il se moque, doivent rire même contre leur gré. Mais la section dans son ensemble est une monstruosité ; et il est lamentable de voir un grand génie se détourner de cette puissante statue qu'il vient de commencer à sculpter, pour exprimer ses sentiments personnels contre ses antagonistes personnels. C'est tout simplement un crime contre l'art.

V

C'est dans *Ein Heldenleben*, plus que partout ailleurs, que nous retrouvons les défauts des qualités de Strauss. Il est du type qui, aussi magistral que soit généralement sa maîtrise de soi, ne peut s'empêcher de devenir parfois extravagant et provocant. Tout cela va de pair avec son énorme énergie vitale, cette énergie que l'on ne rencontre que chez un ou deux hommes par siècle et qui pousse invariablement son possesseur de temps en temps à accomplir quelque chose que nous aurions préféré laisser de côté. Il y a chez Strauss quelque chose du *débordement* de Rabelais, une soif d'existence et d'appréhension trop grande pour être contenue dans des limites normales. Il y a aussi en lui quelque chose d'Hokusai, ce génie colossal dont l'esprit avide semblait essayer de remplir chaque recoin, chaque crevasse du monde visible ; quelque chose de l'intérêt de l'artiste japonais pour toutes les formes de vie, quelque chose aussi de cette même corruption occasionnelle de l'imagination comme dans la série inachevée d'estampes intitulée *Les Cent Contes*, où l'artiste, par excès même de sa puissance et de son ardeur, transforme la vie en une hideuse et terrifiante moquerie d'elle-même. Strauss est cosmique dans sa compréhension et ses sympathies, mais pas comme le sont des hommes comme Goethe et Léonard, dont la vision est toujours claire et dont les énergies sont toujours tenues sous contrôle par une autre énergie supérieure à eux ; comme Rabelais, comme Hokusai, comme Goya, il lui arrive des moments où le flot de la vie déborde en lui, et il n'est guère maître des formes étranges qui sortent de son cerveau. Une rage artistique positive s'empare de lui et il embrasse la vie avec une ardeur cruelle, brutale, une passion qui a une pointe de sadisme.

Si cette énorme sensibilité à tout ce qui se passe dans le monde et cette rapidité de réaction de l'imagination à tout cela sont responsables des écarts occasionnels de bon goût de Strauss, elles expliquent aussi les qualités plus profondes et plus vitales de son art : son l'humour et son humanisme, ces qualités qui rendent *Feuersnot* si charmant et *Don Quichotte* si extraordinairement grand. Londres traita cette dernière œuvre avec méchanceté dès qu'elle en entendit parler seul ; il est en effet trop vaste, trop varié pour être compris dès la première connaissance. Un critique l'a qualifié de « laid, laborieux et excentrique » ; un autre a écrit qu'elle « contient plus de pure laideur que n'importe quelle autre partition écrite par n'importe quelle personne responsable dont nous avons jamais entendu parler, ou dont nous avons étudié le travail... Tout semble dans *Don Quichotte* être discordant pour le simple plaisir de la discorde. .... Nous condamnons cette œuvre à tous points de vue musicaux ; il s'agit d'une arrogance artistique, d'une tentative de tirer le meilleur du pire, ... un échec total et total ; même la recommandation d'une belle construction ; c'est un morceau désespéré d'intelligence exagérée et intentionnelle. Eh bien, une chose importante s'est produite la nuit même où *Don Quichotte* a créé de telles brûlures d'estomac. Cette œuvre terriblement complexe, absolument inconnue de plus d' une dizaine de personnes dans l'auditoire et donc mal comprise presque du début à la fin, a été suivie par *Tod und Verklärung*, bien plus ancienne, une œuvre qui elle-même, il y a quelques années, était considéré comme dangereusement proche de la folie et de la laideur. Quiconque considère désormais *Tod und Verklärung* comme un dur à cuire est considéré comme un conservateur désespéré dans le domaine de la musique, tant le monde évolue très rapidement dans ces domaines. Même le *Times* a déclaré qu'après *Don Quichotte*, le *Tod und Verklärung* semblait tout à fait sain d'esprit et normal, ou des mots dans ce sens. Nous savons comment *Also sprach Zarathustra* fut reçu en 1897, et combien nous nous y sommes habitués depuis lors, grâce à quelques trois ou quatre représentations ; nous savons combien de personnes qui hésitaient nerveusement à la première représentation d' *Ein Heldenleben* le prennent désormais aussi facilement qu'un chat lape du lait. Face à des faits comme ceux-là, n'est-il pas un peu hâtif de blasphémer Don *Quichotte* d'épithètes opprobres sur la base d'une seule représentation ? Les gens ont déjà fait des gaffes sur Strauss et ont été obligés de ravaler leurs paroles lorsqu'ils ont appris à mieux le connaître ; ils ont fui l'ogre comme des enfants effrayés, pour découvrir longtemps après que l'ogre supposé était une personne gentille et bien intentionnée, d'une constitution peut-être plus qu'humaine ordinaire, mais toujours sur le plan normal, et non sous-normal. ni surnaturelle, l'humanité. Je dis avec confiance qu'ils finiront par admettre qu'ils se sont gravement égarés à propos de *Don Quichotte*. C'est à la simple surface de la matière que certaines parties sont d'une beauté ravissante ; il suffit de jouer soi-même au piano la musique de la mort ou le long éloge de la vie chevaleresque du Don pour sentir le cœur même bondir en vous. Si ce n'est pas une musique d'une qualité exceptionnelle, il n'y a pas de musique au monde digne de ce nom. D'autres parties la beauté sera perçue lorsque l'œuvre sera mieux connue ; et le *Don Quichotte* sera alors reconnu comme étant, à certains égards, la chose la plus profonde et la plus noble que Strauss ait jamais faite. Bien sûr, ses imitations sont parfois extraordinairement réalistes, et j'imagine à quel point le mouton et la machine à vent énervent les gens habituellement sensibles. Mais il faut simplement rire de ces choses et passer à côté, les prendre comme une impertinence musicale délibérée et rire avec le compositeur, pas de lui. C'est en réalité une hypothèse gratuite que Strauss est un imbécile parce qu'il a donné libre cours à sa *diablerie* ici et là ; il connaît mieux que quiconque la valeur précise de tout ce genre de choses, mais il prétend apparemment qu'une ou deux fois dans sa vie cela vaut la peine de le faire pour le simple plaisir. Il faut d'abord avoir le bon point de vue pour comprendre *Don Quichotte*. Tout se déroule dans une atmosphère étrange et folle ; la folie qui plane autour fait partie de la psychologie de la pièce ; et c'est la transmutation parfaite des processus mentaux de Quichotte en ton qui rend l'œuvre si merveilleuse, si unique. Si un homme n'est pas frappé de part en part par le pathos de section après section de la pièce, je peux seulement dire, pour ma part, qu'il n'a pas saisi la véritable signification de l'œuvre. Une écoute fréquente rendra ce tissu musical extraordinairement original tout à fait familier aux oreilles des hommes, et lorsque cela sera fait, il n'y aura plus d'obstacle à la compréhension de la psychologie profondément humaine d'un chef-d'œuvre que seul Strauss aurait pu écrire. La partition est un trésor de choses vraies et nobles, qui ne vous viennent en pleine force que lorsque vous vous êtes imprégné de son atmosphère étrange. Prenez, par exemple, la variation qui précède immédiatement le Finale, représentant le retour fatigué de Quichotte et de Sancho après la défaite du Don face au Chevalier de la Lune Blanche. Dans ces longs gémissements descendants de l' orchestre, vous avez toute l'angoisse, toute la désillusion du pauvre chevalier peint avec une expressivité, une fidélité qui fait penser aux choses visuelles autant qu'auditives. Il illustre la scène avec autant de maîtrise que pourrait le faire un artiste pictural, et en même temps il y jette la mélancolie fondante que la musique seule parmi les arts peut exprimer. On voit ces pauvres êtres brisés, la tête baissée, marchant avec lassitude sur des coursiers non moins désolés, non moins meurtris qu'eux. Le tout respire la fatigue physique et mentale et le désespoir moral. La partition de *Don Quichotte* est pleine d'une qualité humaine que l'on atteint rarement à une telle perfection ailleurs, même chez Strauss ; et Londres a perdu une occasion en or en ne prenant pas immédiatement l'œuvre à cœur. Dans l'état actuel des choses, les éléments de réalisme les plus évidents ont révolté bon nombre de gens et leur ont laissé une patience insuffisante pour chercher sous le meilleur humour le pathétique qui le sous-tend ; tandis que l'extraordinaire complexité du tissu musical s'opposait à une compréhension de l'œuvre dès une première écoute.

Ce qui fait la grandeur *de Don Quichotte , c'est, en un mot, l'humanité sage et tendre de son* humour . On peut mettre de côté, si l'on veut, toute la merveilleuse sorcellerie de sa technique, son extraordinaire puissance graphique, ses imitations jubilatoires et amusantes de la réalité, car il y a ici un sens descriptif surpassant dans ses manifestations *Till Eulenspiegel* et *Ein Heldenleben* à leur meilleur. Le sage, qui accepte avec gratitude tout ce que la musique peut lui apporter, ne rejettera pas tout cela avec un ricanement et une remarque condescendante sur la musique « se confinant dans son propre domaine ». Le temps est révolu pour ce genre d' esthétique académique primitive. Mais je ne veux pas insister sur cet aspect de *Don Quichotte* , simplement parce qu'il y a infiniment plus dans l'œuvre que cela. Il représente une esquisse de personnages musicaux portée à un point de perfection plus fin que celui que l'on peut rencontrer en dehors du monde magique de Wagner. Mais il diffère du dessin de Wagner en ce qu'il est moins opulent, plus concis, plus nettement conçu ; elle est tout à fait appropriée au bloc à dessin sur lequel sont dessinés les personnages, tout comme les figures héroïques de Wagner dépendent et se justifient par l'immense toile et la magnifique gamme de couleurs qu'il sait leur consacrer. Le *Don Quichotte* nous fait penser à une illustration de livre de premier ordre ; nous pourrions difficilement voir les personnages plus distinctement, à la fois en eux-mêmes et par rapport à leur environnement, s'ils étaient placés devant nous en noir et blanc.

Et comme le dessin est tendre, comme le sentiment est délicieusement humain pour ces deux pauvres acteurs tragi-comiques ! C'est ce qui rend finalement l'œuvre si précieuse : sa pitié sans faille, son évitement intuitif de tout ce qui en ferait une simple comédie irréfléchie. Le Sancho de Strauss est très humoristique, mais vos rires à son égard sont toujours adoucis par les larmes ; tandis que le portrait de Quichotte a une touche pathétique supplémentaire dans la mesure où il suggère invariablement la silhouette dépouillée et usée du pauvre chevalier d'âge moyen. C'est vrai à cet égard comme à tout autre égard. Son chant d'amour est celui d'un homme d'âge moyen ; le chagrin pitoyable qui enveloppe le chemin du retour après sa défaite est celui de l'âge mûr ; le chevalier est brisé, désillusionné, comme seuls peuvent l'être les hommes dont les forces physiques et mentales ont dépassé leur apogée. Pour ma part, je ne peux plus penser à l'histoire de Cervantes sans la musique de Strauss, tout comme je ne peux plus penser à *Erl King* de Goethe sans la musique de Schubert, ou à la *Lorelei* sans la musique de Liszt.

« Le rire littéraire allemand, dit M. Meredith dans son *Essai sur la comédie* , comme les réveils programmés de leur Barberousse dans les creux de l' Untersberg , est rare et plutôt monstrueux : jamais un rire d'hommes et de femmes de concert. Cela vient d'une fantaisie abstraite et grossière, grotesque ou sombre, ou grossière, comme les humeurs particulières de leurs petits rires spirituels qu'ils n'ont pas encore atteint. Il y a beaucoup à dire, je pense, sur certains rires de Strauss. Ici et là — dans *Ein Heldenleben* , par exemple — il semble venir de la gorge sèche et desséchée du « petit terrien » ; il n'est pas encore largement et profondément humain, ni cosmopolite dans son attrait. Son humour, dans des occasions comme celle-ci, ressemble beaucoup à celui de Jean Paul ; vous ne savez pas s'il rit avec vous ou de vous ; peut-être ne le sait-il pas très bien lui-même. Mais dans *Don Quichotte,* vous avez le rire philosophique du grand humaniste. On ne le retrouve pas seulement parmi les œuvres de Strauss. Il a donné de la chaleur et du pathétique à *Till Eulenspiegel* – aussi merveilleux que soit l'humour, son esprit informatif est quelque chose de beaucoup plus complexe et de beaucoup plus émouvant que l'humour paresseux. Nous n'avons assimilé que la moitié de *Till Eulenspiegel* si nous n'y voyons que *diablerie* . Mais c'est dans *Don Quichotte* que le mélange des larmes et du rire est le plus parfait ; et moi, pour cela, je sacrifierais volontiers *Ein Heldenleben* , si j'étais obligé de faire ce choix, tout comme j'abandonnerais la grandeur épique et dramatique de *Die Götterdämmerung* si j'avais pu me laisser *Die Meistersinger* , avec sa perpétuelle vérité. , sa raison perpétuelle, son attrait perpétuel pour de vrais hommes et femmes dans un monde réel.

On verra à la page 252 que l'essai ci-dessus a été mis en caractères avant la production de la *Symphonia domestica à Londres en février dernier*. Cette performance a jeté un nouvel éclairage sur Strauss et son art et appelle quelques mots de commentaire. Nous n'avons pas besoin ici d'approfondir la question de savoir quelle quantité ou quelle quantité de programme il y a dans le travail. Il y a une part de bêtise chez Strauss qui le pousse toujours à se lancer dans une lourde farce consistant à mystifier ses auditeurs au début. Il leur dit qu'il préfère ne pas leur donner la clé de son projet littéraire, mais qu'il veut qu'ils acceptent l'œuvre comme une musique absolue ; c'était sa tactique, par exemple, avec *Till Eulenspiegel* . Pendant tout ce temps, il donne un indice après l'autre à ses amis personnels, jusqu'à ce qu'enfin suffisamment d'informations soient rassemblées pour reconstruire l'histoire sur laquelle il avait travaillé ; cela entre progressivement dans tous les livres de programmes , et nous sommes alors capables d'écouter l'œuvre de la seule façon dont elle *peut* être écoutée avec une quelconque compréhension : avec une pleine connaissance du programme . Il en va de même maintenant pour la *Symphonia domestica* . Il nous a dit qu'« il souhaitait que l'œuvre soit jugée comme musique absolue » ; il nous a également dit qu'« il avait en tête un programme très précis lors de la composition de la symphonie ». Certains de ses admirateurs, avec une fidélité canine positivement touchante, ont tenté de concilier ces positions contradictoires par une ingénieuse dialectique. Mais c'est prendre les fantaisies de Strauss un peu trop au sérieux ; cela suggère les shakespearologues du type George Dawson, qui nous disaient que même « s'il y a quelque chose que vous ne comprenez pas ou que vous pensez être faux chez Shakespeare, vous pouvez en conclure en toute sécurité qu'il a raison et que vous avez tort ». Nous n'avons pas besoin de discuter des contradictions de Strauss comme s'il s'agissait d'antinomies esthétiques qui pourraient être résolues par une dialectique hégélienne dans une harmonie plus profonde ; la vraie explication est simplement qu'il s'agit d'un homme aux nerfs irréguliers, d'un musicien peu habitué à une pensée cohérente, dont le sens de l'humour prend parfois de manière nerveuse une tournure qui ne vaut guère la peine de le suivre. Il ne fait aucun doute que toute la symphonie est fondée sur un programme bien défini et que nous le connaîtrons entièrement un de ces jours, comme nous connaissons maintenant les moindres détails des programmes de *Till Eulenspiegel* et *Ein Heldenleben* .

Se pose alors la question : le programme de la *Symphonia domestica est* -il intrinsèquement intéressant ? Il illustre ouvertement une journée de la vie de famille du compositeur, "et on nous dit" - pour citer MM. Pitt et Kalisch, les auteurs de l'admirable livre analytique de Queen's Hall - " qu'il illustre des incidents quotidiens tels qu'une promenade à la campagne, le bain du soir et du matin du bébé, le son de l'horloge, les bâillements des parents au réveil par l'enfant, etc. Ils diront cependant qu'il y a plus dans l'ouvrage que cela, et que sous ce « sujet trivial » se cache « un sujet d'une importance bien plus profonde et plus vaste » – *c'est-à-dire* « pas tellement une journée dans la vie d'un particulier » la famille en tant que réalisation des joies et des peines de la maternité et de la paternité, de la croissance progressive de l'âme de l'enfant et de la relation mutuelle entre les enfants et les parents...." Mais cette théorie exaltée échoue bientôt. Il est bien évident que le fait de sonner sept heures du soir et de nouveau le matin limite le temps du drame à douze heures ; et dans ce sens, le programme a effectivement un certain sens . Autrement dit, nous voyons dans la première section les parents et l'enfant ; dans le second (le *scherzo*) les joies et divertissements du groupe, la berceuse, la sonnerie de 19 HEURES et le coucher de l'enfant ; dans le troisième (l' *adagio*), la scène d'amour des parents et la sonnerie de 7 HEURES DU MATIN ; dans la quatrième (le *finale*), le réveil matinal et, dans la double fugue, la dispute entre les parents quant à l'avenir de l'enfant. Ce n'est pas un très grand projet, mais il est au moins compréhensible ; mélangez-y du clair de lune teutonique et cela devient un non-sens. Ainsi MM. Pitt et Kalisch, essayant de mettre le meilleur visage possible sur ce bruit stupide censé illustrer « les protestations énergiques de l'enfant lorsqu'il est mis en contact pour la première fois avec l'élément étranger de l'eau froide » (d'ailleurs, les bébés *sont* -ils généralement jetés dans l'eau froide ?) remarquent que « si la méthode d'interprétation la plus idéaliste est adoptée, elle peut être considérée comme une image musicale sans compromis des premiers combats d'une âme nouveau-née ». Mais cette « méthode idéaliste » ne fonctionnera pas. L'épisode en question se produit juste avant que l'horloge ne sonne à 19 HEURES. Il se reproduit juste avant que l'horloge ne sonne à 7 HEURES DU MATIN . Devons-nous alors comprendre que « l'âme nouveau-née » naît une fois le soir et de nouveau le lendemain matin ? C'est une « nouvelle naissance » avec vengeance – un travail rapide, même en ces jours de réveils gallois et de missions Torrey-Alexander ! Non, nous devons rejeter la « méthode idéaliste d'interprétation » et nous contenter du simple fait que Strauss ne peint rien de plus idéal que le bébé criant dans son bain (chaud ou froid), tout comme dans d'autres œuvres qu'il a peintes celle de Till. le râle d'agonie, le frisson mourant de Don Juan, le moulin à vent et le mouton de Don Quichotte, et le braiment de l'âne de Sancho Panza, autant de choses franchement réalistes, que nous n'essayons pas de dorer d'interprétations idéalistes.

J'insiste sur ces points triviaux parce qu'il est important que nous sachions exactement quelles étaient les intentions de Strauss, car c'est seulement en les connaissant que nous pouvons juger sa symphonie comme une œuvre d'art. Il est donc bien évident qu'il a cru bon de donner beaucoup de peine et de dépenses à une centaine de personnes pour suggérer le spectacle imbécile d' un bébé criant dans son bain ; et je pense qu'il est temps que le monde proteste contre une si grande part de ses loisirs et de ses fonds qui sont accaparés par des inanités de ce genre. Dans les œuvres antérieures de Strauss, il n'y a tout au plus que deux ou trois passages réalistes qui me gêneraient ; ils nous ont généralement été sauvés par une touche de beauté, ou d'humour , ou d'habileté technique. Mais les épisodes de bébés de la *Symphonia domestica* exigent trop de notre indulgence, et on est obligé de dire qu'il y a quelque chose de physique qui ne va pas avec un cerveau qui peut tomber si bas que cela. Je le considère comme un homme aux dons énormes, un magicien, un faiseur de miracles de premier ordre. Mais il ne peut plus rien faire à grande échelle sans le gâcher délibérément à un moment ou à un autre par pure bizarrerie - une bizarrerie qui a cessé d'être de l'humour et qui n'est que la chute temporaire dans la bêtise d'un homme très intelligent.

Il va sans dire que s'il y a cette dégénérescence – temporaire ou permanente – du sens artistique que je suppose être en train de se produire actuellement chez Strauss, elle se manifestera dans d'autres départements ; et je pense que cela se voit de manière assez évidente dans la musique de la symphonie dans son ensemble. À mon avis, il n'y a pas de thème mémorable ; ni le thème du mari, de la femme, ni celui de l'enfant n'ont la qualité qui lui permettrait de se ranger parmi les mélodies prégnantes des autres œuvres de Strauss. Pensez aux innombrables félicités d' *Ein Heldenleben* , et vous vous rendrez compte immédiatement de la pauvreté relative de la *Symphonia domestica* . De plus, il aime trop travailler sur de simples bribes de phrases, au lieu des grandes mélodies élancées et enveloppantes de ses premiers jours ; ces minuscules personnages s'accordent bien sûr en contrepoint avec presque tout - ce qui est probablement une des raisons pour lesquelles il les utilise - mais pour cette même raison, leur bavardage perpétuel dans l'orchestre devient finalement plutôt ennuyeux. Je ne nie pas, bien entendu, que la musique s'élève parfois à de grandes hauteurs ; la scène des parents jouant avec l'enfant est d'une beauté exquise ; il y a de beaux moments dans la musique d'amour ; et la fugue se contente d'en prendre un et de l'emporter, tant sa cordialité est large et saine. Il y a encore une grande partie de cette vieille maîtrise technique qui fait de nous des esclaves même là où notre âme se révolte contre le message même du compositeur. Mais dans l' ensemble , je ne vois pas comment la nouvelle œuvre pourrait en aucune façon résister à la comparaison avec *Ein Heldenleben* . Cela semble bien plus impressionnant sur le papier qu'il n'y paraît en réalité ; il est grossièrement surestimé, un bon tiers des notes étant parfaitement superflus, comme chacun peut le constater par lui-même en le suivant avec la partition. La manie grandit chez Strauss de remplir le papier à musique de n'importe quoi ; il a soif d'encre ; cela l'afflige positivement de voir une mesure vide pour n'importe quel instrument. Aussi maître de l'orchestration soit-il, il y a page après page dans la *Symphonia domestica* les erreurs de calcul les plus grossières ; à maintes reprises, nous pouvons voir quelle a été son intention et à quel point elle a été complètement contrecarrée par sa propre extravagance. Il veut porter tous les vêtements de sa garde-robe en même temps. La même tendance est perceptible dans son travail thématique. Lorsqu'il a un bon thème, il ne peut pas le laisser tranquille ; il doit tâtonner et s'agiter tout autour jusqu'à en avoir brouillé les contours et étouffé la moitié de son expression ; la plaisante petite berceuse, par exemple, aurait été trois fois plus efficace sans ce contrepoint saccadé du hautbois d'amour , du basson et de l'alto, qui donne simplement l'impression que quelqu'un arrive toujours au mauvais endroit. , et perturbe assez l'atmosphère de la berceuse elle-même. Dans l'ensemble, j'ai tendance à penser que la nouvelle œuvre dans son ensemble montre un net déclin. Et la raison ? Eh bien, n'est-il pas très probable que ce que certains d'entre nous avaient prophétisé il y a deux ou trois ans se soit enfin produit ? Aucun artiste ne peut se mettre autant à rude épreuve physiquement et mentalement que Strauss tout en gardant son cerveau au meilleur de sa forme. Avec tous ses devoirs et occupations, sa direction d'orchestre et ses voyages constants, c'est étonnant qu'il lui reste la force de composer. Pendant des années, il a épuisé son système nerveux sensible jusqu'au bout ; et je ne serais pas surpris de constater qu'en agissant ainsi, il a considérablement blessé la délicatesse de ses tissus. On dit qu'il mène une vie bien remplie afin de gagner suffisamment d'argent pour abandonner tout travail public et se consacrer entièrement à la composition ; mais avant que ce moment n'arrive, s'il n'y prend pas garde, il aura probablement perdu plus du feu divin qu'il ne pourra jamais en remplacer. Je considère que la *Symphonia domestica est l'œuvre d'un homme extrêmement intelligent qui était autrefois un génie.*

NOTES DE BAS DE PAGE :

[59] Il est prévu pour une représentation à Londres ce printemps.

[60] Il convient de noter comment Berlioz a justifié sa propre mise en musique de certains passages de *Roméo et Juliette* de manière orchestrale plutôt que vocale. « Si, dit-il, dans les scènes célèbres du jardin et du cimetière, le dialogue des deux amants , *Les parties* de Juliette et les élans passionnés de Roméo ne sont pas vocalisés , si enfin les duos d'amour et de désespoir sont confiés à l'orchestre, les raisons en sont nombreuses et faciles à comprendre. D'abord parce qu'il s'agit d'une symphonie et non d'un opéra. Deuxièmement, les duos de cette nature ayant été traités mille fois vocalement et par les plus grands maîtres, il y avait à la fois prudence et curiosité à essayer un autre mode d'expression. C'est d'ailleurs parce que la

sublimité même de cet amour rendait sa peinture si dangereuse pour le musicien, qu'il a dû donner à son imagination une latitude que les connotations positives des paroles chantées ne lui auraient pas permis, en recourant à l'instrumentalisme. langage — un langage plus riche, plus varié, moins restreint et, par son caractère indéfini, incomparablement plus puissant dans des cas de ce genre.

[61] Le lecteur se souviendra bien sûr que je parle ici uniquement du *tissu* de l'œuvre de Strauss. Sur le plan intellectuel, comme je le montrerai plus tard, il fait parfois des choses avec l'intention délibérée de nous surprendre. Voir la section IV. de cet essai.

[62] Peut-être devrais-je exclure des choses telles que le passage de *Ein Heldenleben* (page 50 de la partition complète), où les cordes et le hautbois montent en septièmes, au lieu des sixièmes auxquelles nous nous attendons — une chose angoissante qui sonne toujours comme si quelqu'un dans l'orchestre avait commis une erreur. Soit Strauss l'a écrit par pure folie, avec sa langue sur la joue tout le temps, soit il répond à une harmonie subtile dans son cerveau que le nôtre est incapable de saisir. Il ne fait aucun doute que son oreille doit être beaucoup plus fine que l'organe normal. Comme le dit M. James Huneker dans un brillant article de ses *Overtones* : « Il s'agit de l'agglomération de cellules corticales la plus merveilleuse que la science ait jamais enregistrée. Ses pouvoirs de différenciation acoustique sont si aigus qu'il doit entendre, pas seulement les sons au-delà de la base. et le sommet de la gamme normale inconnu des humains ordinaires, mais il doit aussi entendre, ou plutôt surprendre, les ondes vibratoires de tous les sons individuels. Sa musique nous donne l'impression de nouvelles harmoniques, de gammes qui violent le bien-être. tempéré, de tonalités qui se rapprochent des quarts de ton de la musique orientale.

[63] Dans *Feuersnot* , pourrait-on dire, Strauss lui-même revient un instant à quelque chose qui ressemble à ce vieux monde. Mais il ne prend pas cela au sérieux ; le récit médiéval pittoresque n'est qu'un fond sur lequel il peut déployer sa passion, son humour , son ironie. Wagner aurait fait du sujet de *Feuersnot une chose prodigieuse* ; il y aurait découvert la philosophie et l'éthique les plus profondes. Strauss se comporte à son égard comme un gamin sans grâce et irrévérencieux dans une cathédrale.

ANNEXE
WAGNER, BERLIOZ, LISZT ET M. ASHTON ELLIS

Le passage de la page 6 semble avoir suscité la colère de M. Ashton Ellis, qui consacre environ sept pages et demie intenses du cinquième volume de sa « Vie de Wagner », en partie à des abus personnels enfantins envers moi-même, en partie à une tentative de discréditer mes arguments. Nous n'avons pas besoin de nous attarder sur le mélange de grossièreté maladroite et de lourdes facéties germaniques de M. Ellis ; ces choses n'ont aucune nouveauté pour les étudiants de Wagner qui ont longtemps séjourné dans les champs de controverses élyséens. Nous n'avons pas non plus besoin de nous détourner pour suivre M. Ellis dans sa folle tentative de faire croire que je m'étais appuyé uniquement sur un passage du livre de Tiersot. *Berlioz et la société de son temps* , lorsque mes remarques sur la traduction par Hueffer du mot de Wagner « Geschmacklosigkeiten », appliqué à *Faust* , auraient pu lui montrer que je connaissais à la fois les volumes de Hueffer et l'original allemand. Ces choses sont divertissantes mais hors de propos. Venons-en plutôt au vrai problème : la culpabilité ou l'innocence de Wagner.

Permettez-moi, par souci de clarté, de résumer à nouveau les principaux faits.

(1) En 1848, Liszt, devenu tout-puissant à Weimar, commença à déployer de vaillants efforts en faveur des compositeurs modernes. Il a beaucoup fait pour Wagner, notamment par ses interprétations de *Lohengrin* . Il a également relancé l'opéra de Berlioz, *Benvenuto Cellini* . Wagner était entièrement d'accord avec la création *de Lohengrin* , *mais pas aussi entièrement avec la reprise de Benvenuto Cellini* . Il dit à Liszt qu'il ne voyait pas quel grand bien pourrait en résulter, tout en protestant anxieusement que ses sentiments envers Berlioz étaient des plus gentils.

le *Cellini* de Berlioz et son *Faust* , il parle de ce dernier comme de la « Symphonie de Faust ».

(3) L'emploi du terme « symphonie » témoigne *a priori* de la méconnaissance de l'œuvre par Wagner.

(4) Aucune preuve ne peut être apportée pour démontrer qu'il connaissait ni *Cellini* ni *Faust* , alors que tout indique qu'il ne pouvait pas les connaître. Wagner n'était pas à Paris en 1838 et en 1846, lorsqu'ils furent respectivement donnés ; il ne pouvait pas non plus les connaître grâce aux partitions, qui ne furent publiées qu'après 1852, date de la lettre à Liszt.

(5) Dans la traduction par Hueffer de la correspondance Wagner-Liszt, dont la deuxième édition est « révisée et accompagnée d'un index par W. Ashton Ellis », le mot « symphonie » est délibérément omis, cachant ainsi au lecteur le seul mot cela pourrait le faire douter que Wagner connaisse réellement l'œuvre qu'il dénigrait.

(6) Dans le troisième volume de la « Vie de Wagner » de M. Ellis, qui traite de cette correspondance de 1852, toute la phrase faisant référence à la « Symphonie de Faust » est omise. Wagner apparaît ainsi comme un parfait ange de bonne volonté envers Berlioz, sans aucune qualification comme le suggère la lettre dans son ensemble.

M. Ellis m'en veut tout d'abord de l'avoir entraîné dans cette affaire. Ensuite, il se met encore plus en colère contre moi parce que je n'ai pas compris ce qui est assez clair pour lui, à savoir que Wagner avait invariablement et inévitablement raison dans tout ce qu'il faisait ou disait – comme s'il s'agissait de « l'Archibald le Très-Haut » de la musique. Enfin, il produit ce qu'il considère comme une preuve concluante en faveur de Wagner . Examinons ces questions de manière calme et amicale.

(1) Il ne peut être contesté que l'omission par Hueffer du mot « symphonie » dans sa traduction de la lettre de Wagner à Liszt du 8 septembre 1852 était délibérée. Désormais, dans la préface des volumes, il s'efforce de se vanter de la parfaite fidélité de sa traduction à l'original. « Il y a des choses dans les lettres, dit-il, qui présentent relativement peu d'intérêt pour le lecteur anglais . » "Il ne fait aucun doute que des omissions judicieuses auraient pu rendre ces pages plus lisibles et plus amusantes." Mais le livre « a presque un caractère monumental, et son profond respect pour ce personnage a incité le traducteur à en produire chacun de ses traits... Aucune ligne n'a été omise ». Et encore : "En résumé, cette traduction de la correspondance se veut un fac-similé exact de l'original allemand." Comme nous l'avons vu, ces affirmations ne sont pas vraies ; Hueffer supprima un mot vital. La seule raison que nous pouvons imaginer pour cela était la connaissance que l'inclusion du mot pourrait faire soupçonner les gens que Wagner ne connaissait pas l'œuvre qu'il appelait à tort « Symphonie de Faust ».

(2) Une deuxième édition de la traduction de Hueffer a été publiée, « révisée et accompagnée d'un index par W. Ashton Ellis ». M. Ellis souligne maintenant avec indignation que dans sa préface il a clairement déclaré que « compte tenu de la nature admirable du travail du Dr Hueffer, une révision était inutile, sauf dans le cas de quelques mots et dates mal imprimés ». Très bien. M. Ellis a-t-il comparé la traduction de Hueffer avec l'original ? Il aurait alors dû détecter et rectifier la suppression du mot « symphonie » par Hueffer. N'a-t-il pas comparé les deux ? Il n'avait alors aucun droit de certifier que l'œuvre de Hueffer était si « admirable » qu'une « révision était inutile ». Sur

ce point en tout cas, ce n'était décidément pas admirable ; il avait évidemment plus besoin d'être révisé par M. Ellis que le certificat de M. Ellis.

(3) M. Ellis ne peut rien dire de mieux pour défendre sa propre omission de tout un passage du troisième volume de sa « Vie » que de dire que, comme il écrivait une vie non de Berlioz mais de Wagner, il n'avait pas de place pour "une thèse sur un thème aussi distinct que le *Faust* de Berlioz." Personne n'attendait de lui une dissertation sur *Faust* . Tout ce qu'il devait faire, c'était trouver de la place, dans une biographie volumineuse qui prend environ 1 800 pages pour raconter l'histoire des quarante-deux premières années de la vie de Wagner, pour cinq ou six lignes d'une lettre qui jetait une lumière importante sur Wagner. , d'autant plus que M. Ellis citait en fait la lettre en question.

Voici le passage dans l' original : -

"Glaub mir—ich liebe Berlioz, mag er sich auch misstrauisch und eigensinnig von mir entfernt halten : euh kennt Michigan non ; mais je suis Kenne jehn . Quand je voyais Einem etwas erwarte , so ist die von Berlioz: nicht aber auf dem Wege, auf dem er bis zu den Geschmacklosigkeiten seiner Faust-symphonie gelangte — denn je suis dort plus , alors je peux être nur nuit vollständig lächerlich werden . Gebraucht ein Musiker den Dichter, donc c'est diess Berlioz, et sein Unglück est , dass er sich ce dichter immer nach seiner musikalischen Laune zurechtlegt , Shakespeare chauve, Goethe chauve, sich ensuite seinem Croyant zurichtet . Er braucht den Dichter, der ihn dur et dur erfüllt , der ihn avant Entzücken zwingt , der ihm das ist , était der Mann dem Weibe ist ."

Traduction de Hueffer comme suit : -

"Croyez-moi, j'aime *Berlioz*, même s'il se tient à l'écart de moi par sa méfiance et son obstination ; il ne me connaît pas, mais je le connais. Si j'ai des attentes envers quelqu'un, c'est envers Berlioz, mais pas dans le sens où il en est arrivé aux absurdités de son *Faust* . S'il va plus loin dans ce sens, il doit devenir parfaitement ridicule. Si jamais un musicien a voulu le poète , c'est Berlioz, et son malheur est qu'il se prépare toujours ce poète, selon son habitude. caprice musical, manipulant arbitrairement tantôt Shakespeare, tantôt Goethe. Il veut un poète qui le pénètre complètement", etc.

M. Ellis, dans sa « Vie » (vol. iii, pp. 336, 337), traite le passage ainsi : -

"Croyez -moi, j'aime *Berlioz*, même si avec méfiance et obstination il se tient à l'écart de moi ; il ne me connaît pas, mais je le connais. S'il y a un homme dont j'attends quelque chose, c'est bien Berlioz... Mais il a besoin d'un poète qui le remplisse de part en part", etc.

M. Ellis, on le remarquera, n'utilise pas la traduction de Hueffer ; et comme ce passage n'apparaît pas du tout dans la « Vie de Wagner » de Glasenapp (ce qui met hors de question toute traduction à partir d'une version mutilée), il est clair que M. Ellis a traduit directement à partir de l'original allemand. Lorsqu'il nous dit qu'il n'avait aucune intention de se cacher en omettant les phrases concernant la « Symphonie de Faust », nous sommes bien sûr tenus de le croire. Mais il est regrettable que, dans sa soudaine et insolite passion pour l'économie de l'espace, il s'arrête juste avant le mot si gênant pour Wagner. Et on aurait préféré qu'il n'ait pas donné un air factice de séquence aux clauses de sa citation en supprimant le « mais » de sa place (après « S'il y a un homme dont j'attends quelque chose, c'est Berlioz »), lui conférant avec une majuscule, et en faisant le début d'une nouvelle phrase. Le lecteur anglais verra ce qui s'est passé en examinant la version de Hueffer : tout, depuis « pas dans le sens » jusqu'à « maintenant Goethe » a été omis, et le « mais » déplacé de sa place après « c'est de Berlioz ». et mal fait pour commencer une autre phrase. Le lecteur allemand verra que le « nicht aber " (pas cependant) de la phrase " nicht aber auf dem Wege, auf dem er bis zu den Geschmacklosigkeiten seiner Faust- symphonie gelangte " a été mis de côté, et un nouveau " Aber " appelé du vide et fait préfacer la phrase " Er gebraucht den Dichter ", etc.

Examinons maintenant le cas *Benvenuto Cellini* . Le passage des lettres de Wagner à Liszt du 13 avril et du 8 septembre 1852 est ainsi rédigé (traduction de Hueffer) :

" Qu'avez-vous entendu parler de moi à propos de votre interprétation de *Cellini* ? Vous semblez supposer que je lui suis hostile. De cette erreur, je veux que vous vous débarrassiez... Dans les conséquences qui, comme on me le dit, , vous attendez de l'interprétation de *Cellini,* je ne peux pas le croire, c'est tout. "-" B. (Bülow) a montré très justement où réside l'échec de *Cellini* , à savoir dans le poème et dans la position contre nature dans laquelle le musicien a été placé de force parce qu'on s'attendait à ce qu'il déguise par des intentions purement musicales un besoin que le poète seul aurait pu combler.

Incapable de fournir la moindre preuve que Wagner aurait pu connaître *Cellini* , M. Ellis suppose qu'il condamnait l'œuvre non pas sur la partition de la musique, mais sur la base « d'un livret ou d'un rapport de seconde main ». Même s'il en était ainsi, cela ne justifierait pas les propos de Wagner. Qu'aurait *-il* dit de quelqu'un qui aurait dénoncé *Tristan* sans en savoir plus qu'« un livret ou un reportage de seconde main », et qui, sur cette base, aurait jeté de l'eau froide sur le plan d'un directeur de théâtre pour le jouer ? Mais il n'y a aucune raison de croire que Wagner possédait ne serait-ce qu'un livret. Le ton de Liszt envers Wagner tout au long de sa correspondance est celui d'un homme qui connaît parfaitement *Cellini* et qui ne fait que répéter les bavardages courants à ce sujet. La raison invoquée par Wagner pour s'opposer à la reprise de l'opéra était qu'il avait entendu dire que Berlioz était en train de le « refondre » et qu'il lui conviendrait bien mieux d'écrire une nouvelle œuvre que de retoucher une ancienne. Le 7 octobre 1852, Liszt, après avoir reconnu que « la faiblesse de la manière de travailler de Berlioz » vient de son poème, continue en disant : « mais on vous a fait *croire à tort* que Berlioz écrivait son *Cellini* . Ce n'est pas le cas. ; il s'agit simplement d'une coupe très considérable — presque tout un tableau — que j'ai proposée à Berlioz, et qu'il a approuvée... Si cela vous intéresse. *Je vous enverrai le nouveau livret avec l'ancien* et je pense que vous approuverez le changement...." N'est-il pas clair que Liszt suppose en fait que Wagner ignorait complètement l'œuvre ? Dans une lettre antérieure , du 23 août, Liszt lui annonce qu'il attend en novembre Berlioz, "dont *Cellini* (avec une réduction considérable) ne doit pas être mis de côté, car *malgré toutes les bêtises qui ont été mises en place à son sujet* , ' *Cellini* ' est et reste une œuvre remarquable et hautement estimable. *Je suis sûr que tu le ferais comme beaucoup de choses dedans.* " Le dernier des deux passages que j'ai mis ici en italique montre une fois de plus que Liszt parle à Wagner comme à un homme qui ne connaît pas l'opéra ; et le premier passage indique qu'il y avait beaucoup de ragots stupides et malveillants à son sujet parmi des gens qui l'ignoraient aussi. D'ailleurs, le 31 octobre 1853, Liszt assume à nouveau l'ignorance de Wagner : « Pour cette œuvre, je conserve ma grande prédilection, que vous ne jugerez pas inutile quand vous la connaîtrez mieux. en fait, il admet pratiquement que tout ce que Wagner avait à faire était un rapport de Bülow dans la *Neue Zeitschrift* d'avril 1852. (Voir ci-dessus la lettre de Wagner à Liszt du 8 septembre 1852 : « B. (*c'est-à-dire* Bülow) a montré très correctement où l'échec de « *Cellini* » réside, à savoir, dans le poème, etc. On remarquera que la lettre dans laquelle Wagner renifle pour la première fois *Cellini* est datée du 13 de ce même mois d'avril.) Que dirait M. Ellis de tout anti-wagnérien qui devrait critiquer *Tristan,* pas même du livret, mais de l'idée de seconde main dérivée de l'article de quelqu'un d' autre à ce sujet ?

L'argument de M. Ellis selon lequel Wagner parlait de *Cellini* non pas publiquement, mais dans une lettre privée, n'est pas pertinent. Un article public aurait été lu par quelques curieux et oublié ; En jetant de l'eau froide sur la reprise de l'opéra par Liszt, Wagner risquait de causer un préjudice grave à Berlioz. Pendant environ quatorze ans après son premier échec, *Cellini* n'avait joué nulle part. Il n'y avait qu'un seul homme en Europe qui réunissait les qualités de connaître l'opéra, de l'admirer, de pouvoir le diriger et de disposer d'une salle d'opéra où l'œuvre pouvait être donnée. Cet homme était Liszt ; de lui, et de lui seul, dépendait si Berlioz aurait une chance de démontrer que *Cellini* avait été injustement condamné en 1838. Si Liszt avait été assez faible pour avoir été influencé en privé par Wagner, Berlioz aurait sans doute souffert bien plus qu'il n'aurait pu le faire. fait à partir d'un article public.

Passons maintenant à l' affaire *Faust* . Wagner n'était pas à Paris en 1846, lorsque *Faust* reçut ses deux représentations. M. Ellis estime cependant avec sagesse qu'"il n'est pas absolument impossible (!) que Wagner ait entendu des fragments (!) des *Huit Scènes antérieures* (*c'est-à-dire* les huit numéros mentionnés à la p. 95 du présent volume), ou la *Damnation* elle-même. Cette invocation de l'aide du « pas absolument impossible » ne nous aide pas beaucoup, j'en ai peur. "Mais pour l'amour du débat", poursuit notre intrépide apologiste, "disons qu'il ne l'avait pas fait ; à propos de l'œuvre, il devait avoir entendu, sinon il ne pouvait pas connaître son existence." (Ici, en tout cas, l'intelligence pénétrante de M. Ellis a frappé. Même *moi, je* suis obligé d'admettre que Wagner a dû avoir entendu parler de l'œuvre, sinon il n'aurait pas pu connaître son existence.) "Et s'il s'agissait de cela, pourquoi devrait-il les grandes lignes de la réputation artistique commune (Wagner entretenant toujours une correspondance décousue avec de vieux amis parisiens de bon jugement en art, comme nous le savons) ne suffisent-elles pas pour lui fournir des raisons de déplorer son projet dans une lettre privée ? J'ai déjà traité de l'affirmation selon laquelle Wagner avait le droit de critiquer des œuvres qu'il ne connaissait pas tant que la critique était faite en privé. Pour le reste, l'argument n'est encore qu'une fois de plus notre vieil ami du « pas absolument impossible ». Il n'est pas absolument impossible que Wagner ait connu quelqu'un qui a entendu l'œuvre à Paris six ans auparavant ; il n'est pas absolument impossible que Wagner ait correspondu avec cet ami au sujet de *Faust* ; il n'est pas absolument impossible que cet ami ait été un homme « doué d'un bon jugement artistique ». Une telle série de « peut-être » peut être laissée à son sort en toute confiance. Mais encore une fois, si quelqu'un avait dénigré une œuvre de Wagner sur la base d'informations aussi douteuses, qu'aurait dit Wagner de lui alors, et que dirait M. Ellis de lui maintenant ?

Mais même M. Ellis, j'imagine, ne prend pas très au sérieux ses spéculations fantômes. De son propre point de vue, en effet, il n'a jamais eu besoin de s'y livrer, tant il est sûr que dans son dernier paragraphe il dispose d'un élément de preuve dont le caractère concluant est bouleversant. Il ne veut pas que qualifier *La Damnation de Faust* de symphonie, c'est trahir son ignorance. *Le Roméo et Juliette* de Berlioz n'était-il pas une « symphonie dramatique » ? C'était en effet; mais en premier lieu, Berlioz lui-même a qualifié *Roméo et Juliette* de symphonie, alors qu'il n'a jamais appliqué ce titre à *Faust* ; et en deuxième lieu, *Roméo et Juliette est* réellement une symphonie, dans le sens où l'œuvre est continuée à chaque fois au moyen de mouvements orchestraux purs et simples - tandis que *Faust* n'est en aucun cas une symphonie et n'aurait guère pu être une symphonie. appelé par quiconque le connaissait. M. Ellis est "informé de manière crédible" qu'elle était qualifiée de symphonie "à Paris à l'époque". Je me permets d'en douter ; mais en tout cas, l'informateur crédible de M. Ellis aurait pu lui fournir des preuves démontrant que quiconque l'avait entendu avait appelé l'affaire ainsi. Adolphe Adam, par exemple, en écrivant à un ami au lendemain de sa représentation, le qualifie de « sorte d'opéra en quatre parties » (voir l'ouvrage de JG Prodhomme) . *Hector Berlioz* , p. 278). Berlioz lui-même, comme le note M. Ellis, l'a qualifié de « Légende » ou de « Légende Dramatique ». Des rumeurs mal informées lui ont sans doute donné le titre de « symphonie » dans les années qui ont suivi 1846, partant de la vague idée qu'elle devait nécessairement avoir le même type de structure que *Roméo et Juliette* . Les potins avaient peut-être aussi autre chose à dire. En 1829, Berlioz avait réellement songé (comme le montre une lettre à Humbert Ferrand citée dans *Hector Berlioz d'Adolphe Jullien* , p. 182) d'écrire une « symphonie descriptive de *Faust* ». Peu de temps auparavant, il avait tenté d'obtenir une commande de l'Opéra pour un ballet sur le même sujet. Ces faits sont peut-être restés dans l'air pendant des années, et dans le flou général qui règne sur la question après 1846, il se pourrait bien que le nom de Berlioz ait souvent été associé à une « symphonie » *de Faust* . C'était apparemment cette rumeur mal informée que répétait Wagner. Des fragments de *Faust* ont d'ailleurs été donnés lors de certains concerts russes et allemands de Berlioz, et il y a eu une représentation complète à Berlin en 1847. Wagner, bien sûr, était à Dresde à cette époque. Il n'est guère probable, là encore, qu'il ait possédé une partition des *Huit Scènes* , dont Berlioz avait témérairement fait graver à ses frais en 1829 quelques exemplaires, et publiés à 30 francs ; et même si Wagner *connaissait* ces huit fragments, cela ne justifierait pas qu'il critique *La Damnation de Faust* sans le savoir. Je répète que la seule conclusion à laquelle nous pouvons parvenir est qu'il l'a qualifiée de symphonie parce qu'il l'ignorait.

Mais maintenant arrive la grande découverte de M. Ellis. Il cite une lettre de Liszt aux éditeurs de musique Breitkopf et Härtel , du 30 octobre 1852 : « J'attends ici M. Berlioz... et le 21 les symphonies de *Roméo.* et on jouera *Juliette* et *Faust* , *que je vous ai proposé de publier.* Ici, M. Ellis m'imagine m'écriant : « Tout cela est la faute de Wagner ; il avait mis le mot dans la tête innocente de Liszt six semaines auparavant. "Mais Berlioz", poursuit M. Ellis, "arrive à Weimar, dirige les 2 premiers actes de son *Faust* lors d'un concert avec son *Roméo* , et voilà, il n'est plus innocent, écrit Liszt. Professeur Christian Lobe, rédacteur en chef du *Fliegende Blätter für Musik* , 1er mai 1853 : « Le public allemand ignore encore la plupart des œuvres de Berlioz, et après de nombreuses demandes qui m'ont été adressées ces derniers mois, je crois qu'une traduction allemande du catalogue pourrait avoir une bonne utilité. effet; peut-être avec division en catégories, *par exemple* OUVERTURES , *Francs Juges* , &c.... SYMPHONIES , (1) *Épisode* , (2) *Harold* , (3) *Roméo et Juliette* , (4) *Damnation de Faust* ; PIÈCES VOCALES , etc. etc."

Hélas! M. Ellis n'est pas plus heureux ici que dans ses autres tentatives pour se sortir de la difficulté. On ne voit pas, pour commencer, pourquoi il devrait supposer que la connaissance de *Faust par Liszt ou* par quelqu'un d' autre prouverait que Wagner l'avait connu. Mais ceci mis à part, ce qui semble s'être formé dans l'esprit de M. Ellis est un syllogisme aussi délabré que celui-ci : « Si Liszt, qui connaissait si bien le *Faust* , l'appelle à tort une symphonie, l'utilisation du titre erroné par Wagner rend il est possible que lui aussi le sache. Tout cela semble assez prometteur ; mais il présente un défaut fatal, un point sur lequel M. Ellis, dans sa hâte de crier, a oublié de s'en assurer. Son hypothèse confiante selon laquelle Liszt *connaissait* Faust est *injustifiée* .

Mon argument précédent selon lequel les gens qui ne connaissaient pas l'œuvre avaient pris l'habitude de l'appeler une symphonie est prouvé par d'autres lettres de Liszt dans lesquelles il en parle ainsi. Le 4 septembre 1852, par exemple, il écrit à Cornélius : « Le 12 novembre j'attends la visite de Berlioz, qui passera une semaine à Weimar. Ensuite nous aurons *Cellini* , la symphonie de *Roméo et Juliette* , et quelques morceaux de la symphonie *de Faust* ." M. Ellis pense peut-être que cela confirme sa propre théorie. Mais il vaut la peine de revenir sur la lettre citée ci-dessus de Liszt du 30 octobre 1852 à Breitkopf et Härtel , et sur les circonstances qui l'ont motivée. Le 7 juin Berlioz avait écrit à Liszt qu'il allait donner un concert à Paris, au cours duquel il interpréterait quelques fragments de *Faust* . " *Je suis vraiment désolé* ", dit-il, " *que vous ne connaissiez pas cet ouvrage.* Je ne parviens pas à le faire accepter par un éditeur ; ils le trouvent trop grand pour le graver (*trop riche de planches*). Je dois m'adresser à Ricordi de Milan. ... En tout cas, si vous trouviez un éditeur allemand audacieux et capable d'entreprendre cet acte téméraire, vous pourrez lui dire que *Faust* a été bien traduit en allemand." Il est évident qu'après avoir reçu cette lettre, Liszt écrivit à Breitkopf et à Härtel pour leur recommander de publier l'ouvrage ; c'est la proposition à laquelle il fait référence dans sa lettre du 30 octobre 1852. De sorte que la lettre même de Liszt, que M. Ellis cite triomphalement pour son utilisation du terme « Symphonie de Faust », a été motivée par une lettre de Berlioz, dans laquelle il dit que Liszt ne connaît pas l'œuvre !

Gardant cela à l'esprit, suivons la suite des événements et voyons si Liszt le savait *après* la visite de Berlioz à Weimar, c'est-à-dire si il n'était pas encore dans le même état d'ignorance à ce sujet lorsqu'il écrivit la lettre. du 1er mai 1853 à Lobé. On peut démontrer que Liszt n'a rien à voir avec l'exécution des deux premiers actes de *Faust* à Weimar ; que Berlioz avait apporté de Paris la partition et les parties et s'occupait lui-même des répétitions et du concert, tandis que Liszt s'occupait lui-même de *Cellini* . Le 10 octobre 1852, Berlioz écrit à Liszt dans des termes qui mettent une fois de plus hors de conteste la complète ignorance de l'œuvre de ce dernier. Berlioz doit en effet lui indiquer le nombre et la qualité des solistes à engager. "Je partirai d'ici pour Weimar le 12 novembre, c'est certain. J'arriverai le 15 et je pourrai rester huit jours dans votre quartier , mais pas plus... Maintenant, dis-moi par le prochain courrier si cela m'est nécessaire pour vous envoyer les parties vocales de *Faust* , ou s'il suffit que je les apporte avec moi, les solistes et le chœur devraient alors apprendre en quatre ou cinq jours les fragments à donner au concert. et une basse (*soli*) sont nécessaires pour ces fragments de *Faust* , Marguerite n'apparaissant que dans les deux derniers actes." Berlioz ne raconterait pas un fait aussi élémentaire à un homme qui connaît déjà l'œuvre.

Puis, le 6 novembre, il écrit : « Je vous envoie aujourd'hui le colis contenant les parties vocales *de Faust* , les chœurs, les rôles et un livret allemand... et la partition vocale (pour soixante-trois personnes). Le colis orchestral est trop grand ; je l'apporterai moi-même. Il ne vous sera d'aucune utilité avant mon arrivée. Il est clair que Liszt n'allait même pas diriger les répétitions, qui ne commenceraient qu'après l'arrivée de Berlioz à Weimar. (Les fragments *de Faust* ont évidemment été répétés à la hâte ; il existe une lettre de Mme Pohl décrivant le succès des représentations et disant à quel point il était étonnant que tant de choses aient été accomplies en si peu de temps.) Les remarques supplémentaires de Berlioz montrent une fois de plus qu'il suppose la complète ignorance de Liszt de l'œuvre : « Ce n'est pas difficile ; seuls le chœur et les parties principales sont dangereux. Nous n'annoncerons pour le concert que les deux premières parties, pour lesquelles aucune Marguerite n'est requise. Il vous faudra un ténor. (Faust), une basse profonde (Méphisto) et une autre basse (Brander). Cela durera une heure. Tout cela, indiquant de manière concluante l'ignorance totale de Liszt à l'égard de l'ouvrage, se trouve dans la lettre identique que M. Ellis cite en fait à un autre sujet !

Même après le concert de Weimar, qui eut lieu vers le 20 novembre 1852, Liszt ne savait pas plus de *Faust* que ce qu'il y avait entendu. Il ressort d'une lettre de lui à Radecke du 9 décembre 1852 et d'une lettre du 27 février 1853 à Schmidt que le colis contenant la partition et les parties fut expédié à Berlioz à Paris quelques jours après le concert. En fait, Liszt, même s'il s'occupait de *Cellini* et des autres œuvres, n'avait pratiquement rien à voir avec *Faust* . Berlioz apportait avec lui la partition et les parties, dirigeait les répétitions, dirigeait le concert, puis, à son départ, laissait le colis à Liszt, pour qu'il lui soit expédié à Paris. D'ailleurs, on peut être à peu près sûr qu'il n'emportait avec lui que la partition des deux premières parties, toutes celles qui furent données au concert. La volumineuse partition manuscrite, aujourd'hui conservée à la bibliothèque du Conservatoire de Paris, est reliée en trois (ou quatre) volumes — j'oublie lesquels pour le moment. Si quelqu'un devait supposer que Berlioz aurait pu emporter avec lui la partition de l'œuvre entière pour la montrer à Liszt, cette supposition est démentie par une lettre de Berlioz, datée de Dresde, le 22 avril 1854. Le *Faust complet* venait d'y être donné. Berlioz aurait souhaité que Liszt soit présent : "Je regrette que vous n'ayez pas pu entendre les deux derniers actes, *que vous ne connaissez pas* ." Tout indique que même la connaissance que Liszt avait de *Faust* se limitait à l'audition des deux premiers actes au concert de Weimar. Il existe de nombreuses correspondances ultérieures avec Berlioz, mais il s'agit uniquement de *Cellini* , que Liszt avait produit et connaissait parfaitement. Au fil des années, des gens lui écrivaient – des gens qui compilaient des livres sur Berlioz, ou cherchaient à mettre la main sur sa correspondance, ou enquêtaient sur l'histoire du théâtre de Weimar – et demandaient à Liszt de leur parler de ses relations avec Berlioz. La réponse de Liszt est toujours la même ; il est fier d'avoir renfloué *Cellini* , mais il ne mentionne pas *Faust* . Même lorsqu'il raconte au grand-duc Carl Alexandre que Berlioz a donné trois concerts à Weimar, il n'est toujours pas fait mention des fragments *de Faust* , qui ne lui appartenaient apparemment pas.

En 1853 et 1854, il appelle l'œuvre une symphonie, ne sachant pas mieux, n'en ayant ni vu la partition ni entendu une exécution complète de celle-ci. Mais en 1854 la partition est publiée, et un exemplaire envoyé à Liszt. En décembre de la même année, il écrit deux lettres le même jour. Dans l'un d'eux, Mason, la vieille habitude est encore trop forte pour lui, et il parle de la « symphonie dramatique de *Faust* » ; [64] dans l'autre, à Wasielewski, il y fait référence uniquement comme *Faust* . Par la suite, autant que je sache, il n'en parle jamais comme d'une symphonie. Voir, par exemple, ses lettres du 9 février 1856 à Edward Liszt, du 19 février 1856 à Brendel, du 3 janvier 1857 à Turanyi , du 16 septembre 1861 à Brendel, de mars 1883 au vicomte Henri Delaborde , du 12 septembre 1884 à Pohl, le 1er janvier 1855 ("Connaissez-vous la partition de sa *Damnation de Faust* ?"), et le 24 décembre 1855 à Wagner.

Voilà pour la question de Liszt et *Faust* , que M. Ellis a soulevée avec tant de joie pour aider son propre cas et celui de Wagner. En l'absence de faits nouveaux, je soutiens qu'il est tout à fait clair que Liszt a également qualifié *Faust* de symphonie uniquement parce qu'il ne le savait pas. Si Wagner doit être blanchi à la chaux, il faut que ce soit avec un pinceau moins cassant que celui-ci. En ce qui concerne son dénigrement de *Cellini* et *de Faust* , la défense me semble complètement effondrée ; il ne savait rien d'aucun d'eux.

FR

LA FIN

NOTES DE BAS DE PAGE :

[64] Il convient de garder à l'esprit que Liszt lui-même écrivait une « Symphonie de Faust » pendant la période couverte par cette controverse. Il

parle en effet de l'avoir terminé dans la lettre à Wasielewski de ce même jour, le 14 décembre. Son utilisation constante du terme pour décrire son propre travail pourrait facilement expliquer qu'il le transfère inconsciemment à celui de Berlioz.